克　编著

The Birth of
a New World Order

世界新格局的诞生

A Global
History

全球通史

8

中国大百科全书出版社

图书在版编目（CIP）数据

全球通史. 8 / 李克编著. -- 北京：中国大百科全
书出版社, 2025. 5. -- ISBN 978-7-5202-1775-0

Ⅰ. K10

中国国家版本馆CIP数据核字第2025XP2774号

出 版 人　刘祚臣
责任编辑　王　绚　孙冬梅　康丽利
责任校对　郭丽琴
责任印制　邹景峰
封面设计　周　亮
版式设计　北京崇贤馆
出版发行　中国大百科全书出版社
地　　址　北京市西城区阜成门北大街17号
邮　　编　100037
电　　话　010-88390790
网　　址　http://www.ecph.com.cn
印　　刷　河北泓景印刷有限公司
开　　本　710毫米×1000毫米　1/16
本册印张　19
本册字数　289千字
版　　次　2025年5月第1版
印　　次　2025年5月第1次印刷
书　　号　ISBN 978-7-5202-1775-0
定　　价　498.00元（全8册）

目 录

02 动荡中的世界格局

03 冷战的结束与新格局的构建

现代篇（下）

两极格局的形成

二战后，欧洲各国和日本的实力被严重削弱，美国成为资本主义国家的霸主。苏联的实力在战后不断增强，社会主义国家在世界上的影响力日益增大，引起了西方国家尤其是美国的敌视。美苏两国在社会制度和国家利益上的冲突日益加剧，双方从战时的盟友转为对手，致使欧洲出现北约和华约两大军事政治集团对峙的"冷战"局面，形成美苏两极格局。

短暂的和平

早在 1942 年，中、美、苏等 26 国代表在华盛顿发表了《联合国家宣言》，强调在击败法西斯国家后建立一个新的国际性组织，以维护战后世界和平。联合国的成立是维护战后世界和平的一个重要步骤，是世界反法西斯战争胜利的产物。二战后，为恢复世界经济，促进各国间的平等贸易，各国经过协商后最终确立了新的国际货币体系——布雷顿森林体系。

联合国的成立

1944 年 8 月 21 日至 10 月 7 日，苏、美、英、中四国代表在美国华盛顿附近的敦巴顿橡树园举行了会议，商讨联合国问题，拟订新的国际组织章程。四国在会上签订了《关于建立普遍性的国际组织的建议案》，提出了《联合国宪章》的基本内容，而安理会的表决程序问题成为各国争论的焦点。美、英认为当安理会常任理事国成为争执当事国一方时，该理事国不能参与投票。苏联对此表示反对，认为不能剥夺理事国的否决权。此外，三国在创始会员国的资格问题上也未能达成一致。

1945 年 2 月 4 日至 11 日，苏、美、英举行雅尔塔会议，三国首脑对敦巴顿橡树园会议遗留的问题进行了协商，最终达成协议。关于安理会表决程序问题，会议同意了美国的一个折中方案，即规定对那些强制执行的决议案需要实行安理会常任理事国一致原则，当事国不能参与投票的原则只适用于和平解决争端的建议。雅尔塔会议明确了常任理事国在任何实质性问题上都有否决权。会议同时也同意了苏联的要求，确定乌克兰和白俄罗斯为联合国创始会员国。

会议公报宣布，为了维护世界和平与安全，反法西斯同盟国将尽快建立一个普遍性的国际组织，并决定于同年 4 月 25 日在美国旧金山召开联合国制宪大会。根据这一决定，由苏、美、英、法、中五国发起，并邀请《联合国家宣言》各签字国参加联合国制宪大会，以便正式制订《联合国宪章》。

4 月 25 日，联合国制宪大会如期在美国旧金山召开，有 50 个国家 282 名代表参加了这次会议。旧金山会议前后历时两个月。4 月 25 日至 5 月 2 日，各国在大会上进行了一般性辩论，同时对会议的组织工作进行了谈论，确立了中、英、俄、法、西班牙文为大会的正式工作语言。5 月 3 日至 6 月 20 日，会议对宪章问题进行了专门讨论。包括澳大利亚在内的 40 个中小国家要求对大国否决权进行修改。但是，会议最终还是确定了敦巴顿橡树园会议和雅尔塔会议提出的方案，确认了五个常任理事国在安理会中的权力。

6 月 25 日，全体代表一致通过了《联合国宪章》。26 日，制宪大会在旧金山退伍军人纪念堂进行最后一项，也是此次大会最终的议程——签字仪式。按照大会商定的议程，中国代表团第一个签字，董必武作为中国代表在宪章上签字。随后是法国、苏联、英国、美国的代表，然后是各国代表依照其国家英文名称第一个字母的顺序在宪章上签字。美国作为主办国最后一个签字。各国代表都签署了这个宪章，后来波兰代表也在宪章上补签。签署宪章的 51 个国家成为联合国的创始会员国，6 月 26 日也被定为"宪章日"。10 月 24 日，美、苏、英、法、中等多数签字国递交了批准书，宪章开始生效，联合国正式宣告成立。联合国总部设在纽约，在瑞士日内瓦设有欧洲办事处。1947 年 10 月 31 日，联合国大会通过决议，确定每年的 10 月 24 日为"联合国日"。

联合国徽章

联合国的组织机构

联合国是战后以来规模最大、最具影响的世界性国际组织。根据《联合国宪章》规定，联合国的宗旨为：①维持国际和平及安全；并为此目的：采取有效集体办法，以防止且消除对于和平之威胁，制止侵略行为或其他和平之破坏；并以和平方法且依正义及国际法之原则，调整或解决足以破坏和平之国际争端或情势。②发展国际间以尊重人民平等权利及自决原则为根据之友好关系，并采取其他适当办法，以增强普遍和平。③促成国际合作，以解决国际间属于经济、社会、文化及人类福利性质之国际问题，且不分种族、性别、语言或宗教，增进并激励对于全体人类之人权及基本自由之尊重。④构成一协调各国行动之中心，以达成上述共同目的。为了实现这些宗旨，联合国及其会员国应遵循所有会员国主权平等、各会员国以和平方式解决国际争端、各会员国在国际关系中不得以不符合联合国宗旨的任何方式进行武力威胁或使用武力，以及联合国不得干涉在本质上属于任何国家国内管辖的事项，但此项规定不应妨碍联合国对威胁和平、破坏和平的行为及侵略行径采取强制行动等原则。联合国的宗旨和原则符合世界各国人民的利益，但是一些大国却对此进行曲解和践踏。联合国成立后，各国一直存在遵循或破坏宪章的斗争。申请加入联合国的国家，必须发表声明接受并履行《联合国宪章》所载明的义务，再由安理会推荐，获得大会 2/3 多数票通过，即成为联合国的会员国。截至 2024 年，联合国的会员国已由创建时的 51 个增加到了 193 个。

联合国设有联合国大会、安全理事会、经济及社会理事会、托管理事会、国际法院和秘书处 6 个联合国主要机构。联合国大会是联合国的主要审议、决策和代表性机构，由全体会员国组成，每年定期召开一次常会。除常会之外，应半数以上会员国或安理会的请求，大会还可以在 15 天内召开特别会议，或在 24 小时内举行紧急特别会议。按照《联合国宪章》的规定，大会有权讨论宪章范围内的任何问题或事项，并向会员国和安理会提出建议；联合国所有成员国都享有平等的表决权。大会对于重要问题的决议，须有会员国 2/3 多数票通过；对于一般问题的决议，半数以上通过即可。大会通过的决议不具法律约束力，但是会对会员国产生广泛的政治影响。大会设主席 1 人，副主席 21 人，由主席或副主席主持大会常会的全体会议。主席、副主席由大会按地区分配原则选举产生。每届常会设有 7 个主要委员会，主要负责讨论大会分给它的有关议题，并提出建议，交全体会议进行讨论通过，成为大会决议。各会员国向联合国总部派出常驻代表团，负责处理与联合国相关的事务。

安全理事会，简称"安理会"，由美、苏、英、法、中5个常任理事国和10个非常任理事国组成。非常任理事国按地区分配原则由联合国大会选出，任期两年，不能连选连任。安理会每年举行两次定期会议。但是安理会主席认为有必要或经大会、秘书长或任何理事国的请求，可以随时举行会议。安理会是联合国的常设核心机构，负责维护国际和平与安全，它有权根据《联合国宪章》采取必要的措施与行动。它有权调查和调解任何国际争端；有权调查可能引起国际摩擦或争端的威胁、破坏和平的侵略行动，并采取经济、外交或军事等制裁行动来反对侵略；有权拟定军备管制计划；有权向联合国大会推荐新会员和秘书长；等等。安理会除了程序问题之外的所有决议，都必须由包括5个常任理事国在内的9个理事国投赞成票才能通过，即5个常任理事国在实质问题上都享有否决权。因此，安理会的行动采取的是"5个常任理事国一致"的原则为基础。但是，如果有7个非常任理事国反对而得不到9票多数时，该项议案也不能通过，这被称为非常任理事国的"集体否决权"。

经济及社会理事会根据《联合国宪章》设立，由联合国大会选出理事国组成。从1973年起由54个理事国组成，经大会选举产生，任期3年，每年改选1/3，可连选连任。每年举行两次会议，主要研究、讨论国际经济及社会问题，并就此类问题向大会、成员国和专门机构提出建议。经社理事会具有较广的职权，设有亚洲及太平洋、西亚、非洲、拉丁美洲和加勒比、欧洲等5个"区域经济委员会"，社会发展、人口与发展、统计、妇女地位等专业委员会。此外，经社理事会还与一些专门机构在工作上保持联系，比如国际开发银行、国际劳工组织、教科文组织等。

托管理事会是联合国负责实施国际托管制度的机构，由安全理事会的5个常任理事国和管理托管地区的会员国组成，每年举行一次会议。按《联合国宪章》规定，托管理事会主要负责战后还未独立的前国际联盟委任统治下的地区和二战后从侵略国分离出来的地区。1994年10月1日，美国管理下的太平洋岛屿托管地密克罗尼西亚群岛中的帕劳群岛获得独立，联合国托管制度宣告结束。1994年11月1日停止运作。

国际法院是联合国的主要司法机关，设在荷兰海牙。在联合国6个主要机构中，国际法院是唯一设在纽约之外的机构。国际法院根据《国际法院规约》及其《国际法院规则》运作，《国际法院规约》也是《联合国宪章》的一部分。国际法院具有双重作用，根据国际法解决各国的法律争端，向联合国机关和专

联合国总部
联合国总部大楼又称联合国大厦，
位于美国纽约市曼哈顿区。

门机构提供法律咨询。国际法院由 15 名不同国籍的法官组成，主要由联合国大会和安理会选举产生。法官只代表联合国，不得接受本国的指示，任期为 9年，每 3 年改选 1/3，可以连选连任。国际法院正式用语为英文和法文。

　　秘书处是联合国各机构的行政秘书事务机构，负责处理各机构交付的任务。秘书处由秘书长和联合国工作人员组成，其职责是为联合国及其所属机构服务。秘书处设秘书长 1 人，为联合国的行政首长，由联合国安理会推荐经大会任命，任期 5 年。秘书长在国际事务中以联合国代表的身份与各成员国及其他国家组织进行联系，调解各国的冲突和争端。秘书处还设有副秘书长、助理秘书长等职位，由各成员国向秘书长推荐，秘书长负责委派。根据《联合国宪章》，秘书长和秘书处的工作人员代表的是联合国，只对联合国负责。

　　几十年来，作为人类历史上最具规模、最具代表性的国际组织，联合国在实现全球非殖民化、维护世界和平与安全、促进社会和经济发展等方面取得了令人瞩目的成就。战后，联合国历经国际风云变幻，在曲折的道路上不断发展壮大，为人类的和平与繁荣作出了不可磨灭的贡献。

布雷顿森林体系的建立

　　在两次世界大战期间，国际货币体系分裂成了几个相互竞争的货币集团。各国货币竞相贬值，导致世界金融秩序动荡不定。各国企图通过牺牲别国的利益，解决本国的国际收支和就业问题，导致国际货币体系呈现出一种无政府状态。
　　20 世纪 30 年代世界经济危机和第二次世界大战的爆发，使各国经济遭受了前所未有的破坏。为了恢复在战争中受损的各国经济，稳定各国汇率，平衡国际收支，促进各国间平等贸易的发展，美国和各盟国都希望在战后成立一个统一的国际货币金融组织，为各国恢复生产提供贷款；同时也希望签订统一的关税贸易协定，消除国际贸易之间的各种障碍。二战结束后，各国的经济政治实力发生了重大变化，美国成为资本主义国家主要的债权国，其雄厚的国际黄金储备巩固了美元在国际市场上的地位。美国希望建立一个以美元为支柱的国际货币体系，以有利于美国对外经济扩张。

1943 年 10 月，在莫斯科召开的苏美英外长会议上，美国代表赫尔提出了一份关于国际基本经济政策的备忘录，建议由美、英、苏、中等国组成一个专家委员会研究国际经济合作问题，促进非歧视性贸易，重建稳定自由的汇率。苏联对赫尔的备忘录表示赞同，同意继续与美国对此问题进行讨论。

在此背景下，1944 年 7 月 1 日至 22 日，联合国 44 个成员国于美国新罕布什尔州布雷顿森林镇召开了"联合国家货币金融会议"，讨论建立战后国际货币体系，会议持续了三个星期。会议结束时通过了《联合国家货币金融会议最后决议书》以及两个附件，即《国际货币基金协定》《国际复兴开发银行协定》，总称《布雷顿森林协议》，并决定建立两个国际金融组织。1945 年 12 月 27 日，参加布雷顿森林会议的 22 个国家的代表在《布雷顿森林协议》上签字，正式成立国际货币基金组织和国际复兴开发银行（世界银行）。前者负责向成员国提供短期资金借贷，目的是保障国际货币体系的稳定；后者为各成员国提供中长期信贷来促进成员国经济复苏，为私人银行向各成员国的长期贷款提供担保，以促进资金流动。这两大国际金融机构的总部都设在华盛顿。1946 年 6 月 25 日，世界银行开始营业，于 1947 年成为联合国的专门机构之一。

《布雷顿森林协议》规定：美元与黄金直接挂钩；各国确认美国在 1934 年

布雷顿森林会议现场
布雷顿森林会议在国际经济合作上具有历史性意义，因为它第一次从协定形式明确规定了国际货币制度的规则及其执行、维护原则。

1月货币改革所规定的每盎司黄金为 35 美元的黄金官价，并将此作为国际货币体系的基础；美国则承担各国中央银行可随时用美元按官价向美国兑换黄金义务；为了维持黄金官价的稳定，当国际金融市场的金价波动严重冲击这一官价时，各会员国政府有义务协助美国政府一起进行干预，以平抑黄金的市场价格。协定还规定：各国的货币与美元挂钩，建立与美元固定的汇率。各国货币与美元的汇率可按其含金量确定，或者不规定含金量而只规定与美元的汇率。各国的货币平价一经确定便不得轻易变动。各国货币与美元挂钩，美元处于中心地位，起世界货币的作用。

《布雷顿森林协议》的签订，确立了美元在资本主义世界货币金融领域的霸权地位，使美元成为布雷顿森林体系中的主角。美元等同黄金，各国用美元作为主要外汇储备和主要国际支付手段。这样一来，美国不仅可以把美元散发到世界各地，还可以通过发行美元带动信用的扩张和收缩，对国际金融活动进行操纵。

冷战拉开序幕

二战结束后，由于美苏两国在战略目标、构想、利益的冲突以及社会主义与资本主义在制度上的对立，两国从同盟转为对手。以美国为首的主要资本主义国家对苏联和其他社会主义国家采取了敌视和遏制的政策。英国前首相丘吉尔于 1946 年在美国发表反苏、反共的铁幕演说，拉开了冷战的序幕。

苏联、美国——从盟友到对手

第二次世界大战结束后，世界格局发生了重大变化。德、日、意三个法西斯国家被击败，元气大伤，英法两国在战争中也被严重削弱，而美国则依靠战争不断发展经济、军事实力，一跃成为资本主义世界的霸主。

战后，美国拥有了雄厚的经济和军事实力，为其谋求世界霸权创造了条件。美国的政治野心与它的实力一同膨胀起来。比如杜鲁门上台后就曾对外声称："我们赢得的胜利把领导世界的持续重担放到了美国人民的肩头"，"全世界应该采取美国制度"，"不管我们喜欢与否，未来的经济格局将取决于我们。"

与此同时，美国也加紧了对外经济扩张的步伐。随着美国国力的不断增强，美国在面对外国经济形势时反而变得脆弱。在第二次世界大战之前，美国经济基本上能实现自给自足，尤其是能源和钢铁的生产。然而随着日益增长的综合经济以及战后廉价能源的快速发展，美国对外国资源的依赖性不断加强。因此，美国想要维持其在世界经济中的地位，需要开放世界市场。

战后初期，美国经济从战时经济转向和平经济是其亟须解决的一个严重问题。战争结束后，大量失去军事订单和大批军人复员的情况使大规模失业成为可能。美国原本计划在两年内让 200 万名士兵退伍，然而一场争取士兵马上返回家园的运动导致退伍士兵人数一下子达 1200 万人之多。美国政府意识到如果不能使这部分人得到就业机会，将会导致 20 世纪 20 年代末 30 年代初的大危机再次出现，那样一来无疑会威胁到美国国内的稳定和安全。在这样的情况下，美国想要维持其经济地位及巩固资本主义制度，只能在全世界实行扩张计划。这成为美国走上全球扩张道路的强大推动力。美国统治集团中的一部分人认为，凭借美国在经济和军事上的实力，美国可以实现在全世界的扩张。

但是，美国在实现其霸权主义野心时并没有那么顺利。就在美国的实力与扩张野心在战后空前膨胀时，苏联和世界各国的人民革命力量也迅速崛起。世界反法西斯战争的胜利，使世界形势发生了有利于社会主义力量和民族解放运

美国二战纪念馆
纪念在二战期间服役的 1600 万美国军人。

柏林封锁

1848 年，苏联封锁西方占领区和柏林之间的水陆交通，西方国家对西柏林实行空中运输供应；爆发了第一次柏林危机。图为孩子们看着一架美国货机降落在柏林滕珀尔霍夫机场。

动的巨大变化。在美国人眼中，苏联是其实现扩张计划的首个障碍。在第二次世界大战期间，苏联经济虽遭到了严重破坏，但它经受了战争的考验，军事力量得到了极大增强，成为世界政治军事强国。此外，在苏联的直接或间接援助下，东欧许多国家从德、意法西斯的压制下获得解放，先后建立了人民民主政权。社会主义由一国胜利发展为十几个国家的胜利。这成为美国实现其称霸计划的一大障碍。

国际共产主义运动和资本主义国家的进步民主力量也是美国称霸计划的障碍之一。在第二次世界大战中，一些欧洲国家比如法国、希腊、意大利等国的共产党和民族主义政党积极领导人民起来抵抗法西斯的侵略，得到了广大人民的支持和赞扬。战后初期，这些国家的进步力量成为反对侵略、坚持民主的生力军。美国要想实现全球霸权，首先要把这些力量镇压下去。

亚非各国的觉醒同样也是美国称霸计划的障碍之一。在战争期间，广大亚非国家人民在共产党和民族主义政党的领导下，纷纷起来反抗法西斯的侵略。在与法西斯进行战斗的过程中，许多亚非国家人民加入了同盟国的武装力量，这部分人在战争中经受了锻炼，提高了思想觉悟，成为战后各国反对新老殖民主义的主力军，同时也是抵制美国实行霸权主义的主要力量。苏联和各国人民的革命力量阻碍了美国的称霸计划，导致战后美苏关系的破裂，美国开始对苏联实行"冷战"遏制计划。

希腊、土耳其问题

二战结束后，英国沦为二流国家，苏联则大大提高了自己的国际地位。欧洲形势也朝着有利于苏联即东欧民主力量的方向发展。战后英国寻求的是恢复欧洲的实力均衡，面对苏联咄咄逼人的气势，英国政府意识到必须借助美国的力量遏制苏联，让美国更直接地介入欧洲事务，承担起领导世界的责任。

希腊和土耳其位于地中海东面，是国际交通要道的汇合点，有着重要的战略地位。第二次世界大战前，希腊和土耳其一直是英国的势力范围。在 1944 年 10 月获得解放时，希腊共产党领导的人民武装力量控制了希腊的大部分国土。1944 年底到 1945 年初，英国和它所支持的希腊政权，对人民力量进行了军事镇压和政治欺骗。英国再次控制了希腊，英军随即进驻希腊并扶植傀儡政权上台执政。1946 年，希腊共产党领导的人民力量因不堪忍受英国帝国主义和希腊反动派的残酷镇压，再次起来进行反抗斗争，使英国和希腊政权穷于应付。希腊傀儡政体实行独裁统治并制造白色恐怖，人民纷纷起来进行反抗，而希腊共产党则得到广大人民的支持。

由于英国国内出现经济困难，英国无法再继续对希腊和土耳其进行经济和军事援助，希望美国接过这副担子。于是英国主动将这一地区的权力交给美国，希望美国承担起扶持希腊和土耳其两国政府、反对苏联的重担。1947 年 2 月 21 日，英国政府向美国国务院发照会，表示出于军事和战略上的种种原因，英国将于 3 月底停止向希腊和土耳其提供军事和经济援助。英国希望美国政府能取代英国来维护西方在这一地区的传统利益，不能使希腊和土耳其落入苏联的控制之下。

英国的照会无异于向美国政府送上了一份大礼。美国政府立刻意识到，英国此刻拱手将左右世界局势的任务交给了美国。美国政府千方百计地证明其全球扩张行为的正当性，而不敢承认是为了美国垄断资产阶级的一己私利。美国政府在苦苦寻找着这样的借口。英国政府的照会终于给美国政府带来了插手希腊、土耳其事务并证明其世界霸权主义的绝好时机。这是美国政府期盼已久的机会，美国毫不犹豫地接过了这个大礼。

铁幕演说

1946 年 1 月，英国首相丘吉尔应美国政府邀请对美国进行访问。3 月 5 日，

丘吉尔发表"铁幕演说"

"铁幕"一词的用意在于攻击苏联和东欧社会主义国家"用铁幕笼罩起来"，因此将演说命名为"铁幕演说"。

丘吉尔在美国总统杜鲁门的陪同下，抵达密苏里州的富尔顿威斯敏斯特学院，在此发表了名为"和平砥柱"的演说。

丘吉尔在演说中公开攻击苏联的"扩张"，宣称"从波罗的海的斯德丁（什切青）到亚得里亚海边的里雅斯特，一幅横贯欧洲大陆的铁幕已经降落。在这幅铁幕后面，坐落在中欧和东欧古国的都城——华沙、柏林、布拉格、维也纳、布达佩斯、贝尔格莱德、布加勒斯特和索非亚。所有这些名城及其居民无一不处于苏联的势力范围之内，不仅以这种或那种形式屈服于苏联势力的影响，而且还受到莫斯科日益增强的高压控制"。丘吉尔还指出，在铁幕之外，共产党的"第五纵队"遍布各国，"到处构成对基督教文明的日益严重的挑衅和危险"，呼吁英美结成同盟，团结西方民主国家，联合起来制止苏联的"扩张"。丘吉尔的"铁幕演说"拉开了战后东西方"冷战"的序幕。

实际上，丘吉尔在密苏里州发表"铁幕演说"并不是偶然。欧洲战场的硝烟还未消散，美国、英国和苏联就在东欧、中东、希腊、土耳其等地区展开了激烈的争斗。美国在战后世界新格局中一直受到苏联的制约，而以苏联为首的社会主义阵容不断壮大。因此，美国政府一直寻求制定对抗苏联的途径，酝酿发动"冷战"，遏制苏联，并以此为烟幕，力图把欧洲控制起来。在英国方面，它将希望寄托在美国身上，希望得到美国的支持，使欧洲重新恢复均势的状态。

而在丘吉尔发表"铁幕演说"之前，美国政府已经为这个演说进行了舆论准备。1946年1月，杜鲁门在一个备忘录中曾明确表示，"我已经厌倦于笼络苏联人"，美国不应该对苏联做任何妥协。美国总统杜鲁门为此精心安排了丘吉尔在富尔顿的演说，并通过丘吉尔的演说达到投石问路的目的。丘吉尔在演说中不仅明确地表达了英国政府的决心，同时也说出了美国想表达却不便公开说明的主张，而这正是杜鲁门政府期待的。杜鲁门对此十分高兴，但是美国国会却出现了激烈的争论，认为丘吉尔是想把美国引入战争的深渊。在此情况下，美国政府认为与苏联公开决裂的时机还没有成熟，人民刚从战争中解脱出来，对此还没有足够的思想准备，同时国内出现了一些分歧，但是，散布苏联"扩张和威胁"的论调开始在美国舆论界占据了上风。

美国政府借助丘吉尔的"铁幕演说"发出了第一个明确的"冷战"信号。一场没有硝烟的"冷战"在以美国为首的资本主义国家和以苏联为首的社会主义国家之间展开。

杜鲁门主义

1947 年 3 月 12 日，杜鲁门在国会参众两院联席会议上发表咨文，宣称世界面临严重的局势，反复强调希腊正遭受由共产党人领导的"恐怖主义活动的威胁"。杜鲁门将希腊、土耳其危机比作是希特勒和第二次世界大战的重现；宣称世界已经分成了两个敌对集团，美国负有领导"自由世界"的责任和使命。

他含沙射影地攻击苏联和各国共产党人试图通过"直接或间接侵犯"，把"极权主义"强加于各国人民，诬指"极权主义"和任何国家的民族民主革命"危及"了美国"自由国度"的安全。他声称美国的政策是支持各国自由人民去抵抗少数武装分子或外来压力所实行的征服活动；是帮助各国人民以他们自

哈里·杜鲁门

波茨坦会议上的杜鲁门
1945 年 7 月，美、英、苏三国首脑杜鲁门（中）、丘吉尔（右）和斯大林（左）在柏林近郊的波茨坦举行战时第三次会晤。

己的方式去解决有关他们各自命运的问题。他还强调自由制度的崩溃和独立地位的丧失不仅给这些国家，并且也会给全世界带来灾难，将会给欧洲一些"**力争维持其自由和独立地位**"的国家带来不可估量的灾难。接着他要求国会立即采取果断的行动，在 1948 年 6 月 30 日之前向希腊和土耳其提供 4 亿美元的援助，选派美国文职和军事人员监督美元使用情况，训练希腊和土耳其的相关人员。杜鲁门提出的这项政策后来被称为"杜鲁门主义"。

杜鲁门在讲话中并没有提到"苏联"这个名词，但是谁都清楚，他把苏联说成是"使全世界陷入灾难的罪魁祸首"，是与第二次世界大战中德、日一般的"极权主义"国家。后来杜鲁门在解释这篇咨文时说，"*这是美国对共产主义暴君扩张浪潮的回答*"；这是"*向全世界说明，美国在这个新的极权主义的挑战面前所持的立场*"；"*这项政策声明很快就会开始被称为'杜鲁门主义'。我相信，这是美国外交政策的转折点，它现在宣布，不论什么地方，不论直接或间接侵略威胁了和平，都与美国的安全有关。*"

由此可见，杜鲁门主义提出的并不只是一项援助希腊、土耳其的具体政策声明，而是美国在全世界范围进行扩张的宣言，也是对苏联实行"冷战"的宣战书。杜鲁门主义是美国对外政策的一大转折点，标志着美国彻底改变了孤立主义政策的影响，开始从局部扩张转变为全球扩张。它的出台也标志着美苏冷战的正式开始。

马歇尔计划

　　二战结束后，欧洲的形势依然十分严峻。欧洲大部分地区饱受战争浩劫，持续的轰炸使大多数城市遭到了严重破坏，尤其是一些工业城市。欧洲的许多著名城市，如华沙、柏林，已是满目疮痍，变为一片废墟，数百万人无家可归。战争对农业的破坏导致欧洲大陆许多国家发生大范围的饥荒，而 1946 年至 1947 年欧洲西北部又突然遇上严寒，广大人民处于饥寒交迫的生活中。受战争破坏最为严重的是交通运输设施，铁路、桥梁以及道路在战争中成为对方袭击的对象，许多用于运输的商船也被击沉。一些城市因为交通运输遭到破坏，导致这些地区的经济与外界的联系几乎断绝。解决交通运输设施问题需要耗费大量财力，而此时欧洲大多数国家的国库已经被消耗殆尽了。许多国家的工业生产处于停滞状态，原料、燃料和生活必需品奇缺。

　　1947 年 1 月 20 日，英国政府发表白皮书，公开承认不列颠正处于极其危险的境地。英国国内缺煤、缺粮、缺电，当年春天又遇上洪灾，英国有一半以上的工厂停工。西欧大陆的其他国家也出现了经济崩溃的迹象。法国居民每天可分配的粮食仅有 6 盎司，英、美两国占领的德国地区的工厂有 3/4 关闭，物价飞涨。

　　严重的经济衰退导致欧洲社会开始出现动乱。英国、法国、意大利等国的工人运动迅速发展。西欧左派和共产党的力量不断壮大，尤其是法国，有 4 名共产党人当选为第四共和国的首届内阁部长。法国共产党当时拥有法国 1/4 的

美国国务卿马歇尔在哈佛大学发表演说

选票，这几乎全部来自工人阶级。在意大利，共产党的力量也得到了发展，拥有 1/3 的选票。共产党力量的崛起使欧洲统治阶级感到惶恐不安。美国政府对此也是忧心忡忡，认为欧洲正受到苏联和共产党的"严重威胁"。他们更加坚定地认为，复兴欧洲经济是关系美国实现世界霸权主义的全局问题。因此，为了帮助欧洲各国巩固资本主义制度，在经济、政治上进一步控制欧洲各国，遏制苏联对欧洲的进一步扩张计划，同时也为了摆脱美国政府预感到的即将出现的经济危机，在美国政府的授意下，国务卿马歇尔研究制定了"解决欧洲问题的建议"，即后来所说的"马歇尔计划"。

1947 年 6 月 5 日，马歇尔在哈佛大学毕业典礼上发表演讲，提出了"欧洲复兴计划"。他在演讲中强调欧洲经济处于崩溃的边缘，欧洲各国已是一片废墟，粮食和燃料物资极度缺乏，如果没有外部的援助，就会出现严重的经济、社会和政治危机，而美国的援助是切实可行的补救办法。

他指出，"美国应该竭尽所能，帮助世界恢复正常的经济状态"；美国"政策的目的是恢复世界上行之有效的经济制度，从而使自由制度赖以生存的政治和社会条件能够出现"；"由于各种危机的发展，我们决不能把这种援助放在零星付给的基础上。美国政府将来给予的任何援助应该是根治疾病的药品，而不应该是暂时止痛的镇痛剂。任何愿意协助完成恢复工作的政府都将得到美国政府的充分合作。任何图谋阻挠别国复兴的政府，都不能指望得到我们的援助"。最后，马歇尔呼吁欧洲国家主动联合起来，共同制订一项经济复兴计划，美国则尽力支持这个计划。

马歇尔提出"欧洲复兴计划"后，立即引起了西欧各国尤其是英法两国的关注。在马歇尔发表演讲后，英法两国随后立即进行接触，双方商定了举行欧洲会议的计划。马歇尔在他的演讲中坦诚地欢迎苏联加入"欧洲复兴计划"，英法于是决定邀请苏联外长莫洛托夫一同参加于 6 月在巴黎举行的欧洲各国计划接受马歇尔计划的预备会议。美国欢迎苏联加入马歇尔计划是一个有意的安排。直接拒绝苏联参加援助计划意味着公开表示对盟友的不信任。而欢迎苏联参加既能够避免像杜鲁门主义因为公开号召进行意识形态战争而遭到的批评，同时又能够将是否参与的责任抛到苏联身上。苏联如果参与计划，就经济方面而言，对西欧也有利好。西欧国家急需东欧地区的粮食、煤炭和石油，将苏联经济纳入整个欧洲复兴计划，可以更好地控制苏联经济。美国和英法认为苏联将不会参加欧洲复兴计划，那么他们就可以推卸排挤苏联的责任。

6 月 27 日，苏联派遣由苏联外交部长莫洛托夫率领 89 名经济专家和工作人员抵达巴黎，与英、法两国外长举行会谈。莫洛托夫最后建议每个国家各自制订自己的复兴计划。但英法在美国的授意下，建议欧洲各国对各自的经济资源做一份报告，在此基础上，由以英、法、苏三国为主的指导委员会制定出一个欧洲国家统一的经济复兴计划大纲，美国依照整个计划提出援助的方式和条件。此外，英法两国还坚持接受援助的国家必须参与欧洲统一市场的建设，这与苏联高度集中的计划经济格格不入。这种提议让苏联根本无法接受。苏联认为，这将不可避免地泄露本国的经济情报，导致"由某些国家实行干涉另一些国家内部事务"，其"结果将不是欧洲的统一和重建，而是把欧洲分裂成两个集团……在它们彼此间的关系上制造新麻烦"。最终，莫洛托夫拒绝了援助计划。苏联退出巴黎会议，这正是美国所期待的。这样一来，"欧洲复兴计划"就变成了"西欧复兴计划"，成为美国联合西欧反对苏联的一个重要计划。

1947年7月至9月，英、法等16国的代表在巴黎举行会议，决定接受马歇尔计划，建立欧洲经济合作委员会，提出了要求美国在4年内提供援助和贷款224亿美元的总报告。1948年2月，马歇尔计划开始实施。4月2日，美国国会通过了《1948年援外法案》，马歇尔援欧计划以法律形式正式确立了，马歇尔计划被正式执行。共有16个国家，包括德国的英、法、美占领区也接受了美国的援助，金额总数为131.5亿美元。

马歇尔计划的实施，对战后西欧经济的恢复起到了十分重要的作用。它使西欧各国摆脱了战后的困境，稳定了西欧资本主义政局，防止了革命运动的爆发。马歇尔计划实行两年后，到1950年，西欧各国的生产水平已经恢复到了战前水平，年增长率达到了5%—6%，一些国家甚至高达8%—10%。到1952年，英、法、意三国的工业生产分别比战前增长了13%、29%和48%，德国的英、美、法占领区的工业生产则增长了115%。马歇尔计划原定的期限为5年，后来由于西欧经济恢复迅速，于1951年底提前结束了援助。但此后美国对西欧的其他形式的援助始终还在继续。

美国通过马歇尔计划，在政治方面控制了西欧，向西欧输出了国内大量生产过剩的商品。美国通过援助计划，迫使欧洲国家及其殖民地以对待本国居民一样的同等待遇向美国投资者开放。这样，美国政府在援助欧洲的同时，缓解了国内的政治、经济压力，同时遏制了共产主义对西欧的"威胁"，成为真正的受益者。此外，马歇尔计划削弱了西欧国家之间的关税壁垒，促进了西欧贸易和支付自由化，为北大西洋公约组织和欧洲经济共同体的建立奠定了基础，对西欧的联合和经济的恢复起了促进作用。

两大阵营的形成

自 1947 年起，美国开始实施冷战政策，美苏盟友关系转变为敌对关系。为了对抗苏联，1949 年美国联合英、法等西方国家成立北大西洋公约组织。作为回应，苏联于 1955 年联合社会主义国家成立华沙组织。从此，以美国为中心的资本主义阵营和以苏联为中心的社会主义阵营正式形成。

第一次柏林危机

随着美国对苏联等社会主义国家推行冷战政策的深入，美、英两国与苏联在德国问题上的矛盾日益加深。为了使法国在德国问题上与自己达成一致，美国对法国不断实行压拉相济的策略。美国一方面利用马歇尔计划迫使法国在外交上妥协；另一方面于 1947 年底通过《萨尔宪法》，以法律的形势保证了法国对萨尔的合并，促使法国改变其在德国问题上的立场，同意法国占领区与英美占领区合并。作为冷战时期的产物，德国已不可避免被一分为二。

1948 年 2 月至 6 月，美、英、法、比、荷、卢六国外长在伦敦召开会议，提出了一个分裂德国的"伦敦建议"，筹划在西方占领区成立一个德意志国家。这个建议的主要内容是：英美占领区与法国占领区协调经济政策，一同管理对外贸易，并举行西方占领区制宪会议，制定宪法。伦敦会议的中心议题是分裂德国，建立一个联邦德国，并以此为中心恢复西欧的社会、经济，将西欧纳入美国实现全球霸权的轨道上来。

"伦敦建议"公布后不久，6 月 18 日，美、英、法三国公布了"关于改革

装满食物运抵西柏林的运输机
苏联认识到封锁不能阻止联邦德国的建立，于 1949 年 5 月 12 日宣布撤销封锁。

德国货币制度的法令"，并决定于 6 月 21 日在西占区实行单方面的货币改革，发行一种新马克，即"B"记马克。英、美的这个行动成为第一次柏林危机爆发的导火线，加剧了德国的分裂。

6 月 19 日，苏联军管当局对于西方国家背着苏联搞币制改革提出抗议和反对，谴责美、英、法三国"推行肢解德国的政策"。6 月 22 日，苏占区也实行币制改革，苏占区和整个柏林发行新的"D"记马克，并拒绝美国提出的西方三国参加管理柏林货币的要求。结果两种货币在大柏林同时流通，造成了混乱的局面。对此，美国在英、法两国同意下将其货币改革扩大到西柏林。6 月 24 日，苏联对西柏林实施封锁，切断了西占区与西柏林之间的水陆交通，并停止向西柏林供电供煤。这导致了第一次柏林危机。国际局势一时十分紧张，出现了战后美苏第一次冷战高潮。

美国认为苏联对柏林实行封锁，是为了阻止建立联邦德国，试图用冲破封锁来表明分裂德国的决心。6 月 29 日，美国开始向西柏林空运物资，派出大批飞机向西柏林空运粮食、煤和各种日用品。据统计，在柏林被封锁的一年间，共飞行 277728 架次，空运货物 211 万吨。作为对苏联的回应，美、英、法对苏占区所缺的钢、焦煤、电力等实行反封锁，中断东西占区之间的贸易。

美国清楚苏联此时不会轻易启动战端，却仍然大肆渲染战争即将爆发，利用这次危机所造成的紧张局势，加快分裂德国的步伐。1948 年 8 月，美、英、法三国起草了《占领法》。9 月，西方占区以阿登纳为首的 65 名州代表参加了议会委员会，负责拟订临时宪法，即《德意志联邦共和国基本法》。1949 年 5 月 8 日，联邦德国议会委员会通过《德意志联邦共和国基本法》。5 月 12 日，美、英、法三国军事长官批准了《德意志联邦共和国基本法》，同时公布了《占领法》。《德意志联邦共和国基本法》和《占领法》的颁布，使联邦德国政府结构基本确立。苏联这时候已经认识到，封锁柏林并不能阻止联邦德国的建立，于是在 5 月 12 日宣布解除封锁，持续 11 个月的柏林危机就此宣告结束。

5 月 23 日，美、英、法三国代表参加下，联邦德国通过了《德意志联邦共和国基本法》。德意志联邦共和国宣告成立，定都波恩，以阿登纳为总理组成了第一届联邦政府。9 月 21 日，《占领法》生效，它使联邦德国享有自治权，美、英、法三国根据《占领法》，保留管制联邦德国外交、外贸、国防等权力。至此，美国实现了分裂德国的目的。

在西占区建立德意志联邦共和国的同时，苏联也在德国东部抓紧筹建东德意志国家。苏占区在 1949 年 5 月 30 日通过了宪法。联邦德国政府成立后，10 月 7 日，《德意志民主共和国宪法》生效，民主德国建立，皮克为总统，格罗提渥为总理，取代苏联管制委员会对民主德国的外交、外贸等方面进行监督。联邦德国和民主德国的建立，标志着德国的正式分裂，对战后欧洲和整个国际局势产生了深远的影响。

北约的成立

战后西欧经济的复兴离不开美国的援助，在军事方面，西欧也同样需要美国的支持和帮助。美国对西欧进行经济援助的同时，将目光投向了西欧的共同安全防务问题。美国政府一直积极推进西欧的联合，试图建立起一个以美国为首的军事政治集团，实现控制欧洲和遏制苏联的目标。北大西洋公约组织就是美国实施这一战略的直接产物。

随着杜鲁门主义和马歇尔计划的实施，美国对西欧的渗透和扩张已经初步实现。英国也以苏联的威胁不断增大为由，利用西欧各国的不安全感，加快西欧联合的步伐。1948 年 1 月，英国外交大臣贝文发表演说，正式提出建立西欧联盟。法、比、荷、卢四国纷纷表示响应。3 月 5 日，英、法、比、荷、卢五国代表在布鲁塞尔举行缔约谈判。17 日，五国外长签署了《布鲁塞尔条约》，为期 50 年。条约规定：各缔约国在"维持国际和平和安全以及抵抗任何侵略时，彼此提供援助"；德国侵略政策复活时，各缔约国可以采取一切必要措施；当任何一个缔约国在欧洲受到武装攻击时提供"力所能及的一切军事或者其他援助"。8 月 25 日，该条约正式生效，布鲁塞尔条约组织正式成立。

比利时、荷兰、卢森堡三国在缔约谈判中主张美国也加入该条约。这正是美国所希望看到的。然而在各国签署《布鲁塞尔条约》的当天，杜鲁门对此作出表示，认为美国将根据形势的需要，以适当的方式对这些国家给予支持。

在签署《布鲁塞尔条约》后的第五天，美国、英国、加拿大三国在美国举行会议，商讨建立大西洋军事体系的问题。1948 年 6 月，美国参议院以多数票通过了关于美国对外政策新方向的《范登堡决议》。决议规定，在持续有效的自助和互援的基础上，以及关乎美国国家安全的形势下，美国可以"**通过宪法程序，参加这些区域性和其他集体协定**"。美国政府获得了在和平时期与美洲大陆之外的国家缔结军事同盟条约的许可，改变了其传统对外政策，为美国随后组织建立北大西洋公约集团铺平了道路。

1948 年 7 月 6 日，美国、加拿大和布鲁塞尔条约组织的成员国在华盛顿举行会议，商讨缔结安全条约问题。1949 年 3 月 18 日，《北大西洋公约》条文正式公布。4 月 4 日，以美国为首的十二国外长在华盛顿举行《北大西洋公约》签字仪式，北大西洋公约组织正式成立。《北大西洋公约》的内容主要有序言和 14 项条款。条约规定，任何一个缔约国的领土完整、政治独立或安全遭到别国的威胁时，各缔约国应该一同协商。公约第五条内容最为关键："**各缔约国同意对于欧洲或北美之一个或数个缔约国之武装攻击，应视为对缔约国全体之攻击**"。各缔约国可以"**采取视为必要之行动，包括武力之使用**"。8 月 24 日，该公约经各缔约国陆续批准后正式生效。

北大西洋公约
1949 年 4 月 4 日，美国国务卿迪安·艾奇逊签署了《北大西洋公约》，美国总统哈里·杜鲁门（左二）和副总统阿尔本·巴克利（左一）在一旁观看。

北约的成立，使美国控制了北约的军事机构，美国的军事战略成为各成员国军事活动的准则，加强了美国对西欧的控制，欧洲成为美国防御苏联的最前线。北约的建立，标志着以美国为首的大西洋联盟的形成，加深了美苏两国之间的矛盾，使冷战朝着纵深方向发展。

20世纪50年代初，北约组织又进行了扩充。1952年2月，希腊、土耳其也加入北约组织。希腊、土耳其并不属于北大西洋国家，然而美国出于包围苏联的考虑，于是将两国吸收进来。北约组织成立后，美国接下来的目标是扶植德国，重建其武装力量，使它在北约组织中发挥应有的作用。美国明白，德国的复兴关系到美国对欧洲战略的全局。美国政府认为，没有德国，欧洲的防御太过脆弱，把德国武装起来，就可以在欧洲构筑一个纵深的防御，有足够的力量来抵抗苏联的威胁。出于这样的目的，美国加紧了分裂德国的步伐，努力将联邦德国拉进北约组织中。于1949年出任联邦德国总理的阿登纳也认为："一个复兴的独立的德国，只有通过同美国的密切合作，才能得到发展。"1949年底苏联研制出原子弹和1950年中爆发的朝鲜战争，这两起事件让美国找到了重新武装联邦德国的借口。

1950年9月，美国向英、法两国建议，主张让联邦德国参加西欧防务。对于美国的建议，法国表示强烈反对，它不想看到一个以任何方式武装起来的德国。为了迫使法国就范，美国想方设法向其施加压力，尤其是对法国经济方面。1954年10月23日，在美、英的积极斡旋下，法国最终同意了美国的建议，与美、英等西方国家签订了《巴黎协定》。根据协定，美、英、法三国终止对联邦德国的占领，而以"防卫自由世界"的名义继续驻军联邦德国；英、法、美承认了联邦德国的主权，联邦德国获得独立的主权国家地位，正式加入北约组织，可以重新组建军队。1955年5月5日，《巴黎协定》生效，联邦德国正式加入北约组织，成为其成员国。

联邦德国成立及加入北约组织，无疑加剧东西方的对立，加剧了国际形势的紧张。苏联和东欧人民民主国家对此作出了强烈反应，并于1955年5月签订《华沙条约》，成立华沙条约组织，与北约抗衡。

共产党和工人党情报局和经互会的成立

随着二战的结束和冷战序幕的拉开，为了对抗以美国为首的西方国家，使

铁托

东欧各国进一步团结起来，苏联在政治、军事、经济采取了一系列措施，成立"共产党和工人党情报局"和"经互会"就是其中的两项重要举措。

早在 1945 年，南斯拉夫共产党总书记铁托在访问苏联时曾向斯大林建议，成立一个各国共产党的国际协商机构，斯大林对此表示赞同。1947 年夏天，斯大林在与波兰工人党第一书记哥穆尔卡交谈时，建议由波兰工人党出面发起召开欧洲共产党和工人党的代表会议，讨论成立情报局的问题。

1947 年 9 月 22 日至 27 日，苏联、波兰、南斯拉夫、保加利亚、罗马尼亚、匈牙利、捷克斯洛伐克、法国、意大利九国共产党和工人党的代表在波兰举行会议。会议通过了《关于国际形势的宣言》，指出世界已经形成了两大对立的阵营，一个是帝国主义反民主阵营，另一个是反帝国主义的民主阵营。美国是帝国主义阵营的主导力量，它推行的"杜鲁门主义"和"马歇尔计划"，是美国实行全球扩张的主要策略。在此形势下，反帝国主义的民主阵营应该团结起来，制订一个统一的行动纲领，互相磋商和协同行动。

会议还通过了《关于出席会议的各国党之间交流经验和协同行动的决议》，决定成立情报局。情报局由参加会议的九国共产党（工人党）各派 2 名代表组成。情报局的任务是交流经验，并在必要时在协商的基础上协调各党的活动；情报局将创办一份机关报，总部设在南斯拉夫贝尔格莱德。欧洲共产党和工人党情报局的成立是欧洲地区国际阶级斗争的产物，是战后初期国际共产主义运动中的重要事件，在国际上引起了很大反响，西方国家认为它是共产国际的重建。

1947 年 11 月 10 日，情报局机关报《争取持久和平，争取人民民主！》创刊号出版。1948 年 1 月，情报局在贝尔格莱德举行第二次会议，决定成立《争取持久和平，争取人民民主！》常设编辑委员会，由九国共产党（工人党）各派一名代表组成，苏共代表帕维尔·尤金任主编。

情报局从 1947 年 9 月成立到 1956 年 4 月解散，共存在 8 年多时间，这期间共召开了 4 次会议。它在反抗美国冷战策略方面起到了一定作用，但是苏联推行大国沙文主义，企图通过情报局加大对东欧国家的控制和影响，打压各国党派"异端"。1948 年 6 月，由于苏联、南斯拉夫两国关系恶化，发生了情报局单方面开除南斯拉夫共产党的严重事件，成为战后国际共产主义运动出现分裂的先例。情报局在南斯拉夫问题上所犯的错误带来了严重的影响，使其无法继续开展活动。1956 年 4 月 18 日，情报局发表了《关于结束共产党和工人党情报局的活动的公报》，宣布情报局停止活动，情报局的机关刊物《争取持久和平，争取人民民主！》停刊。

第二次世界大战结束以后，东欧国家先后脱离了资本主义体系走上社会主义道路。面对这一形势，美国于 1947 年提出了"马歇尔计划"，帮助欧洲盟国尽快恢复因战争而濒临崩溃的经济。同时对苏联实行经济封锁和遏制政策，企图从经济上扼杀新兴的东欧人民民主政权。为了对抗美国的"马歇尔计划"，苏联推出了"莫洛托夫计划"。该计划主要包括了苏联对东欧社会主义国家的经济援助以及发展东欧国家对苏联的贸易，协助东欧各国重建经济。而"莫洛托夫计划"也成为后来经济互助委员会的雏形。

从 1947 年 7 月开始，苏联与东欧各国相继签订了一系列双边贸易、经济协定。此外，东欧各国之间也相互签订了长期贸易协定。1949 年 1 月 5 日至 8 日，苏联、匈牙利、保加利亚、罗马尼亚、波兰、捷克斯洛伐克六国代表在莫斯科举行经济会议，商讨解决苏联和东欧各国之间的经济合作问题，会议决定成立经济互助委员会。经济互助委员会的最初宗旨是：协调各成员国的经济发展计划；交流经济管理工作的经验；制定有关科技合作和技术援助方面的措施；在原料、食品、机器、设备等方面进行相互协作等。随后，阿尔巴尼亚和德意志民主共和国分别于 1949 年和 1950 年也加入了经济互助委员会。

经济互助委员会的成立，加强了东欧各国的经济交流，对东欧各国的经济发展起了促进作用。对东欧国家而言，经济互助委员会打破了美国的经济封锁，解决了国内的经济困境。随着经济合作的不断深入，各国经济逐步得到了恢复和发展。在很长一段时间内，苏联向东欧各国提供燃料和原料，消化各国生产的产品，通过物品交换的方式解决了各国外汇短缺等问题。同样，苏联通过经济互助委员会，获得了一些东欧国家的先进工业技术和科技成果，获得所需商品和推销商品的市场，并通过与各国的合作，对东部地区的自然资源进行开发利用。此外，苏联通过合作加强了对各国的政治影响力，使东欧国家在经济上越来越依赖苏联。

然而经济互助委员会在不断的实践中，出现了不少问题。苏联经常与东欧国家进行不平等交易，损害了这些国家的经济利益。东欧国家之间经贸关系严重脱离了商品经济和价值规律的作用。此外，经济互助委员会成员国长期仅限于内部之间进行经贸往来，使各国脱离世界经济，缺乏市场竞争，导致经济上的落后。

华约的成立

1954 年 10 月 23 日，美国、英国、法国等西方国家签订《巴黎协定》，决定中止对联邦德国的占领，吸收它加入北约。苏联政府对此表示强烈反对，并向美国等西方国家发出照会，要求它们不批准《巴黎协定》，并提议召开欧洲安全会议，缔结《欧洲集体安全条约》，商讨防止德国军国主义再起的问题，但遭西方国家的拒绝。

在这种情况下，1954 年 11 月 29 日至 12 月 2 日，苏联、波兰、捷克斯洛伐克、匈牙利、保加利亚、罗马尼亚、阿尔巴尼亚和德意志民主共和国等八国在莫斯科举行欧洲国家保障和平和安全会议，宣称要在组织武装部队和建立联合司令部方面采取共同措施以保证自己的安全。1955 年 3 月，八国就缔结集体友好互助条约的原则、组建联合武装力量及其统帅部等问题进行了协商，并达成了一致意见。

1955 年 5 月 5 日，《巴黎协定》正式被批准，联邦德国加入北约组织。5 月 14 日，苏联、波兰、捷克斯洛伐克、匈牙利、保加利亚、罗马尼亚、阿尔巴尼亚和民主德国八国在华沙签署《友好合作互助条约》，即《华沙条约》。《条约》由序言和 11 项条文组成，规定缔约国以和平的方式解决它们的国际争端，并就一切有关他们共同利益的重要国际问题进行磋商；如果在欧洲发生了任何国家或国家集团对一个或几个缔约国的武装进攻，每一缔约国应根据《联合国

各华约组织成员国的军事将领

华约组织成立了联合武装部队，不断更新各缔约国军队的武器装备，推行军事一体化，举行各种规模的联合军事演习。

宪章》第51条行使单独或集体自卫的权利，个别地或通过同其他缔约国的协议，以一切它认为必要的方式，包括使用武装部队，立即对遭受这种进攻的某一个国家或几个国家给予援助。

根据条约，成立了华沙条约组织，组织最高决策机构是政治协商委员会，总部设在莫斯科，联合武装部队总司令和参谋长均由苏联人担任。华约组织的成立，是苏联对联邦德国加入北约组织公开作出的反应。北大西洋公约组织、华沙条约组织这两大国际组织的成立，标志着双方以冷战形式的军事对抗正式开始。

华约组织在成立初期为保护世界和平和社会主义国家的安全起了积极作用。但是，华约组织自成立以来，和经互会一样，长期处在苏联的控制之下，成为苏联控制东欧的工具。华约组织的主要机构均设在莫斯科，其主要领导职务都由苏军将领担任。苏联常以华约组织的名义向一些成员国派驻"顾问""观察员"，甚至直接干涉这些国家的内政，违背了社会主义国家对外关系的基本准则。

冷战时期的"热战"

冷战时期，美苏两强为了谋求霸权，展开了军备竞赛和地区争夺，导致国际局势长期紧张动荡。在对峙格局下，两大阵营虽然出现过摩擦，但并没有发生直接的武装冲突，在局部地区不断出现的战争，主要是发生在亚洲地区的朝鲜战争和越南战争。

朝鲜战争

第二次世界大战结束后，美军和苏军在朝鲜半岛以北纬 38 度线为界分别接受日军投降，结果导致朝鲜半岛分裂为朝鲜和韩国两个不同制度的国家。1948 年 8 月 15 日，朝鲜半岛南部通过"单独选举"，成立了以李承晚为总统的大韩民国政府，以汉城为首都。同年 9 月 9 日，朝鲜半岛北部成立了朝鲜民主主义人民共和国，以平壤为首都，金日成出任最高领导人。

朝鲜和韩国分别成立政府后，都开始加强武装力量的建设，试图依靠武力实现半岛统一。于是，两国之间的冲突斗争日益尖锐，局势变得紧张起来。据统计，在 1949 年这一年间，双方在三八线上爆发的武装冲突达 1000 多次。1950 年 6 月 25 日，朝鲜和韩国之间终于爆发战争。这场战争最初只是两国之间的内战，但是在战争爆发当天，美国利用苏联抵制安理会之机，操纵安理会通过决议，指责朝鲜是"侵略者"。三天后，美国又宣布对韩国实施武装支援，对朝鲜内政进行干涉。与此同时，杜鲁门命令美国海军第七舰队开入台湾海峡，干涉中国内政。

战争初期，朝鲜人民军节节胜利。6 月 28 日，朝鲜人民军攻占了汉城。朝鲜人民军在第一次战役取得了攻占汉城的胜利后，于 6 月 30 日发起第二次战

朝鲜战争中的大田市
大田战役是 1950 年朝鲜战争中朝鲜的一次对南战役，重创并击溃美军第 24 师主力，俘虏迪安少将。

役。从 7 月 1 日至 7 月 3 日，人民军经过激烈战斗，强渡汉江，攻占了永登和水原。到 7 月 6 日，朝鲜人民军进抵三七线附近。

随着朝鲜人民军的不断胜利，美国决定对韩国进行增援。7 月 7 日，在美国的操纵下，联合国安理会通过决议，在朝鲜设立联合国军司令部，组成以美军为主导的"联合国军"，任命美国驻远东军队的总司令麦克阿瑟为"联合国军总司令"，直接参加朝鲜战争。7 月 14 日，联合国向 52 个联合国成员国提出了给予韩国军事援助的要求。英国、法国、新西兰等十几个国家同意派出军队或提供援助。

7 月 18 日至 20 日，朝鲜人民军发起大田战役，全歼美军第 24 师主力，俘虏原驻朝美军总司令、第 24 师师长迪安少将。到 8 月上旬，人民军攻占了黄涧、金泉、陕川、金州、西海岸最南端的港口木浦港、晋州、荣州、安东等地，解放了朝鲜半岛南部 4/5 以上的土地。

从 9 月 10 日起，美军、韩军在飞机的掩护下，以坦克为先锋，开始转入反攻。9 月 15 日，美军集结自己在远东所能够派遣的兵力，共 300 艘军舰，500 多架飞机和 7 万多的军队，在朝鲜半岛中部仁川登陆，突袭朝鲜军队后方，截断朝鲜人民军南进部队的后路，并迅速夺回仁川港。9 月 22 日，"联合国军"乘势反击，包围汉城。9 月 28 日，美军、韩军占领汉城，切断了朝鲜人民军的退路和补给线。在这种情况下，美国决心进一步扩大战争。10 月 1 日，美军、韩军越过三八线向朝鲜半岛北部发起进攻，至 10 月 19 日，侵占平壤、咸兴、兴南后，将战火烧到中朝边境。

1950 年 9 月 30 日，针对美国侵略朝鲜和中国领土的罪行，中国政府多次发出强烈的抗议和警告。10 月 2 日，美军越过三八线，向中朝边境进犯。在这之前，美军飞机多次侵入中国东北领空侦察和轰炸扫射，造成大量平民伤亡。在兄弟国家面临危险、中国安全受到严重威胁的形势下，10 月初，应朝鲜劳动党和朝鲜人民民主共和国的请求，中国政府做出了抗美援朝的决策，决定派遣志愿军入朝参战。10 月 19 日，在司令员彭德怀的率领下，中国人民志愿军跨过鸭绿江，开赴朝鲜，同朝鲜人民一起进行反对侵略者的战争。

中国人民志愿军先头部队有 6 个军、3 个炮兵师，共约 32 万人。志愿军原定计划前进至龟城、德川、五老里一带修筑阵地，进行防御作战，先站稳脚跟，然后再组织反攻。1950 年 10 月 25 日，中国人民志愿军与以美军为首的"联合国军"首次遭遇。志愿军利用美军认为中国不会出兵朝鲜的错误判断，继续分兵冒进的时机，改变原先计划，采取在运动战中歼灭美军的方针，迅速出击，出其不意地打击美军。经过 12 个昼夜的激战，将美军从鸭绿江边打回了清川江以南地区，粉碎了美军于感恩节前占领朝鲜的企图。

美军、韩军遭到中朝人民军队的打击后，得知志愿军已经入朝参战，错误地认为中国志愿军参战兵力不足，于是立即进行调整部署，集合 5 个军 21 万余人的兵力，从东西两线再次向中朝军队发动进攻。中朝军队利用美军恃强骄傲的心态，采取诱敌深入的方针，在敌军飞机狂轰滥炸、我军后勤补给不足且天气寒冷这样极其困难的情况下，前仆后继，英勇奋战，歼灭了大量敌军，于 12 月 5 日收复了平壤。中朝人民军队连战连捷，迫使敌军转入防御状态，开始向南撤退，一直退到三八线以南地区，从而扭转了朝鲜战局。

此后，在 1950 年 12 月至 1951 年 6 月间，中国人民志愿军与敌军又相继进行了互有进退攻守的三次大的战役。到 1951 年 6 月 10 日止，中国人民志愿军和朝鲜人民军在 7 个月的作战中，粉碎了敌军灭亡朝鲜民主主义人民共和国的企图，歼敌 23 万余人，将敌军从鸭绿江边赶回到三八线，把战线稳定在三八线附近地区。美军在朝鲜战场失利，4 月 11 日，美国总统杜鲁门撤销了麦克阿瑟远东军总司令及"联合国军"总司令等职，遗职由李奇微接替。

经过 5 次战役的较量，双方的力量对比趋于均势。美军在技术上有优势，但是兵力不足，英法等国不愿再往朝鲜增兵。中朝人民军队在兵力上占优势，但是在装备上处于劣势，同时也受到物资供应不足的限制。在这种情况下，双方于 1951 年 6 月开始转入阵地防御作战，朝鲜战场出现相持的局面。6 月 23 日，苏联提出了关于和平解决朝鲜问题的建议。美军进退维谷，无奈之下只能接受与中朝军队进行停战谈判。

朝鲜停战谈判

1951 年 7 月 10 日，停战谈判在开城举行。美军虽然被迫参加停战谈判，但是又企图在谈判中捞取好处。7 月 26 日，美军拒绝了中朝人民军队代表提出的以"三八线"为军事分界线的合理建议，反而要求将军事分界线划在中朝人民军队阵地后方，企图不战而攫取大片土地。美军这一无理要求遭到了中朝代表的拒绝，便企图通过军事压力迫使中朝人民军队屈服。

1951 年 8 月中旬至 10 月下旬，"联合国军"向中朝人民军队发起夏季攻势和秋季攻势。中朝人民军队进行了有针对的防御作战，粉碎了敌军的进攻。通过这次作战，以美军为首的"联合国军"只能放弃之前的无理要求，接受中朝方面提出的以双方实际接触线为军事分界线的建议。10 月 25 日，停战谈判重新恢复，谈判地点改在了板门店。战争进入了打打停停、边谈边打的新阶段。由于双方的条件过于悬殊，停战谈判断断续续进行了两年之久。

这一时期，美国动用了其陆军的 1/3、空军的 1/5 和海军近半数兵力参与到朝鲜战场，作为侵朝战争的主力军，美军使用了除原子弹之外的当时所有现代化武器。

以美军为首的"联合国军"企图通过其在海、空军方面的优势，迫使中朝人民军队代表在谈判中屈服。对此，中国人民志愿军贯彻"持久作战、积极防御"的方针，充分利用地形，构筑坑道，通过阵地防御和运动反击相结合的作战方法，大量地消耗了敌人的有生力量，在两年时间里歼灭敌军 72 万人，其中美军近 30 万人。在这个过程中，中国国内的人民志愿军后备力量轮番进入朝鲜战场，得到苏联支援的志愿军空军也开始加入战场作战，后勤运输保障得到了加强。1953 年 7 月 27 日，美国在停战协定上签字。至此，朝鲜战争以中朝人民军队的胜利而宣告结束。时任"联合国军"总司令的克拉克在其回忆录中写道："我是美国历史上第一个在没有取得胜利的停战协定上签字的司令官。"

《朝鲜停战协定》确定：以北纬 38 度附近的双方实际接触线为军事分界线，双方以这条线为中心各自后退 2 千米，以建立一个非军事地区；在协定生效后的 3 个月内举行双方高一级的政治会议，商讨撤离在朝鲜境内的一切外国军队以及和平解决朝鲜问题。然而，美国在签署协定后并不愿意就这些问题与中朝方面达成协议。尽管如此，从 1954 年 9 月开始，中国人民志愿军开始分批撤离朝鲜，并于 1958 年 10 月全部撤回国内，表明了中国政府和人民希望和平解决朝鲜问题的意愿。

《朝鲜停战协定》签署现场

　　朝鲜战争前后历时 3 年，是第二次世界大战结束后爆发的第一次国际性局部战争，战争最终以中朝军队和人民的胜利而告终。中朝军队在朝鲜战争的胜利，粉碎了美帝国主义侵略朝鲜的野心，中朝人民的民族自信心和自豪感获得了空前的增强。世界各国开始对中国刮目相待，提升了中华人民共和国在国际社会上的地位。

印度支那战争

　　1945 年 8 月 15 日，日本帝国主义宣布无条件投降。印度支那共产党和越南独立同盟利用这个有利时机，迅速在全国发动总起义，从日本侵略者和傀儡政府手中夺取政权。8 月 19 日，起义队伍解放了河内，并于 23、25 日先后解放了顺化、西贡，夺取了政权。27 日，越南民主共和国临时政府组成。30 日，保大傀儡政府退位，越南八月革命取得胜利。9 月 2 日，越南民主共和国正式宣告成立，胡志明出任临时政府主席，宣布越南独立，废除与法国签订的旧约，取消法国在越南的一切特权。

　　法国拒绝承认越南的独立，企图依靠英美的援助重新建立法属印度支那联邦。1945 年 9 月，根据波茨坦会议的决定，英国军队和中国国民党政府军队分别进入印度支那北纬 16 度的南北地区，接受日本军队的投降。9 月 21 日，法军在英国舰队的帮助下在西贡登陆，并于 9 月 23 日占领了西贡。越南人民奋起反击，南部抗法战争爆发。

9月25日，越南共产党南部区党委决定成立南部抗战委员会，统一领导抗法队伍，越南全国掀起了声势浩大的支援南部抗战运动。9月30日，越法双方举行谈判，一致同意停火。11月12日，双方谈判破裂，战火再起。1945年11月25日，越南共产党中央发出《抗战建国指示》，指出全党、全民的紧急任务是"巩固政权，抗击法国殖民者，清除内患，改善人民生活"。

1946年1月，越南在国内进行普选。3月，越南召开国民大会，正式成立了以胡志明为首的共和国政府。越南共产党中央为了争取缓和时间，巩固和发展革命力量，提出"以和求进"的方针。法国为了争取时间部署兵力，也愿意与越共进行谈判。1946年3月6日和9月14日，越南人民政权与法国政府先后签订了《越法初步协定》和《越法临时协定》。协定规定：双方采取措施停止敌对行为；法国承认越南共和国为一个独立国家，有自己的政府、国会、军队和财政；越南为法兰西印度支那联邦的成员，并允许法军1.5万人在北方驻军，为期5年；越法两国之间在经济、文化方面进行合作等。

但是，在1946年3月至4月，英国军队和中国国民党军队撤离越南后，法国在英美支持下向越南派遣大量军队替代换防。与此同时，法国先后向老挝、柬埔寨发起进攻。12月19日，法国在军队部署完毕后公然撕毁协定，对河内发起大规模进攻，妄图一举攻占河内，推翻越南民主共和国。20日，胡志明号召越南全国起来抗击法国的侵略。印度支那战争全面爆发。

战争初期，法国集中了10万人的兵力，利用陆海空的现代化优势采取速战速决的方针，对越南北部地区的城市和交通枢纽发起进攻。越南人民军在建立之初仅有2万人，武器装备十分落后，没有任何外来的支援。人民军在河内

参加抗法战争的越南军人
1946年，越南共产党中央发表《关于全民抗战的指示》，于1949年组建第一个主力师第308师。

等城市坚持抵抗 2 个月后，实行战略撤退，部分兵力进行阵地防御，牵制法军，主力则撤往农村和山区建立根据地，开展游击战和运动战。

1947 年 9 月，法军集结 12 个团的兵力向越南西北地区发起进攻，陆续占领和平、山西、义路等地，并沿滇越铁路推进，占领老街，切断了越南北部解放区与平原区的联系。10 月 7 日，法军发动冬季攻势，企图歼灭在越南北部山区的越军主力。人民军采取诱敌深入、分割围歼的战术，实行游击战和小规模运动战，四处打击敌军，于 12 月 23 日粉碎了法军的进攻，取得了越北战役的胜利。人民军粉碎了法军的冬季战役计划，极大改变了战局。法军从发动全面进攻到冬季战役失利的一年时间里，共损失 6 万多人，除了部分城镇之外，广大农村地区仍然被人民军控制。人民军则在战争中收复了太原、宣光等地，队伍也由开始的 2 万人发展到了 10 多万人。在这之后，法军无力再次发动大规模进攻，战争进入相持阶段。

1948 年春，法国向越南增派 15 万兵力，采取"以越制越、以战养战"的方针，对南方占领区实施"绥靖"政策，对北部解放区加紧扫荡、封锁和蚕食。1949 年 6 月 15 日，法国再次扶植保大当上傀儡皇帝，建立"越南国"，组织新的傀儡政府。随后，美国与法国签订了《军事财政援助协定》和《相互防卫协定》，支持法国扩大印度支那战争。

1948 年至 1949 年，越南人民军在东北、西北地区深入敌后开展游击战，在反蚕食、反扫荡的战斗中获得胜利，大片国土获得解放。1949 年 10 月，中华人民共和国成立，中、苏等社会主义国家相继与越南建立外交关系，这为越南人民的抗法作战创造了有利的国际条件。

1950 年 1 月，越南民主共和国向中国提出援越抗法的请求，中国政府决定支援越南的抗法战争。9 月，在中国的大力援助下，越军发动北部边界战役，歼灭了大量法军，解放高平、谅山等城市，取得了北方战场的军事主动权，扭转了战争局势。

在这之后，越南人民军不断发展壮大，队伍扩充到了 30 万人。1950 年，老挝成立了以苏发努冯亲王为总理的抗战政府，柬埔寨则建立了高棉自由战线和民族解放委员会。1951 年 3 月，越、老、柬三国召开联盟会议，建立了抗法联合民族统一战线。越南人民军为了掌握更大的战场主动权，不断发起运动战，相继发起了中游、和平、西北等战役。1951 年至 1953 年，越南军民经过艰苦卓绝的斗争，歼灭了敌军的有生力量，迫使在越南北部的法军撤到奠边府一隅。

1954 年 3 月 13 日，越南人民军对困守奠边府的法军发起进攻，经过 55

苏发努冯亲王

苏发努冯于 1945 年回到老挝，组织抗战，是巴特寮革命运动领导人，人称"红色亲王"。

天的战斗，于 5 月 7 日解放了奠边府，歼敌 1.6 万余人，俘虏了法军司令官。奠边府战役的胜利，沉重打击了法国殖民主义，扭转了印度支那战争的形势，对正在日内瓦召开的国际会议产生了积极影响。

1954 年 4 月 26 日，为谋求和平解决朝鲜问题和印支问题的日内瓦会议开幕。中、苏、美、英、法和朝鲜、越南、老挝、柬埔寨等 23 个国家参加了此次会议。会议首先对朝鲜问题进行了讨论，但是没能达成协议。5 月 8 日，会议开始对印支问题进行讨论。奠边府战役的失利，使法国国内的主战派遭受沉重的打击。6 月，在法国人民的反战声浪下，国民议会通过了停止"肮脏战争"的决议。7 月 21 日，与会国达成协议，签署了《越南停止敌对行动的协定》《老挝停止敌对行动的协定》《柬埔寨停止敌对行动的协定》，会议最后发表了《日内瓦会议最后宣言》。协议规定：在印度支那全部地区停火；在北纬 17 度线以南、9 号公路稍北划定一条临时军事分界线，越军在分界线以北集结，法军在分界线以南集结；与会国保证尊重越南、老挝和柬埔寨的独立、主权和内政不受干涉；越南、老挝和柬埔寨将分别举行全国的自由选举。历时 8 年多的印支人民抗法战争胜利结束。

但是，美国并没有在会议最后宣言上签字，只是发表了一个声明，表示自己将不会使用武力威胁来阻碍协议的实施。1955 年 10 月，在美国的支使下，越南南方举行了"公民投票"，成立起所谓"越南共和国"，并由从美国返回越南的吴庭艳出任"总统"兼"总理"。从而在此后的一段时期里，出现了两个越南并存的局面。

越南战争

1954 年 7 月，在日内瓦签订了关于印度支那的停战协议后，法国军队撤离了越南、老挝和柬埔寨。然而就在法国撤退之时，美国迅速替代了法国的地位，加紧了对印支三国的渗透。1954 年 9 月，在美国的领导下，在菲律宾首都马尼拉召开了由美、英、法、澳、新、菲、泰、巴等国参加的八国外长会议，会上缔结《东南亚集体防务条约》，成立了所谓的"东南亚军事集团"。该军事集团公然将越南南方、老挝、柬埔寨划入其"保护"范围。美国政府不断鼓吹所谓的"多米诺骨牌"理论，宣称如果失去印支三国，那么在东南亚以及整个远东太平洋地区将会出现连锁反应。因此，美国蓄意破坏《日内瓦协议》，对印支三国内政进行干涉，企图将其占为己有。

越南实现停战之后，美国政府扶植吴庭艳担任新建立的"越南共和国总统"，排挤法国在越南的传统势力，建立亲美的独裁政权。吴庭艳上台后，宣布签订《日内瓦协议》的当天为"国耻日"，并通过武力对反对派进行镇压，加紧扩充军备，妄图使越南南北分裂永久化。美国不断向越南南方派遣军事顾问和人员，运送大量的军事装备，修筑了几十处军事基地和战略要道，使越南南方变为美国的新殖民地和战略基地。

在美国的支持下，吴庭艳集团在越南南方实行"控共""灭共"战役，镇压越南南方爱国者，实行独裁统治。除此之外，吴庭艳集团采用集体屠杀、严刑拷打、暗杀等手段，残酷地镇压共产党人、前抗法人员和南方爱国者，犯下了无数的罪行。1958 年 12 月 1 日，在关押着 6000 名犯人的富利集中营，越南南方当局采取在饭里投毒的方式，一次就毒死 1000 多名政治犯，制造了震惊世界的大惨案。1959 年 5 月，吴庭艳颁布了"第 10 号总统法令"，设立特别军事法庭，有权随时处决越南南方的爱国人士，制造了更大的政治迫害浪潮。到 1961 年底，越南南方有 16 万人被投入监狱和集中营，上百万人被拷打致残，1 万多人惨遭杀害，整个越南南方一片阴森景象。

为了实现《日内瓦协议》，争取和平统一国家，争取民主自由和改善生活，从 1955 年开始，越南南方人民掀起了广泛的斗争浪潮。西贡、顺化等地区举行了有成千上万人参加的集会、游行、罢工和罢市。但是，美国和吴庭艳集团血腥镇压了这些合理的人民斗争。在越南南方坚持斗争的革命力量遭到了严重损失，许多基层组织遭到破坏。实现和平统一国家的道路已经被堵塞。越南南方人民在一系列的斗争中逐渐认识到，唯有拿起武器进行抗争，才会有出路。

图为美国军队涉水穿过南越南湄公河
三角洲的沼泽地。

　　1958年8月，中部原广义省茶蓬县人民打响了武装斗争的第一枪。翌年1月17日，南部槟椥省人民拿起棍棒和大刀发动武装斗争，捣毁敌人的据点，夺取武器。各地人民纷纷组织武装进行斗争，群众武装反抗运动迅速蔓延到了西部和中部的广大地区。

　　在人民武装斗争高涨的形势下，1960年12月20日，越南南方各阶级、各民主党派、宗教教派和各民族的代表举行代表大会，建立了越南南方民族解放阵线。会议通过了推翻美国帝国主义变相的殖民制度及其傀儡吴庭艳的反动统治，实现独立、民主、和平、中立的越南南方，进而实现和平统一国家的纲领。1961年2月15日，越南南方各地人民武装联合起来建立了统一的武装力量——越南南方人民解放武装力量。越南南方人民争取民族解放和祖国统一的斗争进入了一个新的阶段。

　　1961年1月，美国总统肯尼迪上台后，为了镇压越南南方民族解放运动，发动了一场不宣而战的"特种战争"。这场战争实际上是由美国出钱出枪，在美国顾问参与和指挥下进行的新殖民主义战争。同年6月，美国政府制定了"斯特利－泰勒计划"，企图在18个月内"平定"越南南方，并在北方"建立基地"。

　　1962年2月，美国在西贡设立了"军事援助司令部"，作为"特种战争"的指挥部，并派遣特种部队。到1964年7月，美国在越南南方的特种部队和其他军事人员达到了29000人。按照"特种战争"的战略，美国强化了越南

美国战时在越南使用落叶剂
1969 年，越南战争期间，美国直升机在茂密的丛林中喷洒落叶剂。

南方政权，大力扩充越南南方军队，将他们作为进行"特种战争"的工具。到 1964 年底，越南南方军队人数达到了 60 万人。与此同时，美国强制推行"战略村"计划，把广大农村居民赶进被铁丝网、壕沟和碉堡四面包围的村寨，企图割断游击队与人民群众之间的联系，以实现其"竭泽而渔"的目的。在这期间，在美国顾问和特种部队的指挥下，数十万越南南方军队采用了"重点清剿""油点扩散""分进合击""直升机空运"等战略战术，使用凝固汽油弹、磷弹以及化学毒剂等武器，进行大规模扫荡，屠杀人民群众。

"特种战争"并没有使广大的越南南方军民屈服，反而激起了他们继续抗争的士气。越南南方军民紧密配合，广泛开展游击战和运动战相结合的战术，打击敌军，摧毁了许多"战略村"。1963 年 1 月 2 日，美军和越南南方军队出动 2000 多人的精锐部队，在直升机的掩护下，对美荻省丐礼县新富乡北村进行扫荡。北村军民的人数仅有敌人的 1/10，但是他们出奇制胜，在 3 天之内歼敌 1500 多人，击落击伤敌机 15 架。北村的胜利鼓舞了越南南方人民的斗志，各地军民掀起了学习北村的运动。到 1964 年中旬，越南南方超过 80% 的战略村被摧毁，越南南方军队伤亡 30 多万人，企图迅速"平定"越南南方的"斯特利－泰勒计划"宣告失败。

与此同时，在"特种战争"的后方基地——城市，人民的爱国热情空前高涨。工人、知识分子、学生及佛教徒纷纷走上街头，反对吴庭艳集团的独裁统治。在此形势下，吴庭艳集团的统治开始动摇，内讧加深。美国发现吴庭艳已经成为其推行侵略计划的累赘，于是采取了"换马术"。1963 年 11 月 1 日，美国政府策划了一起倒吴的军事政变，吴庭艳在这起政变中被打死。吴庭艳集团垮台后，越南南方局势变得更加动荡，政变频繁。1964年1月30日，杨文明上台后仅2个月，阮庆发动军事政变，取而代之。到1964年初，美国在越南推行的"特种战争"战略宣告破产。

1964年3月，美国总统约翰逊上台执政。同年6月，威廉·威斯特摩兰接替哈金斯，任美国驻"南越"军援司令部司令。"特种战争"失败，约翰逊政府上台后炮制了使战争逐步升级的策略，计划扩大在越南南方的侵略战争。1964年8月24日，美国制造"北部湾事件"。美国以北越鱼雷艇袭击美军驱逐舰为借口，制造战争舆论，悍然派飞机对越南北方进行轰炸，将侵略战火燃烧到了越南北方。8月10日，美国国会通过《东京湾决议案》，宣布授权总统采取一切必要措施，击退对美国的任何武装攻击。这个决议给予美国总统调动军队、扩大侵越战争的特权，实际上是一份美国公开侵略越南的"宣战书"。

1965年3月，美国军队在岘港登陆，直接参战，侵越美军人数急剧增加。7月，美军在又越设立了美国驻越南陆军司令部。此后，美国在越南开始了以美军为主，实施以"南打北炸"为特点的"局部战争"。到1969年4月，美军在越的人数达到了54万多人，越南南方军队扩充到了近100万人。韩国及澳大利亚、新西兰、泰国、菲律宾等东南亚条约组织的部分成员国也加入了战争。美国在越南南北投下和发射了上千万吨的炸弹，大大超过了其在朝鲜战争中投下的炸弹量。越南人民没有屈服，在胡志明"决战决胜"精神的号召下，越南北方军民开展了保卫北方，抗击美军的全民运动，数次粉碎了敌军的攻势。1968年1月，越南南方解放武装力量发动了"新春攻势"，向西贡、顺化、岘港等64个大中城市、省会及军事基地展开猛烈进攻，给予美国和"南越政权"以沉重打击。

约翰逊政府在越南的战争不仅耗费了巨额的军费，而且使数以万计的美国士兵在战争中丧命，导致美国国内的反战运动日益高涨。在1968年的美国大选中，"越战"问题成为人们关注的焦点。同年3月，陷于困境的约翰逊政府被迫宣布部分停止对越南北方的轰炸，并将目标局限于北纬19度线以南地区，并要求与越南民主共和国和谈。5月13日，越美双边会谈在巴黎举行。10月31日，美国宣布完全停止对越南北方的轰炸。至此，美国的"局部战争"宣告失败。

1969年，尼克松成为美国总统，为了摆脱美军在印度支那战争泥淖中的困境，决定从亚洲收缩力量，提出了战争"非美化"策略，执行战争"越南化"政策，逐步从越南南方撤离美国军队，重新采用"以越南人打越南人"的策略。

1月，美国在事实上被迫承认了越南南方民族解放阵线，将越美双方会谈的范围扩大到了包括南方民族解放阵线及西贡阮文绍政权在内的四方会谈。但在越美四方谈判进行的同时，美国继续玩弄军事冒险和政治讹诈等手段，时而停炸诱和，时而以炸迫和。

　　1973年1月27日，关于越南问题的巴黎四方会议在法国首都巴黎召开。美国正式签署了《关于在越南结束战争、恢复和平的协定》，即《巴黎协定》。签署《巴黎协定》后，美国军队全部撤出越南。美军撤离越南，但是越南国内的战争并未结束。1975年1月，越南人民军发动了决定性攻势，相继发动了西原、顺化 – 岘港和西贡三大战役，击垮了阮文绍集团。4月30日，西贡获得解放。5月1日，越南南方全境获得解放。越南抗美救国战争获得最终胜利。

走向独立的第三世界

　　　　二战后，随着英法等主要殖民地宗主国在二战中被大大削弱，亚非拉殖民地国家掀起了反对侵略、争取独立的民族解放运动。民族独立运动的兴起和发展，摧毁了帝国主义的殖民体系。自1955年的万隆会议开始，到20世纪60年代的不结盟运动和77国集团的建立和发展，标志着两大阵营之外的第三世界崛起。

二战及战后的英属印度殖民地

　　第二次世界大战期间，英国将印度看作是自己在远东的军事基地，印度人民为此承受着沉重的战争负担，再加上连年饥荒，据统计，印度孟加拉地区在战时有近350万人被饿死。印度国大党一直高举着争取民族独立的旗帜，对英国殖民当局采取"不合作"态度，从而取得了人民的信任，在印度民族独立运动中一直处于领导地位，在印度各派政治力量中的影响力最大。

在战争期间，甘地、尼赫鲁领导下的国大党支持英国的反法西斯战争，并以此作为条件要求英国同意印度独立，提出了由印度人民自行组织国民政府，但是遭到了英国政府的拒绝。1940 年 10 月，国大党领导印度人民再次发动不合作运动。1942 年 8 月，国大党发动了要求英国"退出印度"的运动，甘地、尼赫鲁等国大党领导人因此被捕入狱。1944 年初到 1945 年初，甘地等人才陆续被释放。

穆斯林联盟是印度仅次于国大党的另一个民族主义政党，于 1906 年 12 月 30 日成立，主席为穆罕默德·真纳。真纳早年加入国大党，主张穆斯林与印度教徒团结起来，穆斯林联盟与国大党联合起来，一同开展反对英国的斗争，使印度获得独立地位。但是他所主张的民族性是以伊斯兰为前提的，这与甘地所提倡的宗教伦理不同。此外，由于历史、宗教、语言和文化等方面的差异，数千万穆斯林民众要求建立独立国家的呼声也日益强烈。英国殖民当局担心两党结成同盟，于是挑拨离间，使两党之间的矛盾加剧。从 20 世纪 30 年代开始，真纳认为与国大党进行合作已经无望，于是转而主张穆斯林和印度教徒各自建立一个国家。

1940 年 3 月，在真纳的组织下，全印穆斯林联盟在拉合尔举行代表大会，会议通过了《巴基斯坦决议》。决议要求在印度西北部和东部这两个穆斯林民族占多数的地区建立一个拥有独立主权的"清真国"，与印度斯坦并存。真纳

"退出印度"运动
绘制的壁画中描绘了"退出印度"运动的画面。

坚持认为这个方案是解决两教教徒分歧及实现印度独立的唯一切实可行的办法。英属印度 1/5 以上的居民是穆斯林，约有 7000 万人，这使穆斯林联盟在穆斯林聚居地拥有广泛的群众基础。此后，穆斯林联盟迅速发展。

印度共产党是印度工人阶级的政治组织，成立于 1925 年。它自成立后就遭到了英国殖民当局的迫害，一直处于地下状态。二战初期，受共产国际的影响，因为反对参与这场帝国主义战争从而遭到了当局的残酷镇压，印度共产党员仅有 5000 人左右。苏德战争爆发后，印共转而支持英国反对法西斯的战争，同时又放松了对英国的斗争。总之，由于印度无产阶级的政治力量十分薄弱，导致国大党和穆斯林从一开始就掌握了印度民族独立运动的领导权。

二战结束后，英国殖民统治者与广大印度人民之间的矛盾成为印度社会的主要矛盾。在印度反英群众运动和工农运动的不断推动下，印度民族解放运动不断掀起高潮。英国殖民军队中的一些印度士兵也开始行动起来，再次将反英斗争推向高潮。

1946 年 2 月，驻扎在孟买、卡拉奇、马德拉斯等港口的英国皇家海军的印度水兵要求改善伙食，反对种族歧视。但英国军官不接受要求并对水兵进行侮辱，此举激起了印度水兵的愤怒。2 月 18 日，在孟买塔尔瓦海军训练营接受训练的印度水兵首先起义，随即塔瓦尔号的全体水兵加入起义的行列。2 月 19 日，停泊在孟买港内 20 艘军舰的印度水兵 2 万人响应起义。起义水兵成立了罢工委员会，并在市区游行示威，高呼"打倒英帝国主义""印度胜利"等口号，要求当局禁止种族歧视、给予印度士兵平等权利、以印度军官代替英国军官等。起义迅速蔓延开来，卡拉奇、加尔各答等港的印度水兵也参加起义。2 月 21 日，全部印度海军人员加入起义。英国当局迅速派遣军队进行镇压，起义水兵进行了武装反击。22 日，孟买 20 万工人大罢工，学生罢课，支援孟买

真纳与甘地
真纳与甘地都曾赴英国伦敦学习法律，是同学关系。两人回到印度后，因政治主张不同而分道扬镳。

水兵起义。示威群众与军警爆发冲突，导致 2000 人伤亡。起义者的要求虽然得到了国大党和穆斯林联盟领导人的支持，但是两党认为起义违背了非暴力原则，因此反对水兵的起义行动。罢工委员会的成员绝大多数是国大党或穆斯林联盟的党员，在两党领导的劝说下，罢工委员会在 2 月 23 日发表《告民众书》，宣布放下武器，停止起义，起义领袖随即被英国当局逮捕，起义被镇压，但这次起义动摇了英国殖民主义在印度的统治基础。

虽然水兵起义失败了，但是印度各地区的工农运动依然高涨。这一时期，在孟加拉、马拉巴、克什米尔、特拉凡科、特伦甘纳爆发了 5 次较大规模的农民起义，其中以特伦甘纳的起义持续时间最长，影响最大。

特伦甘纳位于海德拉巴土邦东部（现位于安得拉邦北部），殖民政府通过土邦的王公贵族和柴明达尔封建地主进行殖民统治，当地百姓遭受殖民者和贵族阶级的双重压迫和剥削。1946 年 6 月，在该地区的卡达文迪村发生了一起地主恶霸打死当地民族主义组织安得拉大会成员的事件，激起民众的愤怒，爆发了农民起义。在共产党和安得拉大会成员的领导下，该地建立农民武装，没收地主土地，成立乡村政权。土邦政府派遣军队进行镇压，但斗争并未停止。1948 年初，起义斗争发展到了 3000 个村庄及近 300 万人口的地区，人民军、游击队发展到近 1.2 万人。同年 9 月，国大党控制下的联邦政府伙同土邦政府共同围剿残酷镇压起义军，导致近 4000 名共产党人、农民积极分子被杀害，数千人被关进监狱，起义斗争受挫。1951 年 10 月，印共中央为参加竞选，发表停止该地区的武装斗争的声明，解散队伍，解除武装，导致大批游击队员遭到逮捕和杀害，坚持了 5 年之久的农民武装斗争最终失败。

印巴分治和克什米尔问题

随着印度殖民地的危机加剧，二战期间英国政府对其殖民统治政策进行了调整。1942 年 3 月，英国政府派遣内阁阁员克里普斯前往印度，与各政党进行会谈，承诺战后给予印度自治领地位，并提出了英国对印提案，即"克里普斯提案"。该提案成为后来"蒙巴顿方案"的雏形。

二战后，英国国内政局发生重大变化，工党上台执政，确立了从老殖民主义向新殖民主义转变的方针政策。1945 年 9 月 19 日，英国首相艾德礼发表了英国对印度政策的声明，宣布进行宪制改革，在印度进行合法选举。1946 年 2

月 19 日，艾德礼派遣由印度事务大臣劳伦斯、商务大臣克里普斯及海军大臣
亚历山大组成的内阁使团抵达印度。他们此行的主要目标是帮助总督成立制宪
机构，然后再组成获得各个政党支持的行政会议。英国政府计划向印度资产阶
级民族主义者做出更大的让步，以阻止印度群众革命运动的发展，维持英国在
印度的殖民利益。3 月 23 日，内阁使团抵达印度，随后与各政党的领导人和印
度各阶层的代表、各土邦王公进行会谈，听取了他们关于印度长期的宪法问题
和短期的行政问题的看法，为他们制定可行性方案打下了基础。5 月 5 日至 12
日，内阁使团召集国大党与和穆斯林联盟的代表参加了西姆拉圆桌会议，听取
双方对印度宪法问题的看法。由于两党意见出现分歧，此次会议没有取得任何
进展。双方的观点依然是根本对立的，无奈之下，内阁使团决定自行抛出最终
方案。5 月 16 日，内阁使团颁布了一份带有强制性的白皮书，提出未来印度将
由各行省和土邦组成联邦，享有自治领的地位；通过制宪议会和总督领导下的
临时政府，建立自治领的联邦政权。6 月 29 日，内阁使团完成使命离开印度
返回英国。同年 7 月，印度举行制宪议会选举，国大党获得了 209 席，穆盟获
得了 75 席，其他党派获得 14 席。8 月 25 日，印度临时政府成立，总督出任
总理，尼赫鲁为副总理。10 月 26 日，穆斯林联盟勉强参加过渡政府。同年 12
月，为了缓和印度国内的紧张气氛，艾德礼在伦敦与尼赫鲁、真纳进行会晤。

　　印度不断掀起的工农运动高潮让英国政府感到惊慌。此时的印度就像是一
艘装满弹药在大洋中燃烧着的船。对英国而言，当务之急是在大火烧到弹药之
前将火扑灭。如果动用军队前去镇压，至少需要派遣 50 万军队，这对于战后
力量已被严重削弱的英国而言是不可能的事情，因此必须放弃传统的殖民统治
方式。英国只能选择向印度资产阶级妥协，通过政权的移交，在维持英联邦的
前提下，依靠英印条约尽可能地保留其在印度的殖民利益。

　　1947 年 2 月 20 日，艾德礼在下院发表对印度政策声明，宣布至迟在 1948
年 6 月以前将英属印度的政权移交给印度。6 月 3 日，在伦敦和德里同时公布
了以总督蒙巴顿的名字命名的移交政权方案，即《蒙巴顿方案》。7 月 18 日，
英国议会正式通过《印度独立法案》，宣布从 1947 年 8 月 15 日起，英属印度
根据居民的宗教信仰分为印度和巴基斯坦两个独立的自治领。

　　根据《蒙巴顿方案》的规定，英属印度根据居民的宗教信仰划分印巴两个
自治领。巴基斯坦由东西两部分组成：东巴基斯坦包括东孟加拉、阿萨姆的西
尔赫特，人口 4400 万，其中穆斯林 3100 万人；西巴基斯坦由西旁遮普、信德、
西北边省、俾路支组成，人口 2500 万人，其中穆斯林 800 万；其余各省组成

《蒙巴顿方案》的确定
《蒙巴顿方案》的实施标志着英国不得不承认印度民族斗争的胜利，然而印巴分治却给两国人民带来了惨重灾祸。

印度联邦，人口为 22500 万人。原有的 500 多个土邦在新政府建立后享有独立地位，有权选择加入巴基斯坦或印度，但不能自治。这些土邦共有人口 8100 万，面积占印度全境的 2/5。《蒙巴顿方案》还规定，总督将以英王陛下名义批准自治领通过的任何法律。

1947 年 8 月 14 日，巴基斯坦宣布独立，真纳出任总督。15 日，印度宣布独立，尼赫鲁出任政府总理。两国成为英联邦的自治领。此后，印度在 1950 年 1 月 26 日宣布成立共和国，巴基斯坦在 1956 年 3 月 23 日颁布宪法，将自治领改为巴基斯坦伊斯兰共和国。印度和巴基斯坦的独立，结束了英国对印度次大陆长达 190 年之久的统治。这是两国人民长期艰苦斗争的成就，对亚非拉各殖民地民族独立运动的发展起到了深远的影响。

《蒙巴顿方案》对印度资产阶级做出了让步，却给独立后的印、巴种下了持续半个多世纪冲突的祸根。英国在向印巴两国移交政权的过程中，继续实施其"分而治之"的政策。它努力扩大国大党与穆斯林联盟之间的矛盾，以及印度教徒与穆斯林之间的冲突。1946 年 8 月，在成立临时政府时，穆斯林联盟就认为英方有意偏向国大党，于是在 8 月 16 日发动了建立巴基斯坦的直接行动日的示威抗议运动。作为回应，国大党实行"以剑还剑"的对策，结果在加尔各答、孟买等地区爆发了一场宗教大仇杀。在《蒙巴顿方案》颁布后，仇杀活动达到了高潮。据统计，大约有 50 万人在宗教仇杀中丧生，1200 万人无家可归。1948 年 1 月 30 日，79 岁高龄的印度人民精神领袖甘地为了平息这场宗教冲突而奔波，在赴祷告途中，被一名印度教的极端分子杀害。

从《蒙巴顿方案》公布至 1951 年，互相逃到对方国家的难民有 1600 多万

1948 年，甘地遇刺后去世
甘地被刺的根本原因是印度教与伊斯兰教之间的宗教矛盾。

人，其中约 890 万印度教徒从巴基斯坦携儿带女迁往印度，约有 720 万伊斯兰教徒从印度迁往巴基斯坦。这些人倾家荡产，背井离乡，印巴难民问题成为两国长期以来无法解决的问题。此外，《蒙巴顿方案》并没有明确划分印巴之间的边界，东西巴基斯坦之间相隔 1600 千米，同时恒河和印度河流经印巴两国，这导致了印巴边界纠纷问题和河水争端问题，带来两国政治上的不和睦，酿成多次冲突。其中克什米尔土邦的归属问题，导致了印巴的严重对立。

该土邦包括查谟和克什米尔两部分，处于印度、巴基斯坦、阿富汗和中国之间，有着重要的战略地位。克什米尔土邦面积为 21 万平方千米，人口近 700 万，其中穆斯林占 77%，印度教徒占 20%，其余的人口为佛教徒和其他宗教的信徒。按照分治方案，穆斯林占多数的地区应该归入巴基斯坦，但按照土邦的王公决定原则，克什米尔也可以自由选择归属。于是印度利用克什米尔土邦王是印度教徒的优势，控制其议会通过决议，宣布土邦归属印度，但遭到巴基斯坦的坚决反对。因此，在印巴分治时，克什米尔的归属问题依然未能得到解决。

1947 年 10 月，印、巴在克什米尔地区爆发了武装冲突，最后在联合国的斡旋下，于 1949 年元旦停火。当年元月 7 日，联合国印巴委员会划定了双方的停火线，印度控制了大约 2/3 的地区与 3/4 的人口，巴基斯坦控制了另外 1/3 的土地与 1/4 的人口。这次停火奠定了双方对克什米尔控制的范围。此外，按照联合国决议，克什米尔的归属问题最终仍然由公民投票来决定。1953 年，印、巴总理发表《联合公报》，主张通过公民投票来解决争端。但是双方后来在是否举行、如何举行公民投票的问题上始终无法取得统一意见，克什米尔争端长期无法得到解决，并且愈来愈复杂化。

巴勒斯坦问题

巴勒斯坦古称迦南，位于亚洲西部，地中海东岸，靠近苏伊士运河，扼亚欧非三洲交通要道，有着重要的战略和经济地位，是历史上各国竞相争夺的地区。巴勒斯坦最早的居民是迦南人。约 4000 年前，希伯来人、腓力斯人迁移到这里。公元前 12 世纪至前 11 世纪，希伯来人在这里建立了国家。公元前 586 年，巴比伦王国将大批犹太人掳到巴比伦，犹太王国灭亡。公元前 538 年，波斯帝国允许被掳的部分犹太人返回巴勒斯坦。1 世纪，罗马帝国征服巴勒斯坦，犹太人被赶出巴勒斯坦，流散到世界各地。7 世纪，巴勒斯坦成为阿拉伯帝国的一部分，阿拉伯人不断迁入巴勒斯坦，形成当地的巴勒斯坦阿拉伯人。16 世纪后，巴勒斯坦成为奥斯曼帝国的一部分，直到一战后奥斯曼帝国瓦解。

一战后，中东问题纷繁复杂，巴勒斯坦问题成为其核心问题，主要表现为阿拉伯人与犹太人之间的矛盾。而巴勒斯坦问题的产生与一战后犹太复国主义运动的发展紧密相关。19 世纪末，在欧洲的犹太人发动了犹太复国主义运动，鼓动犹太人返回巴勒斯坦重新建立犹太国家。1897 年，犹太复国主义者代表大会在西奥多·赫茨尔的领导下，在瑞士巴塞尔召开了第一届，大会成立了世界犹太复国主义者组织，其目标是在巴勒斯坦建立一个犹太国家。英国为了保护其在中东地区的利益，大力扶植利用犹太复国主义运动，以控制巴勒斯坦地区。1922 年 7 月，巴勒斯坦成为英国的"委任统治地"。在英国统治期间，大批犹太人从世界各地迁入巴勒斯坦。犹太人侵占巴勒斯坦阿拉伯人的土地，驱赶阿拉伯人，导致阿拉伯人与犹太人之间不断发生暴力冲突。

第二次世界大战期间，美国逐步取代英国，成为犹太复国主义运动的主要支持者。在巴勒斯坦问题上，英美两国的竞争变得日益激烈。二战结束后，美

犹太复国主义者代表大会

国政府推行利用阿拉伯人与犹太人之间的矛盾，支持犹太复国主义运动，排挤英国的政策，进一步对巴勒斯坦和中东事务进行干涉。美国政府以犹太人在欧洲遭到迫害为名，不断向英国施加压力，要求英国允许 10 万犹太难民迁入巴勒斯坦。此外，美国向犹太复国主义者提供金钱和武器，帮助其发展武装恐怖组织，反对英国的委任统治，并且违反英国的限制，不断向巴勒斯坦移民，准备建立犹太国家。

英国在巴勒斯坦的委任统治日益恶化，被迫允许美国参与解决巴勒斯坦问题。1946 年 1 月，英美组成了联合调查委员会，负责解决巴勒斯坦问题。同年 4 月，委员会提出一份提议，主张由联合国托管巴勒斯坦，并要求在 1946 年内允许 10 万犹太人前往巴勒斯坦。这个方案遭到巴勒斯坦阿拉伯人的坚决反对，犹太人对这个提议也不满意。7 月，英美专家又炮制了一个"分省自治计划"，计划将巴勒斯坦划分为 4 个省。这个计划同样遭到阿拉伯人和犹太人的坚决反对。阿拉伯人要求建立一个独立的巴勒斯坦国家，犹太人则希望分治后建立一个犹太国。随后，英国提出了贝文计划，同样遭到了阿拉伯人和犹太人的反对而未能实施。1947 年 2 月，英国认为自己无法继续坚持对巴勒斯坦的委任统治，于是宣布从巴勒斯坦撤军，并将巴勒斯坦问题提交联合国。

1947 年 9 月，第二届联合国大会开幕。为解决巴勒斯坦问题，大会决定设立专门委员会进行研究。11 月 29 日，大会以 33 票同意、13 票反对、10 票弃权通过了专门委员会提出的分治方案——《巴勒斯坦将来治理（分治计划）问题的决议》，即第 181 号决议。决议规定：英国于 1948 年 8 月 1 日之前结束在巴勒斯坦的委任统治，并撤出军队；两个月后，在巴勒斯坦建立两个独立的国家，即阿拉伯国和犹太国；将巴勒斯坦 2.7 万平方千米土地中的 1.52 万平方

本－古里安宣读《以色列独立宣言》
1948 年，本－古里安在特拉维夫现代艺术博物馆发表独立宣言，以色列正式建国。

千米划归以色列国，1.15万平方千米划归巴勒斯坦国；耶路撒冷属于在特殊国际政权下的独立主权国家，由联合国负责管理。

这个分治决议明显偏袒犹太复国主义者，分治决议通过后遭到巴勒斯坦阿拉伯人和阿拉伯各国的强烈反对。1947年12月，阿拉伯联盟国家发表声明，宣布"阿拉伯人决心为反对联合国分裂巴勒斯坦的决议而战"。英国表示支持阿拉伯国家，试图维护其在巴勒斯坦的利益。在美国的支持下，犹太复国主义者加紧筹划建立犹太国。1948年5月14日，英国结束在巴勒斯坦的委任统治。同日，本－古里安在特拉维夫正式宣布成立"以色列国"。美国立即予以承认。5月17日，苏联也表示承认。

第一次中东战争

以色列国成立的第二天，阿拉伯联盟国家埃及、约旦、叙利亚、伊拉克和黎巴嫩的军队相继进入巴勒斯坦，巴勒斯坦战争正式开始，史称"第一次中东战争"。

战争初期，阿拉伯军队在数量上略占优势，在阿拉伯军队的联合进攻下，以军接连败退。埃及的一支军队向特拉维夫逼近，另一支军队越过内格夫，向耶路撒冷南部进发。伊拉克军队渡过约旦河，相继占领了纳布卢斯、杰宁和离地中海仅16千米的图勒卡姆。约旦向耶路撒冷派出了"阿拉伯军团"的精锐部队，占领了耶路撒冷旧城区，5月28日，迫使旧城的以色列人投降。叙利亚军队首先向太巴列湖南端出击，陆续攻克了约旦河两岸的三个犹太居民点。黎巴嫩军队在北部攻占了马勒基亚边防哨所，并固守到战争结束。以色列军队四面受敌，无法抵挡阿拉伯国家军队的进攻，全军濒临崩溃的边缘。为了扭转战局，以色列总理本－古里安数次急电以色列驻联合国代表，请求联合国出面要求停火。5月17日，开战的第3天，美国代表向联合国递交一份议案，提议安理会命令战争双方在36小时内停火。美国为了挽救以色列，向其提供了7500万美元的援助，用于购买武器装备。6月11日，在联合国安理会的斡旋下，阿以双方同意停火四周，以色列因此获得了喘息时间。

在停火期间，以色列从美法等国采购大量先进武器装备，不断扩充兵员，军队由开战时的3万人发展到6万多人。阿拉伯国家因为英国迫于美国的压力，停止向其提供武器，只能购买欧洲市场上的一些稍显陈旧的武器装备。此外，阿拉伯国家在停火期间仅对驻军地域进行了调整，没有对未来的战争进行认真准备，阿拉伯军队仅有 4.5 万人。停火期间，阿以双方的军事实力对比发生了改变。

1948 年 7 月 9 日，停火期满后，经过充分准备的以色列军队向阿拉伯军队发起进攻。阿拉伯国家由于内部出现分歧，没有制定统一的军事计划，一开始就处于被动地位。7 月 18 日，以军进攻结束。以军在十天的战斗里夺取了巴勒斯坦 1000 多平方千米的土地。

第一次中东战争
第一次中东战争开始时，阿拉伯国家正规军不过 4.5 万人，以色列军队有 3 万多人。

7 月 15 日，联合国安理会通过"无限期停火"决议。在第二次停火期间，以色列大力推行移民计划，在欧美国家的支援下不断扩充军队和武器装备。到 10 月初，以色列军队扩充到近 8 万人，此外还有 100 多架飞机和十几艘舰船。与此相反，阿拉伯国家在停火期间内部矛盾进一步加剧，战场局势急剧恶化。10 月 15 日，以色列破坏停火决议，再次向阿拉伯军队发起进攻。在以色列的猛烈进攻下，阿拉伯国家接连失利。12 月下旬，以军曾一度侵入埃及的西奈半岛。就在以军准备给埃及军队决定性打击时，英国要求以色列撤离埃及领土。1949 年 1 月 7 日，埃及要求停战，以色列迫于英国的压力同意了埃及的要求，双方停止了战斗。埃及在军事上失利的情况下，于 1949 年 2 月 24 日在希腊罗得岛与以色列签订停战协定。随后，在 3 月至 7 月，以色列先后与约旦、黎巴嫩、叙利亚签订了停战协定。历时 15 个月之久的第一次中东战争宣告结束。

第一次中东战争以阿拉伯国家的失败，以色列获胜而告终。除约旦河西岸

战争中逃离巴勒斯坦的难民
第一次中东战争导致无数巴勒斯坦居民
逃离家园，沦为难民，激化了阿拉伯国
家和以色列的矛盾。

部分地区和加沙由约旦、埃及管辖之外，以色列通过这场战争占领了巴勒斯坦
4/5 的土地，2 万多平方千米，比联合国分治决议中规定的多了 6770 平方千米。
以色列占领圣城耶路撒冷的新城区，旧城区则由约旦控制。战后，联合国分治
计划中的阿拉伯国未能建立，70 多万巴勒斯坦阿拉伯人失去家园，沦为难民。
到 1950 年时，难民人数增至 100 多万人。战争激化了阿拉伯国家与以色列、
美英之间的矛盾。此后，阿拉伯国家与以色列之间战乱不断，中东局势长期处
于紧张状态。

中华人民共和国的成立和初期建设

　　1949 年中华人民共和国成立后，中国共产党领导全国各族人民有步骤地
实现从新民主主义到社会主义的转变。在经过了三年的经济恢复工作后，中共
中央于 1952 年底提出了过渡时期的总路线，规定："从中华人民共和国成立，
到社会主义改造基本完成。这是一个过渡时期。党在这个过渡时期的总路线和
总任务，是要在一个相当长的时期内，逐步实现国家的社会主义工业化，并逐
步实现国家对农业、对手工业和对资本主义工商业的社会主义改造。"党中央的
"一化三改"的总路线，其实质就是逐步实现社会主义工业化。为了实现社会
主义工业化，就要逐步实现国家对农业、手工业和资本主义工商业的社会主义
改造，全面确立社会主义的基本制度。

　　根据总路线的要求，从 1953 年开始，中国在大力发展工业化建设的同时，
对农业、手工业和资本主义工商业开展社会主义改造。而社会主义改造的主要
任务是：将资本主义私人所有制改造为全民所有制，把农民和手工业者个体私

《开国大典》油画

1949 年 10 月 1 日，庆祝中华人民共和国中央人民政府成立典礼在首都北京隆重举行，史称"开国大典"。

人所有制改造为社会主义集体所有制。

农业社会主义改造实际上指的是农业合作化运动。1953 年，中共中央先后作出两个关于农业合作化的决议，规定了我国农业社会主义改造的路线、方针和政策。在这两个决议的指导下，中国农村开始了合作化运动。到 1956 年底，农业社会主义改造在经过了互助组、初级社、高级社三个阶段后基本完成，全国有 96.3% 的农户加入了合作社。中国农村在稳定发展中完成了数千年的分散个体劳动向集体所有、集体经营的转变。

在推进农业合作化的同时，从 1953 年 11 月开始到 1956 年底，党采取了"积极领导、稳步前进"的方针，通过生产合作小组、供销合作社、生产合作社等形式，逐步使手工业实现社会主义改造，全国有超过 90% 的手工业者参加了合作社。

农村合作社社员入社登记
中国共产党领导广大农民开展互助合作，从以换工帮忙为主的互助组，到以土地入股分红、重要生产资料私有为主的初级社，再到生产资料集体所有、统一经营的高级社。

从 1954 年至 1956 年底，党对资本主义工商业进行了全面的社会主义改造。在对资本主义工商业的改造过程中，党通过公私合营等多种国家资本主义的方式，逐步将其改造成社会主义的公有制企业，同时对民族资产阶级实行"和平赎买"政策，努力使其成为劳动者。

到 1956 年，中国已经基本上完成对农业、手工业和资本主义工商业的社会主义改造，社会主义的基本经济制度在中国全面地建立起来了。社会主义基本制度建立以后，中国共产党领导全国人民开始了全面的、大规模的社会主义建设，积极探索适合中国国情的社会主义发展道路。

从 1956 开始到 1966 年"文化大革命"前夕，在这十年的探索当中，由于全党全国人民对于如何建设社会主义缺乏足够的思想和理论准备，以及党在指导方针上出现了正确和错误的两种趋向，使得社会主义建设从一开始就面临着各种困难，经历了曲折的发展过程。一方面，党和国家在这个时期的指导方针在很长一段时期内基本上是正确的，社会主义建设取得了较大成就并积累了一些经验；另一方面，从 1957 年开始，随着"左"倾错误的不断发展，社会主义建设出现了反复和徘徊的情况。

1957 年，由于认真贯彻了党中央"八大"的正确方针，中华人民共和国经济建设获得快速发展。这一年，为发扬社会主义民主，改进作风，以适应社会主义改造和社会主义建设，全党开展了整风运动，发动广大群众和爱国人士向党提出批评建议。但是，在整风运动中反右派斗争不断扩大，一大批知识分子、爱国人士和党内干部被错误地划为"右派分子"，一度造成了民主政治进程的巨大挫折和中断。

1958 年 5 月，中共"八大"二次会议通过了"鼓足干劲，力争上游，多快好省地建设社会主义"的总路线。这条总路线反映了广大人民迫切要求发展国家经济，改变中国经济文化落后的局面，但却忽视了客观经济规律，不切实际，急于求成，过分夸大了主观意志和努力的作用。于是，在总路线提出后，党中央发动了"大跃进"运动和农村人民公社化运动，使得以高指标、瞎指挥、浮夸风和"共产风"为主要标志的"左"倾错误严重泛滥。

中共中央从 1958 年 11 月第一次郑州会议到 1959 年 7 月庐山会议前期，曾努力领导全党纠正已经觉察到的错误。但是，在庐山会议后期，由于对彭德怀等人的批判，全党开展了反右倾斗争。这场斗争在政治上严重损害了党内从

庐山会议旧址
1959 年 7 月 2 日召开的中共中央政治局扩大会议和 8 月 2 日召开的中共八届八中全会统称为庐山会议。

中央到基层的民主生活，在经济上中断了纠正"左"倾错误的进程，使这个错误持续了更长时间，造成了国民经济的重大损失。

　　由于"大跃进"和反右倾斗争的错误，加上当时的自然灾害以及苏联政府的背信弃义，中国国民经济建设在 1959 年到 1961 年遇到严重困难，国家和人民遭到重大损失。面对国民经济建设的严重困难局面，中共中央认识到了问题的严重性。1960 年 11 月，中共中央开始纠正农村工作中的"左"倾错误，着手解决当时最为突出的农业和农村问题。1961 年 1 月，中共八届九中全会决定对国民经济实行"调整、巩固、充实、提高"的八字方针。9 月，党中央陆续制定并实施了一系列正确的政策和果断的措施，继续纠正"左"倾错误，推动国民经济的调整。

"大跃进"时期的宣传画

　　1962 年 1 月召开的扩大的中央工作会议，初步总结了"大跃进"中的经验教训，并开展了批评与自我批评。这次会议恢复和发扬了党内的民主精神和自我批评精神，统一了全党的认识，对全面贯彻八字方针起到了推动作用。大会为在反右倾斗争中被错误批判的党员干部进行了甄别平反，还给那些被划为"右派分子"的人摘掉了帽子。由于党和国家在经济和政治方面采取的有力措施，从 1962 年开始，社会主义经济建设得到了比较顺利的恢复和发展。在这期间，党和广大人民团结在一起，同甘共苦，克服了诸多困难，顶住了国外的压力，偿还了苏联的债款，同时还支援了一些国家的革命斗争和建设事业。

但是，党中央在经济工作指导思想上的"左"倾错误并没有得到彻底纠正，在政治和思想文化上的"左"倾错误还有一定的发展。在 1962 年 9 月举行的中共八届十中全会上，毛泽东将社会主义社会中特定范围内出现的阶级斗争绝对化和扩大化，后来更进一步发展成为"以阶级斗争为纲"的指导思想。1963 年至 1965 年，中共中央在一些城乡进行了社会主义教育运动，这个运动对于解决干部作风和经济管理等方面的问题起了一定作用。但将这些不同性质的问题都看作是阶级斗争或是阶级斗争在党内的反映，导致在 1964 年下半年许多基层干部受到不同程度的打击。1965 年初，中共中央再次错误地提出了教育运动的重点是整顿所谓"党内走资本主义道路的当权派"。在这一时期，在意识形态领域，党中央也对一些文艺作品、学术观点以及文艺界、学术界的许多代表人物进行了错误的、过火的政治批判。而在对待知识分子问题、教育科学文化问题上越来越严重的"左"的偏差，导致群众性的批判运动成为发动"文化大革命"的导火线。不过，这些错误在当时并没有发展到影响全局的地步。

中华人民共和国成立后，在进行社会主义建设的 10 年里，虽然出现了严重的失误和挫折，但是在全国各族人民的一起努力下，仍然取得了较大成就，中国的经济面貌产生了很大变化。以 1957 年为基期，在 1958 年到 1965 年期间，中国投资 938 亿元用于基础建设，完成 531 个大中型项目。在这一时期，工农业总产值增长 59.9%，其中工业总产值增长 90.1%，农业总产值增长 9.9%。在主要工业产品中，钢产量 1223 万吨，增长 1.3 倍；原煤产量 2.32 亿吨，增长 77%；发电量 676 亿度，增长 2.5 倍；原油产量 1131 万吨，增长

1964 年中国第一颗原子弹爆炸成功
1964 年 10 月 16 日 15 时，中国第一颗原子弹爆炸成功。

6.75 倍，基本实现自给。在主要农业产品中，棉花产量增长了 27.9%，达到 209.8 万吨；粮食产量恢复到了 1957 年的水平。在这 10 年里，中国的原子能工业、航天工业、电子工业、石油化工业等一批新兴工业部门迅速发展起来。工业布局逐步展开，沿海工业基地不断得到加强，内地和边疆地区也出现了新的工业中心。新建铁路达 8000 千米，全国交通运输、邮电建设有了较大发展。农田水利基础建设和技术改造开始大规模展开，取得了很好的效果，全国农业机械化区域不断扩大。中国在科学技术方面取得了辉煌成果，于 1964 年 10 月 16 日在西部地区成功地爆炸了第一颗原子弹，打破了超级大国的核垄断和核讹诈。中国在这一时期所取得的社会主义现代化建设成就，为后来的现代化建设奠定了物质技术基础。

第三世界国家走向一起

第三世界这个概念，大约出现于 20 世纪 50 年代中期，原本是指法国大革命中的第三阶级。20 世纪 60 年代后，随着冷战的不断发展，一些经济发展比较落后的国家为了表明自己不向北约或华约任何一方靠拢，就以第三世界来界定自己。绝大多数第三世界国家在过去是帝国主义的殖民地或附属国。二战后，第三世界国家在取得政治上的独立后不断崛起，影响了世界民族民主运动发展和国际关系格局，作为世界政治舞台上的一股力量。第三世界的形成有一个发展过程，而 1955 年万隆会议的举行正是这一过程的开端。

二战后，美苏之间的冷战对峙局势日益加剧，严重威胁着亚非国家的独立与安全。许多亚非民族主义国家从维护民族独立和国家主权出发，奉行独立自主、和平中立、不结盟的外交政策。它们拒绝参加侵略性军事集团，不愿卷入大国之间的军事冲突，希望与其他国家建立友好的外交关系。越来越多的亚非国家认识到，为巩固民族独立、发展民族经济，有必要加强国际合作，提高亚非国家的国际地位，开展平等互利的经济文化交流。1954 年 6 月，周恩来总理应邀访问印度和缅甸，在中印和中缅两国总理会谈的联合声明中一致同意，并共同倡导互相尊重主权和领土完整、互不侵犯、互不干涉内政、平等互利、和平共处五项原则作为处理国家关系的准则。五项原则受到了国际上的普遍好评，特别受到亚非拉和欧洲国家广泛的支持和响应，促进了亚非各国之间团结合作的发展。在此情况下，召开一个由亚非国家参加的共同会议的条件已经成熟了。

1954 年 4 月，印度尼西亚总理阿里·沙斯特罗阿米佐约在科伦坡五国总理会议上首先提议召开一次万隆会议，并获得了与会的印度、巴基斯坦、缅甸、斯里兰卡四国总理的支持。各国决定在印尼召开一次亚非国家的国际会议商讨国际局势，就各国关心的问题交换意见，协调立场。同年 12 月底，五国总理在印度尼西亚茂物再次举行会议。会议决定与会五国总理发起号召，邀请包括中国在内的各亚非国家参加，并定于 1955 年 4 月在印度尼西亚万隆举行。

1955 年，周总理出席万隆会议
万隆会议中国政府代表团由周恩来总理兼外长率领。

中国政府和人民热烈欢迎万隆会议的召开，但是一些西方国家对万隆会议的召开持敌视的态度。美国为了阻止万隆会议召开，将矛头指向了中国。美国捏造说，中国要"夺取亚非世界的领导权"，已对"远东构成威胁"等言论，挑拨中国与亚非各国的关系。美国的意图很明显，即使不能阻止万隆会议的召开，也要制造种种事端使其出现分裂而瓦解。1955 年 4 月 11 日，中国代表团部分工作人员乘坐印度航空公司的"克什米尔公主号"飞机从香港飞往印尼。国民党特务企图暗杀周恩来总理，阻止中国代表团前往万隆参加会议，预先在飞机上安放了定时炸弹，导致中国代表团工作人员和记者等 8 人以及 3 名国际友人在事件中遇难。由于周恩来总理应邀取道仰光同缅甸等国领导人会晤，才使敌人的阴谋未能得逞。

1955 年 4 月 18 日至 24 日，万隆会议在万隆市隆重召开，有 29 个国家共计 340 名代表出席了会议。印度尼西亚总统苏加诺在会上作了题为《让新亚洲和新非洲诞生吧》的开幕词。他呼吁："亚洲和非洲只有团结起来才能得到繁荣，如果没有一个团结的亚洲和非洲，甚至全世界的安全也不能得到保证。"他强调要彼此谅解，"从谅解中将产生彼此间更大的尊重，从尊重中将产生集体的行动。"这次会议进行了关于经济合作、文化合作、人权和自决权、附属国问题、促进世界和平和合作的议程。

会议的第一阶段是从 18 日至 19 日进行的大会发言，有 22 个国家的代表作了发言。大多数代表的发言都围绕着会议的主题，但是也有少数国家的代表在西方势力的挑拨下，污蔑共产主义是"新形式的殖民主义"，称"亚非国家面临的问题不是反对殖民主义，而是反对共产主义"。有的代表还提出了所谓的"颠覆活动"和"宗教信仰自由"问题，指责中国对邻国进行"颠覆"活动，要求中国代表团表明对"和平共处"的诚意。这些发言一度把会议气氛搞得相当紧张，引起了其他各国的普遍忧虑和不安。

在这种形势下，周恩来总理当机立断，决定把原来准备的发言稿改用书面形式散发，并针对会议的情况临时起草了一个补充发言。19 日，周总理在大会上发言，明确表示："中国代表团是来求同而不是来立异的。"他深刻地论述了亚非国家存在着求同的基础，他说"亚非绝大多数国家和人民自近代以来都曾经受过、并且现在仍在受着殖民主义所造成的灾难和痛苦"。大家应"从解除殖民主义痛苦和灾难中找共同基础"。周总理还对不同的思想意识和社会制度问题、有无宗教信仰自由问题、所谓的"颠覆活动"问题，通过事实和论述回答了两天来少数代表对中国的误解和指责，阐明了中国政府的立场和政策。周总理的演说引起了与会代表的强烈反响，得到了高度评价，各代表

万隆会议召开现场
"求同存异"一词成为万隆会议最具有标志性的口号之一。

团纷纷表示同意并接受"求同存异"的方针，从而保证了会议的顺利进行。

　　会议的第二阶段是从 20 日到 24 日进行的专项议程讨论，由各国代表团代表组成的政治、经济和文化三个委员会分别进行实质性讨论。会议本着求同存异的精神，讨论了民族独立和主权、反帝反殖斗争、世界和平以及与会各国的经济和文化合作等问题。经过充分的协商，会议一致通过了《关于促进世界和平和合作的宣言》，其中引申和发展了和平共处五项原则，提出了处理国际关系的 10 项原则。这是万隆会议取得的一项最重要的成果。4 月 24 日，万隆会议举行最后一次全体会议，与会国家一致通过了包括经济、文化合作及人权、民族自决权、附属地人民问题和关于促进世界和平和合作宣言等内容的《亚非会议最后公报》，确定了指导国际关系的 10 项原则。这 10 项原则体现了亚非人民为反帝反殖、争取民族独立、维护世界和平而团结合作、共同斗争的崇高思想和愿望，被称之为"万隆精神"。

　　万隆会议是历史上第一次没有西方殖民国家参加，而由亚非国家自己处理本国事务的国际会议。会议所取得的成就是亚非人民团结合作、求同存异、协商一致精神的结晶，是与会各国共同努力的结果。万隆会议始终高举民族独立的旗帜，它的成功召开沉重打击了帝国主义和殖民主义，鼓舞了亚洲、非洲、拉丁美洲被压迫民族和人民的民族自信心，加快了亚非拉人民争取民族独立的步伐。万隆会议成功召开的意义还在于增进了亚非国家之间的相互了解，找到了消除隔阂、增强团结的共同基础。会议及其决议创造了一种"万隆精神"，它所体现的是在巩固民族独立、保卫世界和平、反帝反殖的斗争中，加强亚非国家和平相处、友好合作的精神。在"万隆精神"的影响下，1957 年 12 月 26

万隆会议十周年时发行的纪念邮票
《万隆会议十周年》是中国人民邮政 1965 年 4 月 18 日发行的纪念邮票，一套 2 枚，全套面值 0.16 元，由万维生设计，北京邮票厂印制。

日至 1958 年 1 月 1 日，在埃及开罗举行了第一届亚非人民团结大会，开展亚非人民团结运动。

不结盟运动与第三世界的形成

20 世纪 50 年代后期，美苏争霸的国际格局日益明朗，一些新兴的民族主义国家为了维护自己的主权和独立，发展民族经济，避免卷入大国争斗，希望可以在两极化的国际关系格局中维持自己中立的地位，于是纷纷宣布实行不结盟的外交政策。而不结盟运动的发展促进了第三世界的形成。

在不结盟运动的发展历程中，南斯拉夫及其领袖铁托起到了非常重要的作用。当时的南斯拉夫虽然是社会主义国家，但在 1948 年被苏联开除出共产党情报局，因此脱离了社会主义阵营。1949 年，美国联合英法等国建立了北大西洋公约组织。此时的南斯拉夫处在两大对峙集团之间，陷入孤立的境地。1955 年，南斯拉夫和苏联的关系有所缓和，但是铁托不愿加入华约组织，而是积极地寻找独立自主的发展道路。万隆会议的成功召开，对铁托有着很大的影响，他很赞同不结盟政策，于是开始推动不结盟运动，努力从第三世界中寻找伙伴。

1956 年 7 月 18 日至 19 日，铁托、尼赫鲁和纳赛尔在南斯拉夫的布里俄尼岛举行会晤，就发起不结盟运动进行了磋商，迈出了不结盟国家进行国际合作的第一步。会议结束后，三国发表了《联合公报》，表示拥护万隆会议提出的和平共处的原则，坚持民族独立、反对参加军事集团，主张各国应加强经济、文化合作。1958 年底至 1959 年初，铁托为筹备不结盟国家首脑会议，对亚洲和非洲的 8 个国家进行了访问。1959 年 9 月，在联合国第 14 次大会期间，铁托、纳赛尔、尼赫鲁与同样积极倡导不结盟运动的恩克鲁玛、苏加诺举行会谈，讨论发起不结盟运动，召开第一次不结盟首脑会议的问题，进一步形成了不结盟运动的领导核心。1961 年 2 月至 4 月，铁托对非洲 9 国进行访问，倡议举行不结盟国家首脑会议。

在各国领导人的共同努力下，6 月 5 日至 13 日，21 个国家的代表在埃及开罗召开了不结盟国家首脑会议的筹备会议。会议明确规定了参加不结盟国家首脑会议的五个条件：第一，奉行与不同政治和社会制度的国家和平共处和不结盟基础上的独立政策；第二，支持民族独立运动；第三，不参加与大国争夺有牵连的多边军事联盟；第四，不与大国缔结双边军事协定或缔结区域性防务

第一次不结盟国家和政府首脑会议

条约；第五，不向大国提供军事基地。筹备会议根据以上所说的要求向各民族
主义国家发出了邀请。

　　1961年9月1日至6日，25个国家在南斯拉夫首都贝尔格莱德举行了第
一次不结盟国家和政府首脑会议。这次会议的召开，正式宣告了不结盟运动的
诞生。会议结束时，与会各国通过了《不结盟国家和政府首脑宣言》。《宣言》
表示全力支持不结盟国家人民为争取独立和平等而进行斗争，指出只有根除帝
国主义和殖民主义才能实现永久和平，呼吁各大国签订裁军条约，缓和国际紧
张局势。《宣言》反对将世界分裂成集团，主张用和平共处的原则来代替冷战
的政策。《宣言》还强调要消除发达国家与发展中国家之间不断扩大的鸿沟，
加强各国之间的经济合作。《宣言》提出了非集团的原则，表示"不结盟国家
无意组成一个新的集团而且也不能成为一个集团"。不结盟运动的组织形式与
北约、华约不同，没有总部，也没有成文的章程。除了三年一次的首脑会议、
外长会议之外，还设有协调局和协调委员会。

　　不结盟运动的兴起是对"万隆精神"的进一步发展，反映了第三世界国家
要求掌握自己的命运，维护和平、致力于发展经济的历史发展潮流。它标志着
第三世界的形成，并逐渐成为世界政治舞台上一股强大的政治力量。不结盟运
动在一定程度上改变了两极对立的国际关系格局，客观上加快了帝国主义殖民
体系的瓦解，维护了世界的和平和稳定。

　　不结盟运动顺应了历史发展趋势，因此有着强大的生命力。1964年10月
5日至10日，第二次不结盟国家和政府首脑会议在埃及开罗举行，此时的成
员国已经增加到了47个，此外还有10个国家和2个组织作为观察员参加会议。
新增加的成员国大部分是来自非洲和亚洲新获得独立的民族国家。这次会议重

申了反对殖民主义和帝国主义的立场，将重点放在了巴以冲突和印巴战争上。会议通过了《和平和国际合作纲领》。

1970 年 9 月，第三次不结盟国家和政府首脑会议在赞比亚首都卢萨卡举行，有 54 个国家出席了会议，8 个国家和 8 个组织作为观察员出席了会议。会议通过了《关于和平、独立、发展、合作和国际关系民主化的卢萨卡宣言》《关于不结盟和经济发展的宣言》等 14 项决议。这次会议发表的宣言与前两次不同，着重批评美国和苏联的霸权主义，指责两个超级大国粗暴干涉别国内政，甚至通过武力威胁颠覆他国政府，强烈呼吁实现国际关系民主化。卢萨卡会议取得的另一项重大成果是促进了不结盟运动的组织形式走向制度化。会议决定每隔 3 年召开一次首脑会议。

1973 年 9 月 5 日至 9 日，第四次不结盟国家和政府首脑会议在阿尔及利亚首都阿尔及尔举行，有 75 个成员国参加会议，有 10 个国家和 16 个组织作为观察员、3 个国家作为来宾出席了会议。由于当时出现了世界石油危机，经济问题成为此次会议的焦点。会议通过了《经济合作行动纲领》《关于民族解放斗争的宣言》等 24 项决议。

1976 年 8 月 16 日至 20 日，第五次不结盟国家和政府首脑会议在斯里兰卡首都科伦坡举行。会议通过了《经济宣言》《不结盟国家和其他发展中国家经济合作行动纲领》等 32 项决议。1979 年至 1989 年，不结盟运动先后在哈瓦那、新德里、哈拉雷及贝尔格莱德举行了第六至第九次不结盟国家和政府首脑会议。

始于 1961 年的不结盟运动，经过了 20 多年的发展，具有以下几个特点：

不结盟运动纪念碑
在圭亚那首都乔治敦，有一处雕刻着埃及的纳赛尔、加纳的恩克鲁玛、印度的尼赫鲁和南斯拉夫的铁托四人的胸像雕塑，是为不结盟运动纪念碑。

第一，成员国不断增多和影响力不断扩大。在 20 世纪 60 年代，参加不结盟运动的主要是亚非国家，欧洲只有南斯拉夫，拉丁美洲只有古巴。到 1983 年时，已经有 119 个国家加入了不结盟运动，占当时联合国 158 个成员国的 3/4，占全世界近一半的人口。不结盟运动作为第三世界的最大的政治性国际组织，是当代国际社会中充满生机和力量的政治组织，在国际事务中发挥着越来越显著的作用。第二，随着国际局势的不断发展，其斗争的矛头由初期的反对帝国主义、殖民主义到 20 世纪 70 年代后发展到反对强权政治和霸权主义。在第一次和第二次不结盟国家和政府首脑会议上，矛头主要指向法、英、葡等老牌殖民主义国家，要求"立即无条件地、彻底地和最后废除殖民主义"。由于美国在战后推行新殖民主义政策，将自己置于与第三世界国家对立的地位，不结盟运动的矛头指向了美国。20 世纪 70 年代以来，美、苏两个超级大国在第三世界的争夺日益激烈。到 1973 年第四次首脑会议时，号召不结盟国家要"通过有效行使反对霸权的国家主权来巩固它们的独立"，"拒绝任何形式的奴役和依附、任何干涉和压力"，首次提出了反霸原则。第三，不结盟运动将斗争的重点从政治领域逐渐转向经济领域。随着民族解放斗争的不断深入和世界经济形势的变化，不结盟国家逐渐认识到发展民族经济、争取国家经济独立的重要性。从 1970 年第三次首脑会议开始，每次会议都将经济问题列为重要议程，为此专门发表宣言，提出在经济方面的斗争目标、纲领和策略。在 1973 年第四次首脑会议上，不结盟运动正式将建立国际经济新秩序作为不结盟国家的行动纲领，号召第三世界国家进行南南合作和集体自力更生，为发展民族经济、争取经济解放而不懈努力。

由于不结盟运动内部存在有分歧和各种消极因素，在发展过程中经历了各种波折。各成员国由于国情、处境的差异，在面对美苏两强的威胁时态度也会不一样，导致第三世界国家在反帝反霸斗争的侧重点不能完全一致；因为经济、政治以及社会状况的不同，邻国之间会因为领土、民族、宗教争端而爆发冲突。此外，大国的威胁以及外来势力的插手，也会加剧各国的冲突。一些国家由于出现了经济困难，采取了一些与不结盟运动宗旨不一致的做法。这些情况的发生不利于第三世界的团结，阻碍了不结盟运动的发展，甚至会导致第三世界国家之间发生严重的冲突。但是从整体而言，第三世界国家有着共同利益，不结盟运动在曲折中不断向前发展。

中国在联合国合法席位的恢复

随着不结盟运动的不断发展，第三世界在国际事务中起到的作用越来越明显。二战后，美国曾一手操纵了联合国，使联合国变成其表决机器，将自己的意志强加给联合国。随着冷战的兴起，美国和苏联又把联合国变成了两国争霸世界的工具。随着第三世界的崛起，许多新独立的民族国家加入了联合国，不断加强第三世界在联合国中的力量。20世纪60年代，新加入联合国的43个成员国都属于第三世界国家；20世纪70年代，除了联邦德国和民主德国之外，新加入联合国的31个新成员国也都属于第三世界国家。1960年，联合国的成员国从开始的51个增加到了96个，到1980年时增加到了154个，其中4/5属于第三世界国家。第三世界国家将联合国当作是向全世界发出自己声音的最重要舞台，它们反对超级大国在联合国的霸权政策，主张由所有成员国共同管理联合国事务。

1960年12月10日，在43个亚非国家倡议下，第15届联合国大会通过了《给予殖民地国家和人民独立宣言》，要求"**迅速和无条件地结束一切形式和表现的殖民主义**"；1961年，在38个亚非国家的倡议下，第16届联合国大会成立了"非殖民化特别委员会"。1963年11月20日，联合国大会通过《消除一切形式种族歧视宣言》，并在2年后通过了《消除一切形式种族歧视国际公约》；1965年12月21日，联合国大会通过《关于各国内政不容干涉及其独立与主权之保护宣言》；1970年10月24日，联合国大会通过《关于各国依联合国宪章建立友好关系及合作之国际法原则之宣言》。在第三世界国家的不懈努力下，20世纪60年代由联合国负责托管的11个托管地，除了由美国负责托管的太平洋群岛之外，都取得了独立地位。

1971年，在第三世界国家的努力和帮助下，中华人民共和国恢复了在联合国的合法席位，这是第三世界国家在联合国取得的又一个伟大胜利。中国是联合国的创始国，同时又是安理会的常任理事国。1949年中华人民共和国成立后，中国政府就向联合国提出驱逐"台湾当局"代表并恢复中华人民共和国合法席位的要求。1949年11月15日，周恩来总理致电联合国秘书长赖伊，要求立即取消"中国国民政府代表团"继续代表中国人民参加联合国的一切权利，指出中华人民共和国中央人民政府是代表中国人民的唯一合法政府，同时致电联合国所属机构和其他国际组织，要求取消国民党集团的代表资格。但是，美国为了实现遏制和孤立中国的目的，依然将退守台湾的国民党政权视为代表中国的"合法政府"，阻止联合国将中国代表权问题列入大会议程。从 1951 年的第 6 届联合国大会到 1960 年第 15 届大会，在这 10 年间，美国出于遏制中国的战略目的，操纵多数联大成员国"暂缓讨论"中国恢复联合国合法席位的问题。

从 1961 年开始，美国为了继续实施遏制中国的战略，一方面表示赞成讨论中国代表权问题，另一方面又使这个问题成为一个"重要问题"，即需要联合国大会 2/3 多数同意方能生效，为中国恢复联合国代表权设置新的障碍。随着取得独立地位的非洲国家的数量不断增多，在联合国拥有席位的非洲国家也不断增多，第三世界在联合国的投票权重不断增大，中国在联合国大获得的支持也越来越多。在 1970 年第 25 届联合国大会上，18 个第三世界国家先后两次提出了恢复中国在联合国合法席位的提案，投票表决结果为 51 ：49，首次出现了赞成票超过反对票的局面。

20 世纪 60 年代，与中国建交的第三世界国家越来越多，国际形势对美国越发不利，于是美国开始调整对中国的遏制战略。1970 年 1 月 26 日，美国驻香港总领馆以苏联为例，提出了一个解决中国代表权问题的提案，即"双重代表权"的雏形，即"一个国家，两张选票"。这个政策建议正中美国政府下怀。1971 年 8 月 17 日，美国驻联合国首席代表老布什向联合国秘书长正式提出"双重代表权"提案。中国政府表示强烈反对美国提出的这一提案，并于 1971 年 8 月 20 日发表了严正声明。

1971 年 9 月 21 日，第 26 届联合国大会开幕。10 月 25 日，大会就"中国代表权问题"的辩论宣告结束。大会先就美国等 22 国提出的"重要问题"议案进行表决，结果以 59 票反对、55 票赞成、15 票弃权的表决结果被否决。接着，又以 76 票赞成、35 票反对、17 票弃权的表决结果通过了阿尔巴尼亚、阿

《联合国大会第 2758 号决议》繁体中文文书

《联合国大会第 2758 号决议》是于 1971 年 10 月 25 日在第 26 届联合国大会会议上表决通过的，关于"恢复中华人民共和国在联合国组织中的合法权利问题"的决议。

恢复联合国合法席位后的中国代表团
大会宣布中华人民共和国恢复联合国合法
席位后，中国代表团团长乔冠华仰头大笑。

尔及利亚等 23 国向联合国提出的关于"恢复中华人民共和国在联合国组织中
的合法权利问题"的决议草案及附加文件。大会主席一宣布结果，会场上顿时
爆发出暴风雨般的掌声，许多亚非拉国家的代表起立欢呼，有些代表甚至当
即跳到会议桌上欢呼舞蹈。鉴于联合国大会已经通过第 2758 号决议，"双重
代表权"提案遂成废案，美国等一些西方国家代表也因此颓坐在座席上，沉默
不语。

　　11 月 15 日，以乔冠华副外长为团长、黄华大使为副团长的中国代表团出
席第 26 届联合国大会，受到各国代表盛大的欢迎。57 个国家在大会上致欢迎
词，先后持续了 6 个小时。乔冠华团长在联合国大会上发表了热情洋溢的讲话，
阐明了中国一贯奉行的和平外交政策，对参与"两阿提案"的 23 个国家所作
出的历史性贡献表示感谢，表示坚决与第三世界国家和人民站在一起，呼吁联
合国在维护世界和平、反对侵略和干涉并发展各国之间友好合作关系方面，发
挥应有的作用。

　　此外，这届联合国大会还对苏联对印巴问题的干涉，以压倒多数通过了要
求印巴停火的议案。这两个议案的通过，表明第三世界国家打破了两个超级大
国对联合国的操纵。在这之后，100 多个第三世界国家在联合国的重要会议上
发挥着越来越重要的作用。

20 世纪 60 年代非洲的觉醒

　　第二次世界大战爆发后，非洲社会出现的新变化，为战后非洲民族独立运

动创造了有利的条件。在战争期间，帝国主义为了满足战争需要，在一些非洲国家开办了一些加工工业、采矿业，非洲的采矿业、加工工业因此取得了较快的发展。此外，帝国主义由于忙于战争，暂时放松了对非洲国家的控制，为非洲国家民族工业的发展创造了有利时机。随着工业和农业的发展，非洲国家的民族资产阶级、小资产阶级和无产阶级得到了进一步发展。非洲工人阶级的人数从战前的 800 万人增至 1955 年的 1300 万人。民族资产阶级和工人阶级的发展壮大，为战后非洲民族独立运动的蓬勃发展奠定了基础。在战争期间成长起来的非洲民族资产阶级、小资产阶级及其知识分子为了实现自己的政治、经济要求，纷纷建立各种政治组织和政党。从战后到 1955 年，非洲各地建立了 40多个民族主义政党。

　　战后国际形势的巨大变化为非洲民族独立运动的高涨提供了有利条件。第二次世界大战给帝国主义以沉重打击，德意日法西斯被击败，统治非洲大部分地区的英法两国在战争中被严重削弱。战后初期，亚洲和欧洲民族解放运动的蓬勃发展，人民民主国家纷纷诞生，尤其是 1949 年中华人民共和国的成立，极大地鼓舞了非洲各国人民争取民族独立的信心。战后初期，非洲社会发生了深刻变化，在有利的国际形势下，非洲北部地区的阿尔及利亚、摩洛哥、突尼斯、利比亚和苏丹等国相继开展了反帝运动，提出了争取民族独立和捍卫国家主权的要求。

　　利比亚是二战后非洲首个获得独立的国家。在战争爆发前，利比亚是意大利的殖民地。在战争期间，利比亚人民积极开展活动，希望借助盟军的力量使国家获得解放。1943 年 1 月，利比亚人民协助英国军队把意大利和德国法西斯军队赶出了利比亚。意大利殖民者虽然被赶走，但是利比亚人民并没有获得

意土战争
1912 年，利比亚在意土战争后成为意大利殖民地。

解放。英、法两国分别占领了利比亚的一部分领土，建立了军政府。美国军队也进入利比亚，修筑了军事基地。

1947年2月，根据同盟国对意大利和约的规定，意大利放弃对利比亚的统治，利比亚的前途问题由英、苏、美、法四国经商议后决定，四国最后将这个问题提交联合国大会讨论。1949年5月7日，英国和意大利秘密签订了《贝文－斯福扎协定》，企图以大国托管为名瓜分利比亚。协定的内容为：由英国托管昔兰尼加，意大利托管的黎波里塔尼亚，法国托管费赞；而利比亚在10年后经联合国大会同意才能获得独立。英、意签订的这个协定传到利比亚后，引起了利比亚人民的强烈反对。11月，的黎波里塔尼亚的人民群众举行了大规模的示威游行。利比亚人民要求民族独立的斗争，获得了许多国家尤其是阿拉伯国家的支持。同年11月21日，联合国第四届大会通过了关于利比亚的决议，规定利比亚在1952年1月1日前独立。1951年3月，利比亚临时政府成立。1951年12月24日，利比亚宣布独立，成立了利比亚联合王国。经过40多年的不懈斗争，利比亚人民取得了民族独立。

苏丹是二战后非洲第二个获得独立的国家。苏丹原本是英国的殖民地，英国殖民者于1899年以英国、埃及共管的名义对苏丹进行殖民统治。1922年，埃及的独立大大鼓舞了苏丹人民争取独立的斗争。1945年8月，苏丹民族主义的政治组织——苏丹毕业生大会提出了自治和独立的要求，要求英国军队撤出埃及，并要求苏丹与埃及以联邦的方式统一起来。

1948年3月，苏丹各民族主义政党在喀土穆举行会议，要求废除共同管理制度，并要求英国军队撤出苏丹。英国政府拒绝了苏丹人民的要求。1948年6

苏丹首都喀土穆
喀土穆意为"大象鼻子"，因为青、白尼罗河在喀土穆交汇向北流去，形似大象鼻子。

月，英国殖民当局单方面宣布在苏丹实行宪政改革，但遭到苏丹人民反对和抵制。1951 年 10 月 15 日，埃及宣布废除 1936 年的《英埃条约》和 1899 年的《英埃共管苏丹协定》，英国却拒绝承认。埃及的行动受到了苏丹人民的欢迎，推动了苏丹民族独立运动的发展。11 月至 12 月，苏丹各地举行群众性集会和示威游行，掀起了反对英国的浪潮。面对这种形式，英国殖民当局一边调集军队进行镇压，一方面提出新宪法草案，表示要给予苏丹完全自治，同时又规定保留英国总督在苏丹的最高权力。

1952 年 7 月，埃及发生"七月革命"，推翻了法鲁克王朝，新政府主张苏丹人民应该享有自决的权利。1953 年 1 月，埃及新政府同苏丹各政党举行谈判，双方签订了关于埃及对苏丹问题的协定，承认苏丹享有自决权利。在这种情况下，英国被迫做出改变，于 1953 年 2 月同埃及政府签订了英埃关于苏丹的新协定，承认苏丹人民有自决权利。协定规定了一个为期 3 年的过渡期，苏丹在这个时期内建立议会和民族政府。1954 年 1 月，民族联合党组成了苏丹民族政府。1955 年是苏丹过渡时期的最后一年。8 月 16 日，苏丹议会一致通过自决权的决议，同时要求外国军队在 90 天内自苏丹撤退。11 月 13 日，英国从苏丹撤出全部军队。1955 年 12 月 19 日，苏丹议会一致通过了宣布苏丹为主权共和国的决议。1956 年 1 月 1 日，苏丹正式宣布独立。苏丹人民经过长期的不懈斗争，结束了英国在苏丹的殖民统治，获得了民族独立。

突尼斯和摩洛哥的独立

突尼斯原是法国的保护国，二战后，法国改变了对突尼斯的殖民统治方式。1945 年至 1947 年，法国殖民当局在突尼斯进行了一些改革，在议会中增加了突尼斯人的席位，并设立了由突尼斯人担任部长的部长会议。但是部长会议主席仍由法国总督担任，部长会议秘书长也由法国人担任，全面掌握政府的一切事务。法国的"改革"只是换汤不换药。

在战后国际形势的变化和亚非民族解放运动空前高涨的形势下，突尼斯人民纷纷起来进行民族解放斗争。1947 年 8 月，斯法克斯的工人举行大罢工，遭到法国殖民当局的残酷镇压。1948 年 4 月，铁路工人和公务人员又进行了大罢工。1949 年，突尼斯南部矿工坚持罢工长达 45 天。

1950 年 11 月，突尼斯工人举行全国总罢工。1951 年 12 月，突尼斯爆发了反法武装起义。法国殖民者出动军警进行镇压，逮捕了突尼斯新宪政党、共产党和工会的领袖。法国殖民者的野蛮行径导致了 1952 年的全国性总罢工和罢市。突尼斯人民争取民族独立的斗争，一再遭到法国殖民当局的残酷镇压。突尼斯人民被迫拿起武器，开展武装斗争。从 1952 年初开始，突尼斯出现了自发的武装反抗斗争。1954 年春，在新宪政党总书记萨拉赫·本·优素福的领导下，突尼斯组建了民族解放军，开展抗法游击战争。在这种情况下，同年 7 月，法国政府宣布准备承认突尼斯国家的内部自治权。8 月，突尼斯国王任命阿玛尔为首相，组成了包括新宪政党在内的政府。9 月，法国与突尼斯在巴黎举行关于突尼斯国家实行内部自治的谈判。1955 年 6 月，双方签订了关于突尼斯内政自治的《法突协定》，规定突尼斯在 20 年后才能获得独立地位。

《法突协定》公布后，遭到了突尼斯人民的强烈反对，各个民族主义政党和工会纷纷提出抗议，要求突尼斯实现完全独立。以优素福为首的一派新宪政党人反对"内政自治"协定，在北部地区继续开展抗法活动，并与阿尔及利亚、摩洛哥人民的反法武装力量联合起来对法作战。以布尔吉巴为首的另一派新宪政党人赞同"内政自治"的协定，但是也认为突尼斯的最终目标是实现完全的独立，而采用和平的方式是实现独立的途径。1956 年 1 月，新宪政党全国委员会通过了关于争取独立的决议。由于突尼斯人民反法斗争高涨，特别是阿尔及利亚反法武装斗争的迅速发展，法国殖民者被迫做出让步。1956 年 3 月 20 日，双方经过谈判，签订了《法突联合议定书》，正式承认突尼斯独立，废除

突尼斯第一任总统哈比卜·布尔吉巴
被誉为突尼斯"民族之父"的布尔吉巴于 1957—1987 年出任突尼斯总统，他推出"布尔吉巴主义"，使突尼斯一度成为阿拉伯世界的中心。

1881 年的保护条约。突尼斯人民经过长期的英勇斗争，终于结束了 75 年的殖民统治，获得了独立。

二战结束时，摩洛哥仍处在法国和西班牙的殖民统治之下，仍然受到了法国和西班牙的"保护"。摩洛哥虽然保留住了苏丹及其下属的行政管理机关，但这只不过是殖民当局的统治工具。

二战期间，美国势力加速渗入摩洛哥。战争结束不久，美国就在摩洛哥境内修建了军事基地，直接威胁着摩洛哥的民族独立运动。为了维护法国在摩洛哥的殖民统治，法国新任总督艾利克·拉朋于 1946 年 3 月在摩洛哥实行"改革计划"，他承诺对政府司法制度进行一定的改革，改善摩洛哥人的地位。但是拉朋上任仅仅 2 个月就被许温将军替代了。许温推行强硬的殖民政策，声称法国对摩洛哥的"保护"关系不可改变，在任何时候摩洛哥都不能获得独立。

摩洛哥人民为废除 1912 年的保护条约和争取民族独立而进行了不懈的斗争。最初领导摩洛哥人民进行斗争的是摩洛哥独立党。独立党于 1943 年 12 月成立，并提出了废除保护条约、建立君主立宪的独立国家的斗争纲领。

战后初期，摩洛哥人民要求独立的呼声越来越高。摩洛哥苏丹穆罕默德·本·优素福为首的封建上层人士也卷入这场斗争。1948 年初和 1950 年 10 月，摩洛哥苏丹穆罕默德·本·优素福两次致函法国总统，要求修改保护制度的条约，但遭到法国政府的拒绝。1947 年至 1950 年，摩洛哥先后爆发了多次罢工运动，均遭到了法国殖民当局的镇压。法国殖民当局的残酷镇压并不能阻止摩洛

摩洛哥苏丹穆罕默德·本·优素福
1957 年 8 月，摩洛哥改为王国，优素福即位称穆罕默德五世，被摩洛哥人民称为"独立之父"。

哥人民争取民族独立的斗争。独立党、共产党等民族主义政党的活动更加活跃。

　　1951年至1952年，法国殖民当局开始了大规模镇压活动，大肆搜捕摩洛哥独立党人、共产党人和其他爱国人士，造成数千人死亡，数十万人被监禁。1953年8月20日，支持独立运动的苏丹优素福拒绝在法国一手炮制的改革方案上签字，结果被废黜流放到科西嘉岛，后转移到马达加斯加岛。优素福被废黜事件激起了摩洛哥人民反对帝国主义的斗争高涨，各大城市纷纷举行大规模示威游行。示威民众遭到法国殖民当局的血腥镇压，有2万多人遭到逮捕。在此后1年的时间里，摩洛哥各地民众多次举行群众大会和示威游行，法国殖民当局照例对示威群众进行血腥镇压。

摩洛哥北部港口城市丹吉尔
丹吉尔是世界上最古老的城市之一，在公元前6世纪由腓尼基人所建。该城市扼守直布罗陀海峡，连接地中海和大西洋，地理位置极其重要，所以在历史上一直被各国争夺，一直到摩洛哥独立后才正式收复了对丹吉尔的主权。

　　在这种形势下，摩洛哥的民族独立运动走上了武装斗争的道路。从1954年初起，摩洛哥各地发生了武装反抗殖民当局的斗争，并于1955年组建了摩洛哥解放军。同年10月，武装起义已经席卷摩洛哥全境，解放军占领了里夫和中部的阿特拉斯山区。迫于摩洛哥人民斗争的压力，法国只好在1955年1月让优素福回到摩洛哥复位。1956年3月2日，法国承认摩洛哥独立，宣布废除1912年的保护条约。1956年4月，西班牙也承认摩洛哥独立和领土完整。1957年8月，摩洛哥定国名为摩洛哥王国，苏丹优素福改称摩洛哥国王穆罕默德五世。1958年，摩洛哥收回了被西班牙占领的南部伊夫尼"保护地"。1960年，摩洛哥恢复了对丹吉尔的主权。

阿尔及利亚的独立

阿尔及利亚是法国在北非地区统治时间最长的殖民地，有着重要的战略地位。法国在阿尔及利亚大量掠夺土地资源，进行移民并实行同化政策，将阿尔及利亚作为法国摆脱经济困境的重要依靠。在突尼斯、摩洛哥相继取得独立后，法国在非洲的殖民统治开始动摇，因此希望极力保住它在非洲的这块殖民领地。

二战结束后不久，阿尔及利亚就爆发了反对法国殖民统治、实现民族独立的浪潮。1945 年 5 月 8 日，阿尔及利亚全国各城市居民在退伍军人的领导下举行了庆祝反法西斯战争胜利和要求实现民族独立的示威游行。法国殖民当局对示威群众进行血腥镇压，大批爱国人士被逮捕或流放。1947 年 11 月至 12 月，阿尔及利亚再次爆发了要求获得民族独立的群众运动，有 10 万人参加了罢工、示威运动。此后，阿尔及利亚人民的反帝斗争不断深入发展。

在争取独立的斗争中，阿尔及利亚诞生了民族主义组织。1946 年 4 月，在民族主义者费尔哈特·阿巴斯的领导下成立了"拥护阿尔及利亚宣言民主联盟"。同年 11 月，阿尔及利亚成立了"争取民主自由胜利党"。20 世纪 50 年代初，随着阿尔及利亚反对帝国主义的群众运动不断深入发展，民族主义力量不断强大起来。1954 年 8 月，"争取民主自由胜利党"中主张进行武装斗争的党员组成了"团结与行动革命委员会"，开始策划全国性的武装斗争。在该组织的领导下，阿尔及利亚人民开始了对反对法国殖民当局的武装斗争。

1954 年 11 月 1 日，在"团结与行动革命委员会"的领导下，阿尔及利亚人民在奥雷斯和卡比利亚等山区发动武装起义，随后在全国 20 多个城市爆发了反对法国殖民统治的武装起义。武装起义爆发后，阿尔及利亚反对帝国主义

阿尔及利亚民族解放阵线
阿尔及利亚民族主义政党。简称民阵。前身是团结与行动委员会。1954 年 8 月，在瑞士成立。领导了阿尔及利亚摆脱殖民统治争取民族独立的斗争。图为阿尔及利亚民族解放阵线领导人在法国。

运动进入民族解放战争的新阶段。"团结与行动革命委员会"与各民族主义政党和组织联合起来，组成了"阿尔及利亚民族解放阵线"，抵抗法国殖民当局数十万大军的扫荡和围剿。

1958年，解放军队伍发展到了13万人，武装斗争的范围扩大到了全国3/4的地区。同年9月19日，以费尔哈特·阿巴斯为首的阿尔及利亚共和国临时政府在埃及开罗成立。阿尔及利亚的民族武装斗争动摇了法国的殖民统治，迫使法国政府与阿尔及利亚临时政府进行谈判。

1960年6月25日，法国和阿尔及利亚在默伦举行预备会议，谈判断断续续进行了两年之久。1962年3月18日，双方在法国埃维昂谈判签订了《埃维昂协议》。法国承认阿尔及利亚人民的自决权和阿尔及利亚国家的独立和主权。次日，阿尔及利亚全境实行停火，持续了7年半的阿尔及利亚民族解放战争终于结束。1962年7月1日，阿尔及利亚举行全国公民投票表决。7月3日，阿尔及利亚宣布独立，结束了法国在阿尔及利亚长达130年的殖民统治。

马达加斯加和肯尼亚的独立

随着战后初期北非民族独立运动的高涨，撒哈拉以南的非洲地区也掀起了反对帝国主义殖民统治的斗争。1947年3月，马达加斯加岛爆发了大规模的反对法国殖民统治的武装起义。起义发展得很快，全岛3/5地区和70%的人口共100多万居民加入了这场斗争。法国出动大批军队，动用飞机、坦克进行镇压，屠杀了9万多人，2万多人监禁，逮捕了民主运动的领导人，到1948年才将起义镇压下去。1950年，马达加斯加民族解放运动再次高涨起来。1950年5月，马达加斯加团结委员会宣告成立。1955年，马尔加什人民联盟、马尔加什民族阵线、马尔加什人民大会和保卫马尔加什权利联盟纷纷成立。它们纷纷要求举行大选和建立国民会议。在这一时期，工人运动继续发展。从1950年开始，塔那那利佛、迪耶果-苏瓦雷斯和山姆巴瓦等地的民众纷纷举行罢工运动。1956年，马达加斯加工会联合会成立，标志着马达加斯加工人队伍的进一步联合，推动了马达加斯加民族独立运动的发展。为了缓和殖民地的紧张局势，法国人于1956年建立了一个革新制度，马达加斯加开始逐步走向和平独立。1958年10月，成为"法兰西共同体"内的自治共和国。1960年6月26日，马尔加什共和国正式宣布独立，亦称第一共和国；1975年12月21日，改

肯尼亚共和国的第一位总统乔莫·肯雅塔

国名为马达加斯加民主共和国，亦称第二共和国；1992 年 8 月 19 日，改国名为马达加斯加共和国，亦称第三共和国。

　　二战后，英国加强了对东非殖民地肯尼亚的控制和掠夺，在肯尼亚修筑海、陆、空军事基地。英国殖民当局的殖民统治激起了肯尼亚人民的强烈反抗。1952 年，肯尼亚爆发了"茅茅起义"，掀起了反对白人殖民统治、要求土地和自由的武装斗争。起义首先从吉库尤人农民中开始，他们的口号是"**把白人抢去的土地夺回来**"。起义很快席卷全国，宣誓参加武装斗争的农民和城市下层民众超过 100 万人。1952 年 10 月，英国殖民当局宣布肯尼亚全境处于"紧急状态"，逮捕了乔莫·肯雅塔等"肯尼亚非洲人联盟"的领导人。紧接着，殖民当局对参加"茅茅起义"的农民进行大规模镇压和迫害。起义部队以阿伯德尔山和肯尼亚山作为起义斗争中心，最多时总人数达到了 15000 人。1956 年，在英军的围攻下，起义军遭受严重挫折，领导人德丹·基马蒂被俘，翌年被处死。以吉库尤人为主体的反抗斗争虽然失败了，但肯尼亚人民反抗殖民统治、争取民族独立的争斗没有因此而停止。

　　从 1960 年起肯尼亚民族解放运动进入了一个新阶段。1960 年 3 月和 5月，肯尼亚非洲民族联盟和肯尼亚非洲民主联盟相继成立，它们都要求国家独立。1962 年 2 月 14 日至 4 月 6 日，肯尼亚宪法会议在伦敦召开。之后在肯尼亚举行了大选，成立了一个由非洲人担任多数部长的联合政府。1963 年 5 月，肯尼亚非洲民族联盟在中央和地方立法机构的选举中获胜。1963 年 6 月 1 日，肯尼亚获内部自治。1963 年 12 月 12 日，肯尼亚正式宣告独立。1964 年 12 月12 日，肯尼亚成为共和国，仍然留在英联邦内。

苏伊士运河危机——第二次中东战争

1952 年 7 月，以纳赛尔为首的"自由军官组织"发动埃及"七月革命"，推翻了法鲁克王朝，建立了共和国政府，抛弃了旧政府亲西方的政策，实行维护民族独立和不结盟的民族主义政策。1954 年 10 月，埃及与英国签订《关于苏伊士运河基地协定》，《协定》废除 1936 年签署的《英埃同盟条约》，规定英国自协定签订之日起的 20 个月内分批撤出苏伊士运河区。1956 年 6 月 12 日，最后一批英军撤出埃及，结束了英军对埃及 74 年的占领。英军虽然撤离了，但苏伊士运河仍由英法殖民者所控制。

埃及共和国成立后，与以色列之间的矛盾日益加剧，双方在边界不断发生武装冲突。1955 年 2 月 28 日，以色列向埃及管辖的加沙地带发动进攻，使埃及遭到重大伤亡。以色列不断侵犯周围阿拉伯国家的领土，导致中东局势日益紧张。为了增强埃及的军事实力，埃及政府多次向西方大国寻求军事援助。但是英、法、美对埃及政府的外交政策十分不满，提出了各种苛刻条件，百般刁难。在这种情况下，埃及将目标转向了社会主义阵营国家。1955 年 9 月，埃及与苏联、捷克斯洛伐克、波兰签订了贸易协定，规定埃及以棉花和大米交换苏联等国的武器装备。这引起西方大国的不满。就在纳赛尔宣布与苏、捷等国达成军火交易协定后，美、英试图通过"经济援助"的手段来抵制苏联对埃及的影响。

埃及政府在 1952 年时曾计划在尼罗河中游阿斯旺修建一个水坝。这座水坝如果建成，将极大增加埃及的农业灌溉面积和发电量。但是修建这座大坝需

埃及共和国第二任总统纳赛尔

纳赛尔是埃及历史上最重要的政治家之一，也是阿拉伯联合共和国的首任总统和不结盟运动的创始人之一，正是在他的领导下，埃及收回了苏伊士运河的全部主权。

要 10 亿美元。1955 年 12 月，美、英两国表示愿在首期工程向埃及捐赠 7000 万美元，世界银行承诺贷款 2 亿美元。但是美、英同时提出了一些附加条件，如财政监督、不得接受别国贷款等。埃及拒绝美、英提出的条件。在这种情况下，苏联主动向埃及伸出了橄榄枝，表示愿意为建设水坝提供资金，同时给予埃及长期贷款。埃及政府同意与苏联进行合作，并于 1956 年 6 月宣布将与苏联进行合作。作为报复，美国于 7 月 19 日宣布撤回对埃及提供贷款的承诺，理由是埃及无法完成这个工程且没有还贷的能力。英国和世界银行也紧随美国的步伐，收回它们对埃及的承诺。在这种情况下，埃及政府决定将苏伊士运河收归国有，将运河每年的收益作为兴建水坝的资金。

　　苏伊士运河是埃及境内一条国际通航运河，全长 175 千米。运河地处亚非两洲的地峡处，沟通了地中海和红海，缩短了欧亚两大洲的航程，是沟通欧、亚、非三洲的重要通道，有着十分重要的战略地位。运河自 1869 年通航以来，一直被英、法控制下的"国际苏伊士运河公司"占有。1882 年，英国出兵占领了埃及，在运河区建立了军事基地。1936 年，英国与埃及签订了《英埃同盟条约》，确立了英国在苏伊士运河区的驻军权。在此情况下，英法资本家占有了运河收入的大部分，埃及只从中获得了极少的一部分。1955 年，运河的利润为 1 亿美元，埃及只分得了 300 万美元，大部分被英法资本家瓜分，因此埃及政府迫切希望将苏伊士运河收归埃及所有。

　　1956 年 6 月 12 日，根据 1954 年签订的《关于苏伊士运河基地协定》，最后一批英国占领军从运河区撤走。同年 7 月 26 日，纳赛尔在亚历山大港召开的群众大会上宣布，埃及将苏伊士运河收归国有，用运河的收入来独自修建阿斯旺水坝。埃及政府的这一行动获得埃及人民的强烈支持，人们纷纷涌上街头，

建成后的阿斯旺大坝

阿斯旺大坝工程于 1960 年 1 月 9 日开工，历时 10 年完工，堪称世界七大水坝之一。

举行游行示威，欢呼政府的这一决定。

埃及的这一决定沉重打击了英、法等欧洲大国在中东的利益，引起了英、法两国的极度不满。英国政府表示要用武力保卫自己在埃及的利益；法国也表示要采取强硬措施。8 月 2 日，英、法联合美国发表声明，宣称运河为"国际水道""具有国际性质"，不认可埃及有将运河公司收归国有的权利，并试图通过召开国际会议重新恢复帝国主义对运河的控制。8 月和 9 月，英、法、美等22 个国家在伦敦召开讨论苏伊士运河问题的国际会议，美国提议组成一个国际机构对运河进行管理，企图将运河置于国际控制之下。埃及政府对此予以坚决拒绝。

9 月 30 日，英、法两国将运河问题提交联合国。10 月 13 日，安理会否决了英、法要求埃及接受国际管理制度提案。在这种情况下，英、法决定采取武力来解决问题。为了解决兵力不足的问题，英、法与以色列秘密勾结起来，商定了作战计划。英、法企图通过军事侵略重新占领苏伊士运河；以色列则想借英、法的力量削弱埃及的军事力量。

1956 年 10 月 29 日，依照英、法事先预定的方案，以色列以 4.5 万人分四路向西奈半岛发起突然袭击，挑起了第二次中东战争。第二天，英、法向埃及发出最后通牒，借口保证运河的通航安全和自由，要求埃及和以色列在 12 小时内停火，军队各自向后撤退 16 千米，由英、法军队进驻运河区的塞得港、伊斯梅利亚和苏伊士。埃及政府拒绝了英法的这一无理要求。31 日，英、法成立联合司令部，向埃及宣战。英国派出飞机、军舰对埃及的首都开罗以及亚历山大、塞得港等城市发动袭击。

面对英、法、以的野蛮入侵，纳赛尔果断命令埃及军队撤离西奈半岛，集

第二次中东战争
第二次中东战争又称苏伊士运河战争、苏伊士运河危机、西奈半岛战役，是英、法为夺得苏伊士运河的控制权，联合以色列对埃及发动的军事行动。

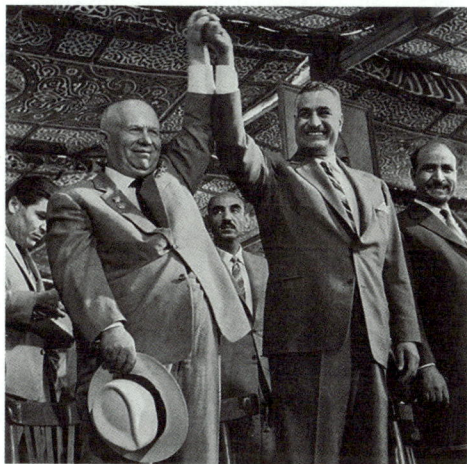

苏联领导人赫鲁晓夫和纳赛尔
在赫鲁晓夫的推动下，苏联为埃及提供了海量援助。

中兵力守卫运河区。埃及政府同时宣布与英、法断绝外交关系，关闭英、法在埃及的银行，接管两国在埃及的石油企业，并向全国发动总动员令，号召全国军民起来进行英勇抗战。11 月 5 日，英、法以 8 万多人的兵力从海、陆、空三面向塞得港发起了进攻。埃及军民奋勇保卫塞得港，与英、法军队进行了激烈的巷战，沉重打击了入侵的英法军队，直至双方停战之时，英、法军队始终没能完全占领塞得港。

　　埃及人民的正义斗争得到了大多数亚非拉国家的同情与支持。部分阿拉伯国家在外交、政治和经济上对埃及进行了积极的支持，例如宣布与英、法断交，切断英国的石油管道，炸毁油库，封锁领空和机场等。在联合国大会上，一些亚非拉国家谴责英、法对埃及的野蛮侵略。11 月，中国政府先后三次发表声明，谴责英、法、以侵略埃及的行径，声援埃及人民的反侵略斗争，并赠送资金和大批物资给埃及。与此同时，英、法两国国内也爆发了大规模的反战运动。11 月 4 日，伦敦 5 万市民纷纷走上街头举行抗议英国侵略埃及的集会，一些民众在首相府前举行示威游行，并与警察爆发了冲突。

　　英、法、以三国的侵略行径遭到了国际社会的普遍谴责，在这种形势下，作为三国盟友的美国也不满这次行动，在背后拆英、法的墙脚。美国向联合国安理会提交议案，要求英、法立即撤军，但遭到英、法两国的否决。11 月 1 日，美国敦促联合国大会召开紧急会议，并提出了一个立即停火的提案。11 月 2 日，联合国大会以压倒性多数票通过了这个提案，要求英、法停止战争，并从埃及撤离所有军队。11 月 5 日，苏联政府也向英、法以发出警告，宣称必要时苏联将动用核武器。

在埃及人民坚决抵抗和国际社会强大舆论压力下，英、法两国被迫于 11 月 6 日接受停火协议。11 月 8 日，以色列也同意撤出西奈半岛。11 月 24 日，联合国通过了亚非国家提出的要求英、法、以立即从埃及撤军的决议。12 月 3 日，英、法宣布从埃及撤离军队；22 日，英、法军队全部撤出埃及。以色列军队一直到 1957 年 3 月 8 日才全部撤出西奈半岛，退回到了 1949 年的停战线。埃及人民取得了这场战争的胜利，收回了对苏伊士运河的控制权。

古巴革命的爆发

古巴位于加勒比海西北部，是西印度群岛中最大的岛国，距离美国仅有 90 海里。1492 年，哥伦布发现古巴，此后古巴沦为西班牙的殖民地。1898 年美西战争爆发后，古巴在名义上是一个独立国家，但实际上却沦为了美国的保护国，甚至是殖民地，长期受美国的控制和剥削。美国通过缔结条约等方式干涉古巴政府，并在关塔那摩湾建造海军基地。在经济上，古巴的经济支柱仅有少数农业作物和原料，经济结构十分脆弱，美国人控制了古巴的制糖、烟草、造船等大部分工业产业，使美国垄断资本掌握了古巴的经济命脉。

为了争取民族独立和自由，古巴人民进行了长期不屈的斗争。在赶走西班牙殖民者后，控制古巴的美国和依附美国的独裁政权成为古巴人民斗争的目标。1900 年，古巴成立人民党，这是古巴第一个属于劳动者的政党。俄国十月社会主义革命的胜利，对古巴广大劳动人民产生了巨大影响。1925 年，古巴共产党成立，但被当时的独裁政权列为非法组织。1940 年，古巴共产党和革命联盟联合起来，组成了"共产主义革命联盟"，并于 1944 年改名为"古巴人民社会党"。在古巴革命政党的领导下，古巴人民不断进行反美、反独裁斗争。

第二次世界大战结束后，美国加紧了对拉丁美洲的干涉和控制，企图维持在这一地区的特权。1952 年 3 月，巴蒂斯塔在美国的支持下发动武装政变，再次夺取政权。巴蒂斯塔依靠美国的支持，公开实行独裁统治，解散议会，废除 1940 年的宪法，制定反动的"宪法"和反劳工法。此外，巴蒂斯塔政府禁止民众举行罢工和群众集会，残暴地镇压人民的反抗。

巴蒂斯塔的反动独裁统治，激起了古巴人民的愤慨和强烈反抗。1952 年，就在巴蒂斯塔发动军事政变几个星期后，一位名叫菲德尔·卡斯特罗的年轻律

古巴革命领导人菲德尔·卡斯特罗
卡斯特罗是古巴共和国、古巴共产党、古巴革命武装力量的主要缔造者，被誉为"古巴国父"。

师控告巴蒂斯塔违反宪法，要求裁定巴蒂斯塔违宪，并处以刑罚。法院拒绝受理卡斯特罗的控告，这让他非常不满，于是他决心采取革命手段推翻巴蒂斯塔的独裁统治。

1926 年 8 月 13 日，菲德尔·卡斯特罗出生于古巴东部一个富有的庄园主家庭。1945 年考入哈瓦那大学法律系，在大学期间积极投身反对亲美独裁政权的进步运动。1947 年，他加入古巴人民党，并离校参加了多米尼加共和国的反独裁斗争。1950 年，获得法律博士学位。1952 年，他在向法院控告巴蒂斯塔违宪而法院拒绝受理后，便积极组织革命军，计划通过武装起义推翻巴蒂斯塔政权。

1953 年 7 月 26 日，菲德尔·卡斯特罗率领 150 多名革命者攻打圣地亚哥东北的军事要塞——蒙卡达军营，以便夺取武器进行斗争，开展广泛的解放斗争。但是这次行动最终失败了，许多革命者在行动中牺牲了，卡斯特罗等人也被捕入狱。卡斯特罗被捕后，在法庭上慷慨陈词，发表了《历史将宣判我无罪》的辩护词。该辩护词后来成为推翻巴蒂斯塔政权、进行武装斗争的政治纲领。卡斯特罗被法院判以 15 年徒刑。在全国人民的强烈抗议下，巴蒂斯塔政府于1955 年释放了所有古巴的政治犯，卡斯特罗因此获释。1955 年 7 月，卡斯特罗建立了名为"7·26 运动"的革命组织，准备再次进行武装起义推翻巴蒂斯塔政权。后来由于起义消息遭泄露，卡斯特罗被迫流亡墨西哥，在那里建立了军事训练营地。

古巴革命领导人切·格瓦拉
切·格瓦拉出生于阿根廷罗萨里奥，是阿根廷马克思主义革命家、医师、作家、游击队队长、军事理论家、国际政治家及古巴革命战争的核心人物。

1956年11月25日，卡斯特罗和切·格瓦拉及劳尔·卡斯特罗等82名革命成员乘坐"格拉玛号"游艇离开墨西哥的图克斯潘港。经过一周艰苦的漂流，卡斯特罗的队伍直到12月2日才在古巴奥连特省南部的科罗拉达斯海滩登陆。这支队伍刚一上岸，就遭到了巴蒂斯塔军队的包围，经过2天的激烈战斗，大部分人在战斗中牺牲，仅有12人成功突围进入马埃斯特腊山区，其中包括菲德尔·卡斯特罗本人、他的弟弟劳尔·卡斯特罗和切·格瓦拉。他们在山区建立革命根据地，进行游击战。起义队伍明确宣布要推翻巴蒂斯塔的反动统治，建立人民革命政权，进行土地改革，恢复公民的政治权利等政策，从而得到了各阶层人民的支持，队伍不断扩大，多次击退了政府军的进攻。

1957年5月，起义军向乌维罗发起进攻，缴获了大量武器装备，震惊全国。1958年2月，起义军解放了圣地亚哥周围的大部分地区。3月，劳尔·卡斯特罗率领一小部分起义军从马埃斯特腊山区转移到克里斯塔尔山区，在那里开辟了新的根据地。

1958年5月，巴蒂斯塔出动11000多人的军队，配备飞机、坦克和大炮，对马埃斯特腊根据地发起了进攻。此时的起义军仅有300多人驻守在根据地，面对来势汹汹的敌人，起义军开展了艰苦的游击战，充分利用山区险峻的地形，实施机动作战，骚扰和袭击敌军。与此同时，当地群众纷纷支援起义军，对敌军进行了一系列打击。经过70多天的激战，得到增援的起义军歼灭敌军1000多人，彻底粉碎了敌军对马埃斯特腊地区的围剿，巴蒂斯塔政府的夏季攻势以失败告终。此后，起义军从防御转为进攻，开始了由以农村为根据地的游击战转为以包围城市为重点的游击战。

起义军的武装斗争推动了古巴革命运动的高涨。1957 年 3 月 13 日，哈瓦那大学生联合会主席安东尼奥·埃切维里亚率领 40 多名青年攻打总统府，行动失败后组建了"3·13 革命指导委员会"进行武装斗争。该组织的主要领导人之一——福雷·乔蒙率领一支队伍进入埃斯坎布拉伊山区，建立根据地开展游击战。1958 年 3 月 17 日，古巴社会党、公民抵抗运动等 42 个团体发表联合宣言，要求巴蒂斯塔政府立即下台。4 月 9 日，哈瓦那工人发动总罢工和起义。这些斗争虽然遭到了巴蒂斯塔政府的残酷镇压，但是极大地动摇了巴蒂斯塔的反动统治。

1958 年 7 月，"7·26 运动""3·13 革命指导委员会"、公民抵抗运动等反独裁组织在委内瑞拉首都加拉加斯举行会议，建立革命民主公民阵线。会议签署了《加拉加斯协定》，确立了通过武装斗争打倒独裁制度的共同目标，会议推选菲德尔·卡斯特罗为总司令。革命民主公民阵线的建立使革命力量得到加强，加速了军事行动进程。1958 年 10 月，起义军向哈瓦那省进军，于 12 月 29 日解放了圣克拉拉市，歼灭了政府军主力，控制了古巴全国大部分地区。1959 年 1 月 1 日，菲德尔·卡斯特罗和劳尔·卡斯特罗指挥的起义军占领了东部省会圣地亚哥。哈瓦那工人、学生举行总罢工和武装起义，起义军于 1 月 2 日胜利进入哈瓦那，占领了总统府。在这前一天，巴蒂斯塔仓皇逃离古巴，前往多米尼加共和国。最终，古巴人民取得革命战争的胜利，结束了美国对古巴长达半个多世纪的殖民统治。

保卫古巴共和国的斗争

1959 年 1 月 2 日，古巴建立了以"7·26 运动"为核心力量的革命临时政府，自由资产阶级的代表乌鲁蒂亚任临时总统，菲德尔·卡斯特罗任总理兼武装部队总司令。2 月，由于临时政府没有通过革命者拟定的法律，革命力量迫使乌鲁蒂亚下台，由菲德尔·卡斯特罗担任革命政府总理，多尔蒂科斯任总统。革命政府依然是以菲德尔·卡斯特罗为领导的"7·26 运动"革命力量为核心的政权，同时包括了不同倾向的反对巴蒂斯塔的各党派。

起初，美国对于古巴新政权采取的是观望的态度。巴蒂斯塔的反动统治过于残暴，激起了极大的民愤，这种统治已经严重威胁到了美国在古巴的利益，因此当革命者夺取政权后，艾森豪威尔政府宣布承认古巴临时政府。1959 年 4 月，卡斯特罗以私人身份对美国进行访问，美国试图以此来拉拢古巴新政府，希望可以保持自己在古巴国内的特殊地位。但是卡斯特罗政府继续坚持自己的民族主义立场，意图摆脱美国对古巴的控制。古巴革命政府实施了一系列改革，解散了巴蒂斯塔的各级政府，对军队和警察进行改组，采取一些措施扩大社会民主，建立了新的革命秩序。1959 年 5 月 17 日，新政权实行土地改革，颁布了新的土地改革法，废除封建大庄园制。10 月，新政权颁布了石油法和矿业法，宣布没收美国垄断资本收归国有。古巴实行反对帝国主义干涉、维护国家独立的政策，奉行独立的外交政策，也同社会主义国家发展关系。1960 年 5 月 8 日，古巴与苏联建交。

　　古巴政府的这些政策遭到了美国的强烈反对，双方的关系迅速恶化。1960 年 5 月，美国宣布停止对古巴的援助，停止从古巴进口商品。1960 年 10 月 19 日，美国宣布对古巴全面禁运。10 月 25 日，古巴宣布没收美国在古巴的财产。同年 8 月 28 日，美国策划举行了美洲国家组织外长会议，会上通过《圣约瑟宣言》，再次运用门罗主义干涉古巴内政。针对美国对古巴的干涉，古巴政府于 9 月 2 日在哈瓦那举行了百万人参加的大会，通过了《哈瓦那宣言》，强烈谴责美国对古巴、拉丁美洲国家的干涉。1961 年 1 月，美国宣布与古巴断交。4 月 3 日，美国国务院发表了题为《古巴》的白皮书，要求古巴与国际共产主义运动断绝联系。这是美国公开向古巴发出的干涉信号。4 月 16 日，卡斯特罗在群众集会上宣称古巴革命是"一场社会主义革命"。

　　为了颠覆古巴新政权，从 1960 年开始，美国开始在美国的佛罗里达州和多米尼加、危地马拉、洪都拉斯纠集古巴流亡分子，准备实施登陆古巴、推翻古巴新政权的计划。1961 年 4 月 4 日，在经过一系列准备后，美国政府批准了代号为"冥王星"的战役计划。

　　1961 年 4 月 15 日，伪装成古巴飞机的美军 B26 飞机侵入古巴，妄图一举摧毁古巴的空军力量，美军的这次袭击没有得逞。4 月 17 日，一支由 1600 人组成的雇佣军在美国军官的指挥下从危地马拉出发，在美国飞机和军舰的掩护下，在古巴中部拉斯维利亚斯省南部吉隆滩和长滩等地登陆。雇佣军占领了这两个地方，并继续向北推进。古巴军民与入侵的美国雇佣军展开了激烈的战斗。经过 72 个小时的战斗，古巴军民击溃了占领吉隆滩的雇佣军。4 月 20 日，古巴宣布美国雇佣军全部被消灭。在这场战斗中，有 90 多名雇佣军被击毙，其余 1000 多人被俘。这就是震惊世界的吉隆滩之战，美国

庆祝猪湾战斗胜利的古巴革命军
猪湾事件是美国首次在拉丁美洲试图推翻敌对政府的失败行动。

称之为"猪湾事件"。

1961 年 5 月 1 日，卡斯特罗正式宣布古巴是社会主义国家。同年 7 月，"7·26 运动"与人民社会党、"3·13 革命指导委员会"合并成古巴革命统一组织，后又改名为古巴社会主义革命统一党。1965 年，古巴社会主义革命统一党改名为古巴共产党。古巴革命战争的胜利，为古巴的历史翻开了新的一页。

巴拿马人民收复巴拿马运河主权的斗争

巴拿马运河位于中美洲的巴拿马，横穿巴拿马地峡，连接大西洋和太平洋，是重要的国际航运要道，有着十分重要的战略地位。1903 年，美国通过迫使才独立不久的巴拿马签署条约，取得了运河的永久租借权，占领了运河区。美国将运河区变成了巴拿马的"国中之国"，升美国国旗，实行美国法律，由美国任命的总督负责管辖，实行殖民统治。美国还在这里建造了军事基地及各类军事学校。美国每年付给巴拿马的"租金"只占到了运河船只通过费的 1%。

巴拿马人民为收回运河主权，曾进行了艰苦不懈的斗争。1936 年，美国被迫修改条约，不断增加租金。1959 年，受古巴革命的影响，巴拿马爆发了

两次大规模的示威游行活动，要求从美国人手中收回运河区主权。1961 年 11
月，巴拿马议会通过了一项决议，要求签订新的美巴条约，提出收回运河主权，
公平分配运河收入，在运河区悬挂巴拿马国旗，限期接管运河等 13 项要求。

　　1963 年 1 月，美巴举行会议并达成协议，美国同意在运河区悬挂两国的
国旗，但是美国却没有认真履行协议。1964 年初，运河区当局接连几天在各
学校门前只挂上美国国旗，这个举措激起了巴拿马人民的愤怒。1 月 9 日，一
名巴拿马学生为了维护国家主权和民族尊严，在运河区升起了巴拿马国旗，结
果被美军枪杀。10 日，3 万多巴拿马人在运河区进行示威游行，愤怒的民众高
喊反美口号。美军对此进行了血腥镇压，有 400 多人在冲突中伤亡。愤怒的民
众随即攻击了美国使馆，焚烧美国新闻机构，形成了大规模的反美高潮。同日，
巴拿马政府宣布与美国断绝外交关系，废除《运河条约》。巴拿马各地纷纷举
行罢工、罢市、罢课，抗议美国的暴行。12 日，巴拿马 10 万多人为在冲突中
英勇献身的爱国青年举行隆重葬礼。巴拿马人民的正义斗争得到全世界人民尤
其是亚非拉各国人民的同情和支持。在此形势下，美国被迫同意与巴拿马就新
运河条约进行谈判。

　　1967 年 6 月，美国和巴拿马经过商议后制定了三项新条约，条约虽然明
确表示将废除 1903 年的条约，但是没有触及美国在巴拿马的根本利益，因此
遭到了巴拿马人民的强烈反对。1968 年 10 月，巴拿马国民警卫队司令奥马
尔·托里霍斯上台执政，他有着强烈的民族主义倾向。在人民的支持下，托里
霍斯领导了新一轮的收回运河主权的斗争。1970 年 9 月，巴拿马最终拒绝了
1967 年的美巴条约草案。1971 年 10 月，巴拿马再次爆发了大规模的群众性反

奥马尔·托里霍斯
巴拿马政治家、军人、巴拿马民主革命党
创始人。

美运动。1973 年 3 月，联合国安理会特别会议在巴拿马城举行，会议上一些拉美国家以及第三世界国家表达了支持巴拿马人民收回运河区的正义斗争。在此形势下，美国只好同意"迅速结束"自己对运河区的管辖权。

　　1974 年 2 月 7 日，美巴发表联合声明，颁布了作为新运河条约谈判基础的八项原则。此后，双方又经过 3 年多时断时续、艰难曲折的谈判，1977 年 8 月 10 日，美巴双方就新运河条约达成了协议。9 月 7 日，在华盛顿美洲国家组织总部，美国总统卡特与托里霍斯签订了新的《巴拿马运河条约》和《关于巴拿马运河永久中立和营运条约》。新条约于 1979 年 10 月 1 日生效。它规定废除 1903 年的美巴条约和后来的修正条约及一切与运河有关的协定、换文等文件。新条约规定巴拿马可以逐步参与到运河管理、保护及防务工作；由两国政府官员组成的委员会负责管理运河的日常营运；运河区内的海关和移民、邮政、司法等管理事务由巴拿马负责。新条约于 1999 年 12 月 31 日期满后，巴拿马将全部收回对运河区的主权和管辖权。

美苏争霸的第一阶段

　　20 世纪 50 年代中期至 60 年代初，是美苏争霸的第一阶段，双方关系既有缓和的一面又有紧张的一面。在缓和方面，苏联主动与西方合作签订对奥和约，与联邦德国建立外交关系，并出访了美国。在冲突方面，苏联修筑"柏林墙"，引起第二次柏林危机。古巴导弹危机的爆发，加剧了美苏关系的紧张。

美苏关系的缓和与争夺——《奥地利国家条约》的签订

　　二战后，苏联面临的首要任务是迅速医治战争带来的创伤，恢复国民经济。

在对外战略上，苏联的基本目标是反对美国的霸权政策，抵制美国的扩张行动。在这一时期，美苏关系处于全面"冷战"的状态下。1953 年 3 月，斯大林逝世，美苏之间的关系开始出现了一些微妙的变化。

斯大林逝世
1953 年 3 月 5 日，斯大林因脑溢血在莫斯科病逝，享年 74 岁。

　　美国总统艾森豪威尔提出了"和平取胜战略"，希望通过对话谈判逐步使苏联"软化"。这一时期的苏联也开始逐步改变斯大林时期的对外战略，对外交政策进行一系列调整。1953 年 9 月，赫鲁晓夫出任苏共中央第一书记，提出了一整套争取与美国平起平坐、实现苏美合作、共同主宰世界的基本战略目标。1956 年 2 月，苏共召开二十大，确立了这一战略目标，并在理论上进行了系统化。赫鲁晓夫认为，苏、美两国是世界上最强大的国家，如果为了和平联合起来，那么也就不会有战争了。总之，赫鲁晓夫所追求的目标是与美国平起平坐，使美国承认苏联有能力获得与美国同等的权利。
　　赫鲁晓夫之所以提出这一战略目标，与当时世界形势的变化有着密切的联系。当时世界范围内的国际力量对比已经出现了重大的变化。亚非拉各国的民族解放运动蓬勃发展，沉重地打击了欧美帝国主义，美国称霸世界的意图接连遭到挫折，苏联正好可以利用这一局势的变化获益。此外，战后苏联国民经济得到迅速恢复和发展，国力大大增强，为了适应新的国际形势，苏联有必要实行新的外交政策，尤其是在全世界，唯有苏联有资格争取与美国"平起平坐"。1953 年 8 月，苏联研制的氢弹成功爆炸，终结了美国的核垄断地位，这使得苏联在关于裁军、欧洲各国的问题方面占据上风。赫鲁晓夫寻求"苏美合作"，使苏联与美国平起平坐的战略，在一定程度上反映了赫鲁晓夫领导集团不断膨

时任苏联最高领导人赫鲁晓夫（中）

胀的野心，同时却又力不从心的矛盾情况。

这一战略目标的提出，从一个侧面反映了二战后苏、美两国力量对比的消长。随着苏联经济和军事实力的进一步增强和美国实力的相对削弱，苏美争夺世界霸权的斗争便愈演愈烈。

1953 年朝鲜战争宣布停战和 1954 年在日内瓦通过的关于印度支那问题的决议，成为苏美关系缓和的开端，而缔结奥地利和约则是东西方关系缓和的一次重要突破。

第二次世界大战结束后，奥地利被苏、美、英、法军队占领，被划分为四个占领区。在首都维也纳，占领区的划分以城区为界，轮流管理内政。战后由于"冷战"兴起，德国分裂，欧美大国有意阻止签订对奥和约。美、英、法三国在苏联没有参加的情况下，于 1952 年 3 月初步拟定了"简要条约"，导致奥地利的问题迟迟无法得到解决。

1954 年初，苏、美、英、法四国外长在柏林举行会议，苏联提出了一个对奥和约建议，并声明：苏联支持立即缔结对奥和约，条件是奥地利需承担义务，不加入军事集团，不允许其他国家在奥地利建立军事基地。美、英、法三国同意撤除"简要条约"，但是拒绝接受苏联提出的关于对奥和约的建议。然而，苏联在会议上提出的关于对奥和约的声明，却在奥地利国内引起了强烈的反应。

1955 年 2 月，苏联政府邀请奥地利前往莫斯科商讨关于缔结和约的问题。1955 年 4 月 12 日至 15 日，苏联、奥地利两国就缔结和约进行了会谈。在会谈中，奥地利接受了苏联的建议，保证奥地利国家中立化。苏联则表示无偿地签订对奥地利国家和约，并撤离在奥地利的苏联军队，表示不必等到缔结对德和约，四国军队就有可能撤离奥地利。苏联的这一策略改变了斯大林时期坚持应该在解决德国问题以后签订奥地利国家条约的立场。苏联、奥地利两国谈判结束后，苏联呼吁召开会议，商讨缔结对奥地利国家条约的问题。

矗立在奥地利维也纳的苏联红军英雄纪念碑
苏联红军英雄纪念碑建于1945年，主要纪念在第二次世界大战维也纳攻势中牺牲的苏联红军。

　　1955年5月15日，苏、美、英、法、奥五国外长在维也纳签订了对奥地利国家条约，正式名称为《重建独立和民主奥地利的国家条约》（简称《奥地利国家条约》）。条约于同年7月27日生效。条约规定：按1938年1月1日的状况恢复奥地利的战前边界；承认奥地利为一个拥有主权、独立和民主的国家；各缔约国尊重奥地利的独立和领土完整；禁止奥地利与德国合并或建立任何形式的政治和经济同盟；奥地利应该组建民主政府，不得拥有、制造和试验核武器及条约中规定的其他武器；盟国对奥地利的管制自条约生效之日起废止，各缔约国在条约生效后90天内，至迟于1955年12月31日撤出各自的军队。1955年10月26日，奥地利国会通过关于中立的宪法，宣布奥地利永久中立，不参加任何形式的军事同盟，也不允许别国在奥地利建造军事基地。《奥地利国家条约》的签订，结束了美苏英法四国对奥地利的占领，使奥地利成为一个中立国家。二战后遗留的一大问题得了解决，对缓和欧洲局势起到了积极的作用。对奥地利而言，缔结条约给它带来了长久的和平和稳定，促进了国家政治、经济等各方面的发展。

　　此外，苏联在缔结奥地利国家条约中获得1.5亿美元的经济补偿。苏联当时还期望，在奥地利取得中立后，联邦德国和欧洲的一些国家也会纷纷效仿，这样一来，欧洲的政治局势就会朝着苏联所希望的方向发展。《奥地利国家条约》生效后，冰岛等一些北大西洋公约组织的成员国表示希望仿效奥地利，脱离北约，实行中立。冰岛等国如果实现中立，必然会威胁到北约的继续存在。为了维持北大西洋联盟，美国对这些国家施加压力，才使得它们中立的愿望没能实现。

对西方而言，缔结《奥地利国家条约》，证明了苏联新领导人对西方态度的改变，也是西方对苏采取遏制政策产生的结果。在缔结《奥地利国家条约》后，苏联与美、英、法三国就举行首脑会议达成了协议。

四国首脑会议和苏联与联邦德国建交

1955 年 7 月 18 日，苏、美、英、法四国首脑会议在瑞士日内瓦举行。这是自 1945 年波茨坦会议以来的第一次四国最高会议。美国总统艾森豪威尔、英国首相艾登、法国总理富尔、苏共中央第一书记赫鲁晓夫和苏联部长会议主席布尔加宁出席了会议。会议讨论的议程有：德国问题、欧洲安全和裁军、促进东西方之间的接触等。在讨论议程时，苏联曾提出了关于结束冷战和加强各国之间的信任问题，关于中立政策问题和亚洲与远东问题等。但是美、英、法拒绝了苏联的提议，上述问题未能列入议程。美国则试图将所谓的东欧国家和国际共产主义问题加入议程，同样因苏联的反对未能得逞。

在会议中，双方都将德国与欧洲安全问题联系在一起。苏联认为，根据德国当前存在着的两种社会制度，在实现统一之前，可以成为两个有着平等权利

1955 年在日内瓦召开的四国首脑会议拍摄现场
左起：苏联部长会议主席布尔加宁、美国总统艾森豪威尔、法国总理埃德加·富尔、英国首相安东尼·艾登。

的国家。苏联还提出了建立欧洲安全体系的计划，计划分两个阶段来实现，在第一阶段维持欧洲两大集团的存在，两个德国可以分别加入两个集团，并且双方签订协议，保证只能通过和平方式来解决彼此的矛盾和争端。在第二阶段取消两大集团，建立欧洲安全体系，美国可以加入欧洲安全体系。苏联提出这个方案，表明它已经放弃了统一德国的主张，转而承认可以同时存在两个德国。在德国和欧洲安全问题上，美、英在会上提出了通过"自由选举"实现德国统一，保障欧洲安全的主张，意在兼并民主德国，根据联邦德国的社会制度实现德国的统一。

关于裁军问题，美国总统艾森豪威尔提出了"开放天空"的建议，包括美苏两国间互换军事地图，同意对方的飞机进行拍照，以此来获得国家之间的信任，作为缔结裁军协议的先决条件。赫鲁晓夫拒绝了这个计划，认为这个计划只不过是美国针对苏联的一个赤裸裸的间谍阴谋。当时苏联正在积极发展核技术，如果"开放天空"，那么美国就可以探清苏联的核计划发展情况，这无疑对苏联是不利的。四国首脑会议持续到了23日，但因出现意见分歧而宣布在同年10月举行外长会议继续就上述问题进行谈判。此外，会议没有达成任何协议。10月27日至11月16日，根据四国首脑会议的计划安排，四国外长在日内瓦召开会议。尽管苏联在会议上已做出让步，但是美、英、法三国依然拒绝达成协议，日内瓦会议也未能达成任何协议。四国首脑会议是二战后东西方首脑首次召开会议讨论问题，虽然在会议上没有达成协议，但对缓和世界局势尤其是欧洲局势有着一定的积极作用。

1955年6月7日，在召开四国首脑会议之前，苏联曾向联邦德国政府发出邀请，邀请阿登纳总理对苏联进行访问，商谈实现苏联和联邦德国之间的"关系正常化"问题。

苏联政府对联邦德国政府的这个照会，表明苏联在国际法上已经承认了联邦德国政府。对于苏联发出的邀请，联邦德国曾表示出了犹豫，它担心自己如果接受邀请会动摇西方国家对自己的信任，但是最后联邦德国还是接受了苏联的邀请，对其进行访问。联邦德国之所以接受苏联的邀请，是因为它对与苏联建立正常关系有着极大的兴趣。对联邦德国而言，苏联是当代的两个世界大国之一，同时又是战胜国和占领国之一，与苏联进行合作对于统一德国和缔结和约有着极其重要的影响。当时德国有大量的战俘以及其他被押人员在苏联人手中，为了能够使这些人获得自由，就必须与苏联建立关系。此外，联邦德国可以通过与苏联建立直接关系，提高自己在其他国家关系中的政治力量。尤其是当时的苏联正努力调整与西方国家的外交关系，美、英、法也有意与苏联进行谈判，联邦德国政府为了保持自己的地位，也就不能忽视与苏联的关系。在这种情况下，联邦德国政府于 1955 年 6 月 30 日照会苏联，表示接受苏联政府的邀请。在访问苏联之前，为了让西方盟国放心，联邦德国总理阿登纳曾前往华盛顿与艾森豪威尔和杜勒斯进行会晤并作出保证，称联邦政府一如既往地信守与各国订立的条约。

　　1955 年 9 月 8 日，阿登纳对苏联进行访问，与苏联领导人进行了建交谈判。经过数天的艰苦会谈，两国决定建立大使级的外交关系。苏联承诺在建交之后一周释放德国战犯。9 月 13 日，苏联与联邦德国签署了建立外交关系的换文，双方同意互派特命全权大使级外交代表，联邦德国在给苏联的换文中强调，"两国的建交将会促成整个德国问题的解决，从而有助于解决德国人民的全民族的主要问题——恢复德意志民主国家的统一。"9 月 14 日，阿登纳回国之前，曾致函布尔加宁，宣称德意志联邦共和国是代表全体德国人民的，并表示德国的东部边界不是最终的边界。联邦德国政府与苏联建交，并不意味着承认与苏联早就建立外交关系的民主德国。今后出现第三国承认民主德国，那么联邦德国将会把这种承认看作是不友好的行为，并将会与该国断绝外交关系。当时联邦德国外交部国务秘书哈尔斯坦是最初提出这一主张的，后人于是将这一政策称为"哈尔斯坦主义"。对此，塔斯社于 9 月 16 日发表声明指出，苏联政府将德意志联邦共和国看作是德国的一部分，德国的另一部分是德意志民主共和国，并指出德国的边界已由波茨坦协定解决了。联邦德国在其主权范围内的领土上实行自己的管辖权。苏联不同意阿登纳提出的联邦德国"有权

处于社会主义阵营的民主德国

图为民主德国的执政党——德国统一社会党第六次全国代表大会。

代表整个德国人民发言"的主张。9月20日，阿登纳在与苏联建交谈判后不久，苏联又与民主德国签订了两国关系条约——《关于苏维埃社会主义共和国联盟和德意志民主共和国之间的关系的条约》。《条约》再次强调苏联和民主德国之间的关系是建立在完全平等、互相尊重主权和不干涉内政的基础之上的。这个条约表明，民主德国是一个主权国家。《条约》还规定，民主德国同意苏联军队继续在其境内驻军，目的是协助东西德之间通过谈判，和平解决德国问题。

苏联通过这些举措，总体上完成了对两个德国的外交部署，迫使联邦德国放弃统一德国的主张，为德国的分裂提供了合法的依据。联邦德国通过与苏联的会谈，不仅打开了通往东方的大门，与苏联缓和了关系，减轻了大国压力，还提高了联邦德国在国际上的地位。但是苏联通过这场会谈获得了更多的利益。首先，这场会谈结束后，两个德国的存在有了合法依据，民主德国作为一个主权国家的客观现实让西方各国无法回避；其次，苏联通过与联邦德国建立外交关系，获取联邦德国的资金、技术，从而改善苏联的经济状况；最后，这次会谈使苏联在国际社会上的形象得到了极大的改善，使苏联的"和平攻势"得到了进一步发展。

第二次柏林危机

赫鲁晓夫上台后追求与美国平起平坐的地位，试图通过美苏首脑会晤来实现苏美之间的合作，实现共同主宰世界的战略目标。然而艾森豪威尔政府对苏联的这个想法不予理睬。在此情况下，苏联在国际上尤其在欧洲向美国发起了新一轮的外交攻势，在德国和柏林问题上向美国施加压力，从而导致了一场新的柏林危机。

1949年柏林分为东西两部分之后，美、英、法三国占领西柏林，使它成为西方进行间谍活动的前沿阵地。美、英、法和联邦德国政府利用西柏林特殊的地理位置，不断对民主德国和东欧国家进行渗透。西柏林成为东西方冷战的"前哨"。因此，苏联想方设法想要除掉西柏林这个肉中刺。

1958年10月27日，民主德国领导人乌布利希指出整个柏林位于民主德国领土上，"属于民主德国的主权范围"，称西方国家没有权利在柏林驻军。11月10日，赫鲁晓夫宣布苏联计划将由苏联机构执行的管理柏林的职权移交给独立自主的德意志民主共和国，并于 27 日向美、英、法三国发出照会，要求美、英、法在 6 个月内撤出它们在西柏林的驻军，使柏林成为一个非军事化的"自由城市"。苏联的目的是在德国已不可能实现民主统一的情况下使德国分裂成为既定事实，迫使美、英、法三国承认民主德国的地位。美、英、法三国对苏联照会的反应十分强烈，拒绝了从西柏林撤军的要求，并声称苏联如果封锁前往西柏林的通道，那么它们将不惜诉诸武力。形势一度变得十分紧张，出现了战后第二次柏林危机。

面对美、英、法的强硬态度，苏联放低了调子，声称 6 个月期限并不是最后通牒，并希望各国间进行互访和举行首脑会议，寻求解决问题的途径，改善东西方之间关系。美国表示如果苏联取消 6 个月期限的最后通牒，并与西方各国先行举行外长会议，美、英、法三国同意与苏联召开四国首脑会议，商讨如何解决柏林问题。苏联接受了美国的这个提议。但是由于西方国家没有制定统一的政策以及东西国家之间在柏林问题上的尖锐分歧，首脑会议迟迟没有召开。

戴维营会谈

1959 年 5 月 11 日，苏、美、英、法四国外长在瑞士日内瓦召开会议，民主德国和联邦德国以观察员身份出席了这次会议。这次会议虽然没有达成任何协议，然而这次会议一直被认为是西方国家对苏联作出的妥协。

但是美国对此有着更远的考虑。美国总统艾森豪威尔了解到赫鲁晓夫想对美国进行访问，认为这是一个打破美苏僵局、软化苏联的绝佳时机，于是决定邀请赫鲁晓夫访问美国。据赫鲁晓夫自己回忆，当收到艾森豪威尔的邀请信时，*"我简直不能相信我的眼睛"*，看来美国已经把苏联当作平等伙伴了，*"我们最后迫使美国承认了与我们建立更密切关系的重要性"*。1959 年 8 月 3 日，美苏经过协商后同时宣布，艾森豪威尔邀请苏联部长会议主席赫鲁晓夫在 9 月访问美国。赫鲁晓夫邀请艾森豪威尔秋后到苏联回访。

1959 年 9 月 15 日至 27 日，赫鲁晓夫前往美国进行访问。为了给赫鲁晓夫壮行，9 月 12 日，在他访美前 3 天，苏联发射了一颗地球卫星。苏联代表团抵达华盛顿时，艾森豪威尔亲自去迎接，这让赫鲁晓夫有些受宠若惊。苏联代表团在美期间，参观了纽约、洛杉矶、旧金山等地，最后在艾森豪威尔的陪同下前往马里兰州的总统疗养地戴维营，与艾森豪威尔进行了两天会谈。双方

关于中东问题的《戴维营协议》的签字仪式

就美苏关系、德国和柏林问题表达了自己的立场，谁都不愿意做出实质性的让步。赫鲁晓夫与艾森豪威尔还讨论了裁军问题、禁止试验核武器等问题，但均未达成任何协议。但是，双方在结束会谈后发表公报，宣布双方在柏林地位和德国问题上恢复谈判，在国际争端中不诉诸武力。苏联还正式邀请艾森豪威尔总统在 1960 年春后访问苏联。

艾森豪威尔邀请赫鲁晓夫访问美国，实际上是将苏联放在了与美国同等的地位。赫鲁晓夫成为首位访问美国的苏联最高领导人，这次美国之行虽然没有达成什么实际成果，但是赫鲁晓夫认为，"通过戴维营会谈，不管我们是否签订了任何具体协议，我们两国间的关系已经发生了变化"。

艾森豪威尔原定于在出席四国首脑会议以后，于 1960 年 6 月对苏联进行国事访问。但在 1960 年 5 月 1 日，美国一架 U-2 高空间谍侦察飞机入侵苏联领空并被苏联导弹击落。虽然出现这样的事件，赫鲁晓夫仍希望美、苏、英、法四国首脑会议能如期举行。5 月 16 日，四国首脑会议在巴黎召开。赫鲁晓夫要求艾森豪威尔就间谍飞机事件公开道歉，但遭到拒绝，赫鲁晓夫于是退出了会议，会谈还没开始就宣告流产。不久，赫鲁晓夫宣布取消艾森豪威尔访问苏联的计划。就这样，被赫鲁晓夫称作是国际关系新纪元的"戴维营精神"不出一年就烟消云散，美苏关系再次跌入了低谷，进入了冷战僵持时期。

肯尼迪的外交策略

　　1961 年 1 月 20 日，民主党人约翰·肯尼迪在 1960 年大选中获胜，当选美国第 35 任总统。肯尼迪在竞选过程中，猛烈抨击了艾森豪威尔政府的外交政策。他指责艾森豪威尔政府的"解放战略"没有"遏制"共产主义的发展，与第三世界国家关系交恶，同时还批评了共和党政府没有重视国防，导致苏联在战略核武器方面超过了美国。肯尼迪指出艾森豪威尔政府在"冷战"中不断处于下风，宣称必须对美国的外交政策进行改革。为了扭转美国当前的颓势，肯尼迪上台之后提出了"一手抓箭，一手抓橄榄枝"的"和平战略"。此外，肯尼迪政府还提出了针对非洲的"新非洲"政策，以及拉丁美洲的"争取进步联盟"和西欧的"宏伟计划"等。

　　肯尼迪的"和平战略"与杜鲁门的"遏制战略"和艾森豪威尔的"解放战略"基本上是一脉相承的，其差别只不过是强调达到战略目的的途径和方式。肯尼迪主张灵活采用和平和武力手段称霸世界，并将目标首先对准了社会主义国家。由于美苏实力对比的变化，美国处于不利地位，肯尼迪于是制定了"灵活反应"战略，通过加强军事实力为基础，稳定美国局势，与苏联进行全面争夺，尤其是对东欧各国的争夺，通过"和平演变"将东欧国家纳入欧洲自由世界的范围，确立美国在世界的霸主地位。肯尼迪政府在总结了以往对社会主义国家的遏制战略无助于和平演变的教训，主张有步骤地、慎重地制订计划，通

美国第 35 任总统约翰·肯尼迪
约翰·肯尼迪的外交政策奉行"不对有可能会伤害美国的那些国家的武装力量进行支持和帮助，不提供武器给共产主义国家，不提供核武器给中东国家"。

肯尼迪遇刺
图为肯尼迪遇刺之前和妻子杰奎琳坐
在敞篷车内。

过援助、贸易、旅行、科技与文化交流，削弱东欧等社会主义国家对苏联的依
附，并在可能出现的裂缝中培养自由的种子。

肯尼迪批判前任政府针对第三世界的政策过于空泛而未取得实际进展，明
确表示要改进美国的经济工具，实行更有力的政策。肯尼迪实行"和平战略"，
试图通过"粮食用于和平"计划、"攀亲戚"运动、派遣"和平队"等手段，
使新兴的民族独立国家向美国靠拢，将其纳入美国的战略轨道中来。

肯尼迪提出了以"灵活反应战略"替代艾森豪威尔的运用核威慑力量与抗
衡的大规模报复战略，通过加强美国的军事力量推进其在全球的扩张。肯尼迪
主张既准备进行有限核战争，同时也准备进行常规战争和特种战争，灵活应对
苏联的威胁。

肯尼迪在任期内对一些第三世界国家和地区采取了军事干涉行动。古巴独
立后，美国担心古巴成为共产主义国家，于是对古巴实施武装干涉，支持古巴
流亡分子侵入古巴。1961 年 4 月 17 日，1400 多名经过美国训练的古巴流亡分
子在美国的支持下武装起来，在美国飞机的掩护下对古巴南海岸的吉隆滩发动
登陆行动，在 3 天内就被古巴军民全部击溃。美国对古巴的第一场间接武装入
侵遭遇失败。就在肯尼迪政府策动入侵古巴吉隆滩失败后，赫鲁晓夫借机向美
国提议举行双方首脑会议，试图摸清肯尼迪的外交政策，并向肯尼迪政府施加
压力。肯尼迪接受了赫鲁晓夫的提议，希望通过会谈的机会挽回美国在猪湾事
件中失去的威信。

1963 年 11 月 22 日，肯尼迪遇刺身亡，约翰逊继任美国总统。约翰逊几乎
沿袭了肯尼迪的外交政策，没有进行大规模的调整。然而不论是肯尼迪或是约
翰逊，都犯了同一个错误，即他们都忽视了国际政治格局的变化，高估了美国

的实力，试图通过遏制"共产主义"，使美国实现全球扩张的计划。这个错误导致美国陷入侵越战争，消耗了大量人力、物力、财力；导致在疯狂的军备竞赛中削弱了力量，动摇了战后美国外交政策的基石——杜鲁门主义。

第三次柏林危机

1961 年 6 月 3 日至 4 日，肯尼迪和赫鲁晓夫在维也纳进行了会谈。会谈的议题主要有美苏双边关系、裁军、禁止核试验条约、柏林以及老挝问题等。柏林问题则是双方讨论的焦点所在。赫鲁晓夫在会谈中再次提出了在 1958 年提出的要求，即使柏林成为一个自由城市，美、英、法三国从柏林撤军。西方国家如果拒绝这个要求，那么苏联将独自与民主德国交好，到时候西方国家如果想进入西柏林都要获得民主德国的允许。肯尼迪坚决拒绝了赫鲁晓夫提出的要求，双方没能达成协议。这次会谈的结果促使柏林出现了新的危机。

赫鲁晓夫在维也纳会议上再次提出柏林问题的目的，是迫使美、英、法等国承认民主德国，使德国的分裂成为国际社会公认的事实。而其直接目的则是除掉西柏林这个眼中钉。自从柏林爆发第二次危机以后，东柏林人心惶惶，1960 年离开民主德国的人数达到了 15 多万人。据估计，从二战结束后到 1961 年夏天，有超过 200 万人离开了东柏林，其中大部分是技术人员。与此同时，西柏林逐渐成了西方大国反对苏联以及共产主义的宣传和间谍中心。

在维也纳会谈结束后，苏联政府下决心与美国在西柏林问题上进行一番较量。1961 年 7 月初，赫鲁晓夫就柏林问题发表强硬声明，并为此采取了一系

柏林墙
柏林墙始建于 1961 年 8 月 31 日，全长 155 千米，是德国分裂的象征。

列措施，暂时停止苏联的裁军计划，并增加了 1/3 国防预算。面对苏联的行动，刚上任的肯尼迪政府迅速作出反应。美国将西柏林看作是美国对抗苏联的前沿阵地，因此绝不容许西柏林落入苏联人的手中。肯尼迪要求美国国会追加 30 多亿美元的国防预算，征召部分后备役人员及国民警卫队，加强驻德美军的作战能力，改善其战略地位，增强导弹力量等。美国的政策得到了英、法的支持。一时间美国与苏联之间的关系剑拔弩张，此时出现了联邦德国人进入西柏林的高潮，紧张的局势不断加剧，持续近三年的柏林危机逐渐进入高潮阶段。

　　1961 年 8 月 13 日，苏联和民主德国封锁了东、西柏林之间的边界，并从 15 日开始沿着东、西柏林的分界线拉起铁丝网，筑起一堵高 3.6 米的水泥墙，即"柏林墙"。西柏林居民被禁止进入东柏林。西柏林居民如果想进入东柏林，需要在边境站接受检查，同时还需要办理入境手续。美国及其西方盟国对苏联这个行动措手不及，对此提出了强烈抗议，双方进入了战备状态，进行军事演习。与此同时，双方为了避免直接的军事冲突，努力寻求外交途径缓解紧张局势。9 月 21 日，美苏外长举行会议，双方就柏林问题交换了意见，暂时缓解了紧张的局势。10 月 10 日，筑起柏林墙后，赫鲁晓夫在苏联共产党第 22 次代表大会上宣布取消要求美、英、法三国于 1961 年 12 月底之前撤离西柏林的期限。不久，赫鲁晓夫宣布停止对德国和西柏林问题的谈判。此后，美苏之间的关系逐渐趋于缓和。柏林危机的结束，是美苏两国间进行军事对抗以及妥协的结果，同时为之后的危机埋下了种子。

　　在第三次柏林危机出现后，美苏两国之间的核军备竞赛不断升温。在筑起"柏林墙"后的两个星期，苏联单方面撕毁了美苏两国为期 3 年的禁止核试验协议，进行了一系列核试验。在此情况下，美国虽然知道苏联只不过是在虚张声势，对美国不会形成真正的威胁，但是为了向苏联示威，美国在 9 月也恢复了核试验。美、苏两国再次掀起了军备竞赛高潮。

古巴导弹危机

　　1961 年猪湾事件后，古巴宣布与美国断交。1961 年 5 月卡斯特罗宣布古巴走上社会主义道路，苏联加紧改善与古巴之间的关系，在政治、经济和军事上给予古巴援助。苏联在古巴的行动让美国感到有些不安。

　　1962 年 8 月 31 日，美国 U-2 高空侦察机在古巴上空发现了古巴在建造近

肯尼迪宣布美国海军封锁古巴
1962 年 10 月 22 日，美国总统约翰·肯尼迪在电视上宣布美国海军封锁古巴。

程导弹发射场，同时发现有苏联船只运载导弹前往古巴。9 月 4 日，肯尼迪政府发表声明，对苏联对古巴的军事援助发出警告。苏联对此予以否认。9 月 11 日，苏联政府发表声明，否认苏联往古巴运送进攻性武器。但是在 10 月 14 日，U-2 侦察机发现了苏联在古巴修建中程与中远程导弹发射场的证据。

　　10 月 22 日晚，肯尼迪发表电视讲话，通报苏联在古巴建造中程导弹的消息，宣布对古巴实行海上封锁，以阻断古巴的武器运输线。肯尼迪指出，古巴建设的导弹基地对西半球的大多数城市构成威胁，同时对所有美洲国家的和平和安全构成了威胁。苏联在古巴的这种秘密的、带有挑衅性质的行为是美国完全不能接受的。美国将把从古巴向西半球任何国家发射核导弹看做是苏联对美国的袭击，为此美国将会进行全面报复。同时肯尼迪呼吁赫鲁晓夫"停止和取消对世界和平和我们两国稳定关系的这种秘密鲁莽并富有挑衅气味的威胁"，要求苏联放弃统治世界的霸权计划，结束危险的军备竞赛，立即从古巴撤走所有的导弹并保持克制。

　　10 月 24 日，根据肯尼迪的命令，90 艘美国军舰驶入加勒比海进行巡逻，对古巴形成严密的海上封锁。美国加强了设在古巴关塔那摩的海军基地的防备。载有核弹头的轰炸机在古巴上空盘旋，美国在世界各地的海、陆、空三军部队全部进入最高戒备状态，摆出了一副要对古巴采取行动的架势。一场前所未有的可能导致核战争的危机笼罩着美国和全世界。肯尼迪政府官员静待着苏联的反应。面对肯尼迪政府的封锁和战争威胁，就在核战争一触即发之际，赫鲁晓夫明白苏联在军事上仍处于劣势，于是只好后退。10 月 24 日，驶往古巴的苏联船只或是改变航线，或是停在远离古巴的海面上。苏联的这些行动表明美国的封锁行动起了作用。

古巴导弹危机
1962 年 10 月 25 日拍摄的古巴圣克里斯托瓦尔附近中程弹道导弹（MRBM）发射场 1 号的航拍照片。

　　从 10 月 26 日起，苏、美之间不断来往信件。27 日，赫鲁晓夫在给肯尼迪的信件中重申苏联无意为古巴提供武器，希望美国考虑苏联的安全和焦虑，撤离在苏联周围国家部署的导弹。肯尼迪对此作出回答，称如果苏联在联合国的观察和监督下把部署在古巴的武器系统撤出，并保证不再把它们运入古巴，美国同意"马上取消现在实施的隔离措施"，并"提供不进攻古巴的保证"。10 月 28 日，赫鲁晓夫在回信中被迫同意从古巴撤出苏联的导弹，但同时对美国飞机入侵苏联和古巴领空进行了谴责，表示愿意与肯尼迪交换意见缓和当前紧张的国际局势。美国达到了迫使苏联撤走导弹的目的，消除了对美国的军事威胁，美苏双方采取措施履行了自己的承诺，古巴导弹危机宣告结束。

　　古巴导弹危机是美、苏两国之间的一场博弈。这场危机不仅对美、苏关系，同时也对国际关系产生了深远的影响。在这起危机事件中，美、苏一度走到了爆发核战争的边缘，最终双方又达成妥协，从此美、苏之间开启了既对抗又对话，既斗争又妥协的阶段。苏联在危机事件中处于下风，它不甘心失败，于是全力发展核武器，导致苏美之间开启了新一轮的军备竞赛。

　　美国在这场危机中占据上风，使自己在国际上的威望得到了提高。但是，一些西方国家，尤其是法国和联邦德国，对于美国在未经北约协商的前提下采取制造危机的行动以及与苏联进行单方面外交交涉感到不满和忧虑。各国对美国的信任度开始下降，削弱了北约的作用。从这时起，西方国家认识到必须加强本国的力量，减弱对美国的依赖。法国在这起危机后开始发展自己的核力量，倡导属于欧洲人的欧洲。1964 年 1 月，法国宣布与中国建立外交关系，在一定程度上表明法国对美国的不信任。

动荡中的世界格局

二战后，美国推行全球扩张政策，苏联推行霸权主义和大国沙文主义，逐渐形成了美苏争霸的格局。从 20 世纪 50 年代末开始，两大阵营内部出现变化，战后美苏用以建立世界秩序的"雅尔塔体系"被美苏争霸所替代。美苏争霸的局面一直延续到了 20 世纪 80 年代末 90 年代初，国际局势长期处于动荡中。

社会主义阵营内部的纷争

在以苏联为首的社会主义阵营与以美国为首的资本主义阵营对峙期间，由于苏联在社会主义阵营内部实行霸权主义，资本主义阵营借机进行军事挑衅，并实行"和平演变"等政策，使社会主义阵营出现分化，导致波兹南事件、匈牙利十月事件等的爆发，动摇了社会主义阵营。

赫鲁晓夫的"秘密报告"

1956 年 2 月，在苏联共产党第 20 次代表大会上，赫鲁晓夫发表了《关于个人崇拜及其后果》的"秘密报告"，对斯大林进行了全面的批判和否定。赫鲁晓夫在这篇报告中集中揭露和谴责了对斯大林的个人崇拜所带来的严重后果，由此开启了苏联的去斯大林化和民主化进程。

会议结束后，苏联在各个领域相继开展了大规模批判斯大林的运动。

在政治方面，苏联停止了国内大规模的政治镇压，开始对斯大林时期的冤假错案进行平反，释放了大多数政治犯，大批集中营被取消。据估计，1956 年至 1957 年，有 800 多万人获得释放，近 600 万人在死后得到了平反。此外，苏联政府还为在卫国战争期间遭受迫害的车臣人、巴尔卡尔人、卡拉恰伊人、印古什人、卡尔梅克人等恢复名誉，允许他们从被流放的东部地区返回故乡，并重新建立他们的自治共和国或自治州。

在经济方面，苏联政府进行了一些改革和调整。1956 年初，苏联对 1935 年的《农业劳动组合章程》的一些条款进行了修改和补充，在集体农庄改行按月预付一部分现金报酬，并根据不同标准支付超额完成计划附加报酬的制度。

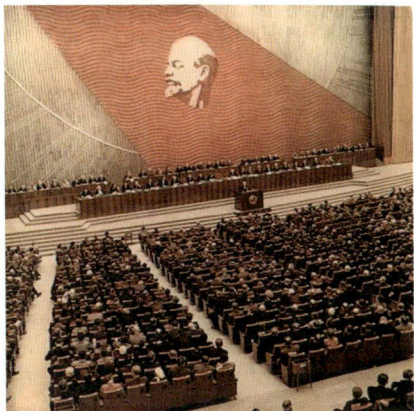

苏共二十大
在 1956 年召开的苏共二十大上，赫鲁晓夫对斯大林进行了全面批评和否定，这对苏联和整个社会主义阵营都产生了极大的影响。

1957 年春，苏联对工业和建筑业的管理体制进行了改组，由地区管理代替原来的部门管理。根据这个改组措施，10 个全联盟部、15 个联盟兼加盟共和国部及 113 个加盟共和国部被撤销。苏联被划分为 105 个新经济行政区，每个行政区设立国民经济委员会，代替原来的主管部，对工业和建筑业进行直接领导。经过这次工业改组，苏联中央仅保留了几个与国防有着紧密关系的工业部门。

　　苏共二十大报告及后来对斯大林的批判，引起了苏联全国及国际社会的强烈反响。在苏联国内，一部分人表示强烈拥护，一部分人则表示强烈反对。在国际社会，帝国主义国家及各国反动派借此机会掀起了一股反苏、反共、反社会主义的热潮。一些资本主义国家的共产党人惊慌失措，一部分人因为此事而选择退出共产党。与此同时，东欧社会主义国家的政局开始出现动荡，1956 年 6 月，波兰爆发了"波兹南事件"。同年 10 月，"匈牙利十月事件"爆发。而在苏共最高领导层内部，一些人对此也表示了自己的不安和忧虑，对赫鲁晓夫上台后的内外政策及其言行表示了不满。在这样的背景下，苏联领导层内部发生动荡，并于 1957 年发生了"反党集团事件"。

　　1957 年 6 月 18 日，莫洛托夫主持召开了苏联共产党中央主席团一次特别会议。会上马林科夫、卡冈诺维奇、莫洛托夫等人指责赫鲁晓夫在苏共中央独断专行，其"秘密报告"给苏联造成了严重的后果，其颁布的政策属于"托洛茨基主义和机会主义"，垦荒计划存在很大的冒险性，农业政策属于"右倾的农民路线"，等等。赫鲁晓夫极力为自己辩解，同时得到了米高扬、苏斯洛夫等人的支持。经过 3 天的讨论，主席团最后以 7∶4 的表决结果通过了由谢皮洛夫受托起草的决议，罢免赫鲁晓夫苏联第一书记职务，中央书记处进行改组。

赫鲁晓夫对这一决议表示抗议，拒绝服从，称只有中央全会才有权利罢免他，要求举行中央全会进行表决。在新任国防部长朱可夫的帮助下，赫鲁晓夫通过军用飞机将大多数中央委员接到了莫斯科。6 月 22 日，苏联中央委员会全体委员会召开，苏斯洛夫主持了这次会议。赫鲁晓夫在会上作了《关于党内形势》的报告，斥责莫洛托夫等人反对苏联政府的改革，并称他们对苏联在 20 世纪 30 年代发生的大清洗负有责任。随后，莫洛托夫在会上作了《关于苏联的国际地位》的报告，历数了赫鲁晓夫所犯下的错误。

　　大多数与会者支持赫鲁晓夫的报告，中央全会于 6 月 29 日通过了《关于马林科夫、卡冈诺维奇和莫洛托夫反党集团的决议》。决议谴责他们在苏共中央主席团内部组成的"反党集团"，在一切重要问题上反对党中央的路线，反对苏共二十大制定的反对个人崇拜的方针，走上了反党的派别斗争的道路。全会决定将马林科夫、卡冈诺维奇、莫洛托夫等人从中央主席团和中央委员会除名，同时罢免谢皮洛夫的中央书记等职务。随后，苏联最高苏维埃也作出决定，罢免马林科夫、卡冈诺维奇和莫洛托夫在苏联部长会议中担任的职务。

莫洛托夫
曾任苏联人民委员会主席

马林科夫
曾任苏联党和国家最高
领导人

卡冈诺维奇
曾任苏联部长会议第一副
主席

波兰波兹南事件

　　1956 年，赫鲁晓夫在苏共二十大的"秘密报告"在东欧各国引起强烈反响，各国相继引发了一系列风波，波兰波兹南事件是其中之一。1948 年后，波兰模仿苏联模式进行改革，结果在经济建设中出现了一些错误，损害了人民的利益，领导机关对群众的疾苦漠不关心，引起了群众的不满。

1956 年 3 月，波兰统一工人党中央总书记贝鲁特在莫斯科病逝，奥哈布在波兰党中央全会上当选为党中央第一书记。奥哈布就任后公开承认，波兰党中央在过去犯下了许多错误，宣布为 1948 年被批犯"右倾民族主义"错误而被撤职、逮捕的前党中央总书记哥穆尔卡恢复名誉，并实行大赦。广大群众强烈要求波兰进行改革。但是，波兰领导层出现了各种意见，没能及时制订出明确的改革纲领，长期积聚在人民内部的矛盾爆发了。

波兹南事件纪念碑

6 月 8 日，波兰西部城市波兹南的斯大林（采盖尔斯基）机车车辆制造厂工人要求减少税收和增加工资，并派代表团去当地市政府和华沙，向中央机械工业部请愿，但未能得到满意答复。为此，工人决定举行大罢工和上街游行示威。28 日清晨，斯大林机车车辆制造厂的 1.6 万多名工人举行罢工和游行示威，游行队伍向斯大林广场进发。沿途不少群众和其他工厂的工人纷纷加入游行队伍。此时，正值第 25 届波兹南国际博览会开幕，一些正在参加博览会的外国人也加入了游行队伍。游行队伍到达广场后，聚集了近 20 万人。示威群众高呼"我们要面包和自由""要哥穆尔卡""俄国佬滚回去"等口号。示威群众代表团要求当局接见并解决问题，但遭到拒绝。这时，人群中传出派往华沙的代表团被扣留的消息，群情哗然，一场和平示威游行活动顿时变成了骚乱。有人高喊"到监狱去""释放囚犯"等口号。部分示威者冲进机关部门和市委大楼、省委大楼、广播电台。另有部分示威者涌向监狱，打开监狱释放了里面的犯人。示威者还占领了检察院和法院，夺走了一些枪支，开始发动攻击。当局出动保安部队和坦克进行镇压，到 29 日早晨 4 时，骚乱才平息下来。这起事件造成 74 人死亡，上千人受伤，数百人遭到逮捕，大量设施在骚乱中损坏严重。

6 月 29 日，波兰总理西伦凯维兹发表广播讲话，宣称波兹南事件是"帝国主义代理人"和"国内地下分子"精心策划的挑衅行动。30 日，波兰政府采取一些缓和矛盾的措施：原机械工业部部长费德尔斯基被降职；将波兹南斯大林（采盖尔斯基）机车车辆制造厂征收的税款分期返还给该厂工人；为事件中的受难者举行安葬仪式，等等。在当局一系列的安抚措施下，骚乱最终平息。

7 月 18 日，波兰统一工人党召开七中全会，主要讨论波兹南事件后的国内政治、经济局势和党的主要任务。奥哈布作了关于波兹南事件的报告，尖锐地批评了波兰统一工人党和政府的工作，指出事件的"责任要归于中央和地方领导者的官僚主义和愚昧无知"，认为"波兹南事件是一个警告，它证明在党同人民各阶层之间的关系方面存在着重大的错误"。为此，奥哈布要求立即采取措施，改正过去工作中的错误。全会通过了相关的决议，认为波兹南事件的发生是因为工人要求提高生活水平的愿望没能实现而失望所导致的结果；但同时，又是暗藏的反革命分子在帝国主义势力的唆使下，利用工人的不满情绪，进行挑衅和煽动，使矛盾激化、事态扩大，试图夺取人民政权的行动。全会决定采取一系列措施，提高工人工资，改善人民的生活水平，扩大工人的民主权利，加强社会主义法治，实行政治民主化。会后，波兰统一工人党中央决定推举哥穆尔卡重新出任党的领导职务。

1956 年 10 月 19 日至 21 日，波兰统一工人党召开二届八中全会，哥穆尔卡当选为波兰中央第一书记。新改组的党中央对波兹南事件进行了平反，释放了一些在事件中被捕的人。哥穆尔卡在会上作了报告，提出了关于波兰当前政治和经济任务的纲领性意见。他指出："造成波兹南悲剧和整个工人阶级深刻不满的原因，应该在我们自己中间，在党的领导中间和政府中间去寻找"，"把痛心的波兹南悲剧说成是帝国主义特务挑起的，这种笨拙的企图在政治上是非常幼稚的"，"波兹南工人抗议的是对社会主义基本原则的歪曲"。此外，哥穆尔卡还对苏联模式的弊端（如官僚主义、个人崇拜、破坏法制）进行了批评。哥穆尔卡主张在经济上对工业结构进行调整，对工业管理进行改革，实行中央计划经济与企业工人自治相结合的体制；在政治上实行党的生活民主化，加强对党政机关的监督。哥穆尔卡还指出，实现社会主义的目标有不一样的道路，"每

罗科索夫斯基
苏联与波兰两国元帅，参与过两次世界大战，功勋卓著。
1949 年至 1956 年出任波兰部长会议副主席兼国防部长，
波兹南事件后被调回苏联。

个国家应当有完全的独立"。

　　苏联对波兰统一工人党二中全会的召开表示强烈不满，赫鲁晓夫为此突然飞往华沙。波兰统一工人党对于苏联的干涉也表示出了极大的愤慨。双方爆发了激烈的争论。在波兰当局的强烈抗议下，苏联不得不将包围华沙的驻波兰军队撤回基地，时任波兰国防部长的苏联元帅罗科索夫斯基也被调回了苏联。

匈牙利十月事件

　　1956 年，苏共二十大"秘密报告"对斯大林进行全面否定后，匈牙利的局势逐渐发生变化。1953 年 6 月，匈牙利劳动人民党召开中央全会，对领导工作中的一些错误进行揭露，同时对党和国家最高领导进行人事调整。匈牙利中央第一书记拉科西辞去所兼政府总理职务。7 月，纳吉·伊姆雷出任总理一职。纳吉提出了减缓重工业发展速度，加快轻工业和农业发展速度，提高工人工资，放宽农村政策，对错误案件进行平反等政策。纳吉的这些政策开启了匈牙利"非苏联模式化"进程。但是，由于苏联的干预，纳吉的这些政策在 22 个月之后就被迫中断。1955 年 3 月，匈牙利劳动人民党召开中央全会，纳吉被指责"推行右倾机会主义"，接着被解除了所有职务，同时被开除党籍。苏共二十大以后，匈牙利广大党员和群众强烈要求进行改革，首都布达佩斯的一些知识分子组成的"裴多菲俱乐部"尤为活跃。人们公开对党的领导和现行政策提出批评，要求解除拉科西的职务，为受害者平反，恢复纳吉的党籍和职务。

　　1956 年 7 月 17 日，匈牙利党中央全会宣布解除拉科西党中央第一书记的职务，其副手格罗继任第一书记。拉科西下台后，匈牙利政府为了稳定局势及缓和人民的愤怒情绪，相继采取了一系列措施，试图扭转局势。匈牙利当局为被拉科西集团迫害而死的拉伊克等人进行平反，释放受到牵连的 300 人。10月 6 日，匈牙利政府为在 1949 年以"铁托分子"和"叛国"罪名而被处死的前外交部长拉伊克等人举行葬礼。

　　然而，形势没有因此好转。10 月 21 日，匈牙利各大报刊登了波兰工人党政治局选举哥穆尔卡为第一书记的消息。23 日，布达佩斯许多大专院校的学生走上街头，邀请人民参加声援波兰人民和哥穆尔卡的集会游行。"裴多菲俱乐部"和首都大专院校团体联席会议同时向匈牙利党中央提出"十点要求"和"十六点要求"。要求继续清算拉科西的错误，并将其开除出党，恢复纳吉的总理职务，提高工人的工资待遇，工厂实行工人自治，按照平等自主原则调整匈牙利与苏联之间的关系，确保公民有言论自由和新闻自由等权利。10 月 23 日下午，布达佩斯大专院校的学生开始示威游行，游行队伍向英雄广场进发。一路上不断有工人和市民加入，到晚上时，广场上聚集了几十万示威群众。一些

匈牙利革命
1956 年匈牙利革命期间，人群聚集在布达佩斯一座倒塌的雕像周围。

示威者与和保安部队发生了冲突。另有一些示威者从军火库和军工厂抢来武器，向电台大厦、电话总局和部分警察哨所发起冲击。布达佩斯燃起了战火。匈牙利陷入一片混乱之中。

　　匈牙利党中央和政府连夜召开紧急会议，对政治局进行改组，纳吉在会上当选为政治局委员，并恢复政府总理一职。同时，会议以匈牙利党中央和政府的名义宣布戒严令，请求驻扎在匈牙利的苏联军队派兵协助维持秩序。24 日，苏联军队进入布达佩斯。当天，纳吉发表电台讲话，要求人们放下武器停止骚乱，否则将对参与骚乱的人以军法处置。但是，纳吉的讲话并没有使暴乱停止，反而不断向匈牙利各地蔓延，局势进一步恶化。25 日，匈牙利党中央举行会议，格罗被解除了职务，卡达尔被任命为中央第一书记。然而，这并没有平息群众的怒火，骚乱从广场迅速扩展到布达佩斯全市。与此同时，匈牙利劳动人民党党员纷纷退党，人数由 87.1 万降至不到 4 万，劳动人民党陷入瓦解的边缘。

　　在这种情况下，10 月 26 日，纳吉提议改组政府，吸收拥护人民民主的民主人士加入政府。27 日，经匈牙利中央委员会和政治局全体通过，纳吉宣布成立新政府。10 月 28 日，纳吉发布新政府宣言，并将这起事件称作"民族民主运动"，同时宣布新政府的施政纲领，并要求苏军撤离布达佩斯。29 日，苏联政府宣布苏军撤离布达佩斯。30 日，纳吉宣布苏联军队已经从布达佩斯撤离，而苏联军队也将从整个匈牙利撤出。与此同时，纳吉宣布匈牙利取消一党执政，允许恢复被拉科西取缔的各政党派别。11 月 1 日，纳吉宣布匈牙利退出华沙条约组织，实行中立，并向联合国请求援助。11 月 1 日晚，以卡达尔为主席的匈牙利劳动党宣布与纳吉政府决裂，重建新的劳动人民党，改名为匈牙利社会主义工人党。3 日，纳吉改组政府，宣布实行多党制，组成所谓的四党联合政府。

苏军坦克开进布达佩斯
1956 年 10 月 23 日，驻匈苏军接到指示后立即展开平暴行动，两个机械化师开进布达佩斯。

11 月 4 日，以卡达尔为总理的匈牙利工农革命政府宣告成立。工农革命政府宣布已向苏联发出邀请，请求苏军协助恢复匈牙利的秩序。同日，苏军进入布达佩斯。经过数天的战斗，苏军基本平息了武装冲突。纳吉同一些政府要员逃到了南斯拉夫大使馆，寻求政治避难。

历时 13 天的匈牙利十月事件给匈牙利国家和人民带来了巨大的财产损失和人员伤亡。据估计，这起事件的经济损失达 200 多亿福林，相当于匈牙利一年国民生产总值的 3/4；有 2500 多人在冲突中死亡，近 2 万人受伤。

1956 年 12 月，匈牙利社会主义工人党临时中央全会对十月事件进行了分析，认为这是一起由拉科西等人的"严重错误和罪行"引发的"反革命事件"。此外，匈牙利国内反革命势力的破坏和进攻及国际帝国主义的挑动和参与也是这起事件爆发的原因之一。

中苏关系恶化

中华人民共和国成立后，1950 年，中苏签订《中苏友好同盟互助条约》，建立友好同盟关系。但是，自 1956 年苏联共产党第二十次代表大会开始，两国之间的关系逐渐恶化。

中国共产党对于苏共二十大总体而言是支持的。中国共产党第八次代表大会文件肯定了苏共二十大的重要性，同时指出了反对个人崇拜的重大意义。但是，苏共二十大对于当时的国际斗争和国际共产主义运动所提出的一些观点，违背了马列主义，尤其是借口所谓的"反对个人迷信"全面否定斯大林，鼓吹"全民国家"和"全民党"，背叛了"无产阶级专政"这一马列主义核心理论，这是一个重大的原则错误。苏共二十大后，中国共产党领导人就此曾与苏联领导人在内部会谈时提出了不同的意见。

1956 年 4 月 5 日和 12 月 29 日，中国共产党先后发表《关于无产阶级专政的历史经验》《再论无产阶级专政的历史经验》两篇文章，对帝国主义和反动派的"反共"言论进行了驳斥，同时对斯大林的一生进行了全面分析，肯定了十月革命的伟大意义，对无产阶级专政的历史经验作了总结，对苏共二十大的一些观点进行了委婉而明确的批评。当时，苏共二十大导致苏联产生严重危机，赫鲁晓夫在国内外遭遇困境，希望得到中国的支持，因此不得不重视与中国的关系。

中苏两国首脑会晤
1957 年 11 月 2 日，毛泽东率领中国代表团去莫斯科参加伟大的十月社会主义革命 40 周年的庆祝典礼。

　　1957 年 11 月，中共代表团在毛泽东的率领下参加了在莫斯科举行的社会主义国家共产党和工人党代表会议。中共通过内部商谈方式向苏共提出了对苏共二十大的一些问题的意见。最后，虽然中苏之间进行了积极的交流，但两党之间的矛盾还是逐步激化了。

　　当时，中苏之间的矛盾冲突主要有两个方面：一方面，两党在意识形态上存在分歧，两党对于国际形势，对于国际共产主义运动的路线和策略，对于对方的国际和国内政策产生了意见分歧；另一方面，苏共领导人以大国之党自居，要求中国和其他社会主义国家都要围绕在其"指挥棒"下，甚至提出有损中国国家主权的要求，并企图控制中国，想让中国在军事和外交上服从其"苏美合作，主宰世界"的战略需要。

　　1958 年，苏联提出在中国领土和领海上建立中苏共有共管的长波电台和共同舰队，毛泽东和中国其他领导人严词拒绝了苏联这种损害中国主权的要求。同一年，中国炮击金门，赫鲁晓夫担心这会阻碍苏美之间的合作，对此进行干预，要求中国在台湾问题上承担不使用武力的义务，被中国拒绝。1959 年 9 月，中印边境爆发冲突，苏联领导在没有弄清事实真相的情况下，对中国横加指责。1960 年 2 月，在华沙条约缔约国的政治协商委员会会议上，赫鲁晓夫指责中国和毛泽东"没有给予苏共政治和道义上的支持"。在这种情况下，中国共产党立即进行了反击。

　　1960 年 4 月 22 日是列宁诞生 90 周年的纪念日，中国共产党发表了《列宁主义万岁》等 3 篇文章，批评了南斯拉夫修正主义，并将矛头指向赫鲁晓夫。6 月，罗马尼亚工人党第三次代表大会期间，在赫鲁晓夫的策划下，几个国家的共产党在布加勒斯特进行会晤，对中国共产党横加指责，但是中国共产党没

列宁九十周年诞辰纪念邮票

1960 年 4 月 22 日列宁九十周年诞辰，中国邮电部发行了《弗·伊·列宁诞生九十周年》纪念邮票，用 3 幅画面描绘了列宁一生中的几个重要侧面。

有屈服。7 月 16 日，苏联政府突然照会中国，单方面决定立即召回在华工作的全部苏联专家，废除两国经济技术合作的各项协议。在中国正处于经济困难的时候，苏联的这种行为给中国造成了极大的损失，严重损害了中苏两党、两国的关系。

　　1960 年 10 月，刘少奇率领中国代表团参加在莫斯科举行的各国共产党和工人党代表会议。各方经过激烈的争论和妥协，会议最终通过了《莫斯科声明》。然而，1961 年苏联共产党第二十二次代表大会否定了斯大林，主张"两全路线"，并公开批判与中国共产党关系密切的阿尔巴尼亚共产党是"教条的斯大林主义"。与此同时，国际共产主义运动中的争论越发激烈。许多受到苏共影响的社会主义国家纷纷发表决议、声明和文章，对中国共产党及支持中国共产党观点的一些国家进行攻击。

　　从 1962 年 12 月至 1963 年 3 月，中国共产党先后发表 7 篇文章，对受苏联共产党影响而指责中国的各社会主义政党进行了答复和批评。1963 年 7 月，邓小平率领中共代表团前往莫斯科与苏联进行会谈，没有取得任何成果。在这之前，中共中央发表了《关于国际共产主义运动总路线的建议》，苏共中央也就国际共产主义运动问题发表了《给苏联各级党组织和全体共产党员的公开信》，中苏之间的争论进一步公开化。1963 年 9 月至 1964 年 7 月，中共中央以《人民日报》编辑部和《红旗》杂志编辑部的名义，相继发表了 9 篇评论苏共中央的文章，批判"赫鲁晓夫修正主义"，"赫鲁晓夫反对斯大林，实际上是疯狂地反对苏维埃政府，反对苏维埃国家……为他全面推行修正主义路线开辟道路"。此后，中苏论战进入"白炽化"阶段。这场空前规模的大论战进一步加剧了两党、两国关系恶化。到 1966 年 3 月，中苏两党关系中断。

1964 年 10 月，苏共中央罢免了赫鲁晓夫的领导职务，勃列日涅夫出任苏共中央第一书记。中国共产党抱着改善两党关系的愿望，周恩来率代表团前往苏联参加十月革命庆祝活动。然而，苏共新领导声称，他们在对华政策上将继续执行赫鲁晓夫的路线。

1965 年 3 月，在勃列日涅夫的策划下，苏共强行召开了以集体谴责中共为目标的各国共产党和工人党会议的筹备会。有 26 个国家的共产党受到了邀请。但是，中国、朝鲜、越南、罗马尼亚、阿尔及利亚等社会主义国家的共产党，以及日本共产党、印度尼西亚共产党都拒绝参加这次会议。1966 年 3 月，苏联共产党第二十三次代表大会召开，中国决定不派代表出席，两党关系宣告中断。此后，苏联向中苏边境增派军队，不断挑起边界武装冲突，中苏关系长期处在对抗状态中。

"布拉格之春"

1956 年，赫鲁晓夫在苏共二十大的"秘密报告"中对斯大林提出批评，使波兰、匈牙利等国的社会主义体制面临巨大危机。虽然当时捷克斯洛伐克并没有因此受到很大的冲击，然而进入 20 世纪 60 年代之后，捷克斯洛伐克的局势开始有了变化。在这一时期，捷克斯洛伐克的经济陷入停滞状态，社会矛盾不断恶化，捷共领导层内部也不断出现分歧。

在 1968 年 1 月 5 日的捷共中央全会上，改革派占据上风，诺沃提尼的党中央第一书记职务被杜布切克取代。此后，诺沃提尼领导层的一些主要干部相继离职。3 月 21 日，诺沃提尼宣布辞去总统一职，新总统为卢德维克·斯沃博达。杜布切克上台后，曾公开向苏联模式发起挑战，大胆进行改革。4 月 5 日，捷共中央全会经过几天的讨论，排除保守势力的阻挠，最终批准通过了题为《捷克斯洛伐克通向社会主义的道路》的行动纲领，提出了实行政治经济体制改革的主张，实行有计划的市场经济，继而"创立一个新的、符合捷克斯洛伐克国情的、富有人情味的社会主义社会"。这一改革运动也被称为"布拉格之春"。行动纲领的内容分为政治、经济两方面。在政治方面的改革有：对党的

捷克斯洛伐克共产党中央委员会第一书记杜布切克
1968 年 3 月 28 日至 4 月 5 日，捷共中央委员会召开全会，
选出了由杜布切克任党中央第一书记的新的捷共中央主席
团和书记处，通过了党的《行动纲领》。

领导体制进行改革，修正党的权力集中，实行党政分离；加强民族阵线的作用，
在全社会发扬民主；实行独立自主的对外政策。在经济方面的改革有：对国家
计划体制进行改革，引进市场机制，实行有计划的市场经济；工商企业和农业
合作社实现独立经营，强调企业的自身责任；取消国家对外贸的垄断。行动纲
领的通过，宣告捷克斯洛伐克"布拉格之春"登上了历史舞台，以及斯大林主
义对捷克斯洛伐克统治的结束。

随着改革的不断深入，捷克斯洛伐克民主化进程逐渐进入高潮，人们要求
在即将召开的捷共中央全会上将阻挠改革的保守派开除出党。5 月 29 日，捷共
中央全会决定将诺沃提尼等 6 名中央委员开除出党，并决定在 9 月 9 日举行捷
共"十四大"，进一步深化改革纲领。

"布拉格之春"改革运动明确了捷克斯洛伐克要求摆脱苏联控制和苏联模
式、争取独立发展的倾向。这引起了国内外的高度关注，尤其是苏联。随着行
动纲领的通过和改革运动走向高潮，捷克国内对于共产党体制与苏联的同盟
关系的批评不断增多。对此，勃列日涅夫等苏联领导人十分忧虑。在这种情况
下，4 月 12 日，苏联《真理报》针对捷共中央 4 月全会发表了一篇文章，提出
社会主义国家要警惕"修正主义"的危险。5 月 4 日，杜布切克率领捷共代表
团访问苏联，与苏联领导层进行了会晤，苏方对捷克斯洛伐克当前的形势提出
了批评，并对杜布切克政府施加压力，捷方为自己的改革运动进行了辩解。

5 月 8 日，苏、波、匈、保、民主德国五国首脑齐聚莫斯科，听取了勃列
日涅夫关于苏捷两国会谈的报告。苏联认为应对捷克斯洛伐克采取强硬措施。
5 月中旬，苏联总理柯西金与国防部长格列奇科相继对捷克斯洛伐克进行访问，
迫使捷克斯洛伐克同意 5 月 20 日至 30 日在波、捷边境举行一次华约组织联合

苏联部长会议主席（苏联总理）柯西金
1964 年，柯西金继赫鲁晓夫之后担任苏联部长会议主席，直到 1980 去世前夕才卸任，他以经济专家和务实派著称。

军事演习。6 月 18 日至 30 日，华沙条约成员国联合军事演习在捷克斯洛伐克举行。在军事演习结束后，各国军队并没有立即撤离。

在苏军计划对捷克斯洛伐克实施干预的形势下，6 月 27 日，由记者瓦楚利克执笔、70 位知识界知名人士签名的《二千字宣言》在捷克斯洛伐克《文学报》《劳动报》等报纸上发表。宣言指责战后捷共实施了"错误路线"，使党变为"权力组织"，"影响了党的性质和作风"。呼吁人们支持捷共改革派领导的行动纲领，团结起来迫使"捷共中滥用权力的人离开"。宣言表示，当"外国势力"实行武装干预时，应坚决支持政府，甚至拿起武器来保护它。《二千字宣言》在支持改革的同时，要求成立"保卫言论自由委员会"。《二千字宣言》的发表引起了国内外的强烈反应和争论，刺激了改革运动的发展，同时也激化了捷克斯洛伐克国内保守派与改革派、捷克斯洛伐克与苏联之间的矛盾。对此，捷共中央主席团于 29 日发表声明，指责《二千字宣言》是对捷共、民族阵线和政府的不信任，是反革命的号召。因为捷共中央主席团认为，不管宣言的主观愿望是什么，但"就其客观后果而言"，都"异乎寻常地加重了"捷政策进一步实施的困难，它将为"反共产主义倾向开辟道路"。但是，在捷克斯洛伐克各州，有一半的县党代会认可了宣言的内容。

7 月 6 日，勃列日涅夫向杜布切克致函，称根据保、匈、民主德国、波等党中央的委托，提议在华沙召开六党高级会议，商讨捷克斯洛伐克当前所出现的情况。7 月 8 日，捷共中央主席团向五国复信，提议将集体会谈改为双边会谈。

7 月 14 日至 15 日，在捷共代表缺席的情况下，苏联等五国首脑仍按照原计划在华沙召开会议。会议专门对捷克斯洛伐克的局势进行了讨论，对拒绝与会的捷共领导人发出严厉警告。会议通过了五国共产党给捷共中央的联名信。信中严厉指责捷克斯洛伐克共产党对国家领导不力，没有回击"反动势力"。并特别强调，《二千字宣言》为"反革命组织的政治纲领"，捷克斯洛伐克的局势已经威胁到了苏联等国的"共同利益"，社会主义国家对此"绝对不能容忍"。

7月15日，捷共中央主席团举行非常会议，要求五国首脑不要通过关于捷克斯洛伐克国内局势的结论。7月18日，捷共中央主席团分别给苏共等五党复信，逐一驳斥联名信对捷的指责，认为没有任何理由把捷当前的局势说成是"反革命局势及捷存在脱离社会主义大家庭的危险"。复信指责五党召开华沙会议不利于社会主义的共同事业。复信重申，捷愿意与各国举行双边会晤。随后，苏共中央提议苏捷两党举行双边会晤，得到了捷共的同意。7月29日至8月1日，苏捷领导人在捷边境小镇切尔纳举行会谈。在这次会谈中，双方展开了激烈的交锋，但没有解决任何实质性问题。双方商定于8月3日在布拉迪斯拉发举行苏、捷、保、匈、民主德国、波六党会议。8月3日，六国共产党领导人在布拉迪斯拉发举行联席会议，会议没有直接涉及捷克斯洛伐克问题。但是，会谈结束后，六国发表了联合声明，强调"不允许任何人离间社会主义国家、破坏社会主义制度的基础"，"保卫苏联和东欧各国的成果是所有社会主义国家的国际主义义务"。

从表面上看，苏捷之间的关系似乎有了缓和，捷共中央于是加紧筹备召开第十四次代表大会，以便全面开展改革。实际上，苏联仍然对捷克斯洛伐克的形势十分不满，苏联认为在杜布切克领导下，很难阻止捷的这场改革的发展，只有通过军事介入才能打破僵局。8月15日至17日，苏共召开政治局会议，决定对捷克斯洛伐克进行军事介入。次日，华约组织的各国领导人前往莫斯科，听取苏联的意见，并表示同意苏联的这个决定。

苏联军事介入捷克斯洛伐克
1968年8月21日凌晨，苏军占领布拉格。

苏联出兵捷克斯洛伐克

　　1968 年 8 月 20 日晚 11 时，布拉格机场接到一架苏联民航飞机发出的信号，称飞机发生机械故障，请求紧急迫降。机场指挥部依照国际惯例同意其迫降。但是，这架飞机降落后，没有停在跑道上，而是径直滑到了机场大门前。当机舱门打开后，数十名全副武装的突击队员迅速占领了机场。几分钟后，苏联第 24 空军集团军巨型运输机一架接着一架在该机场降落，运送了大量的坦克、装甲车和士兵。接着，在苏联大使馆工作人员的带领下，苏军立即开进布拉格，并控制了全市各战略要地。

　　与此同时，苏联、民主德国、保加利亚、波兰、匈牙利五国军队约 50 万人从捷克斯洛伐克北部、东部和南部强行越过捷境，对捷克斯洛伐克进行合围。在进攻开始 6 小时后，苏军就控制了捷克斯洛伐克全境。

　　苏联等华沙组织成员国在实施这次行动后发表声明，称苏联等国的军队进入捷克斯洛伐克，是应捷克斯洛伐克社会主义共和国党和国家领导人的邀请，帮助捷克斯洛伐克击退威胁捷克斯洛伐克社会主义制度的"反革命势力"的进攻。声明还说，捷克斯洛伐克形势的进一步恶化，影响了苏联及其他社会主义国家的切身利益，此次活动"符合社会主义兄弟国家间缔结的同盟条约中规定的各国有权单独或集体地进行自卫的原则"。与此同时，苏联塔斯社公布了一份没有署名的捷部分领导人邀请苏联进行干预的呼吁书。

　　就在苏联等五国军队突然入侵时，捷共中央主席团正在开会。听到入侵的消息后，捷共中央第一书记杜布切克下令起草了一份《告全国人民书》。8 月 21 日凌晨 1 点，布拉格广播发表了《告全国人民书》，抗议五国军队入侵，强烈谴责五国入侵违背了社会主义国家关系的基本原则，破坏了国际法的基本准则。《告全国人民书》称捷党中央和国家主要领导人事前"对此一无所知"，党中央此刻正在召开会议，"以便应付业已形成的局势"。《告全国人民书》同时号召捷全国公民保持平静，不要抵抗前进中的外国军队。但是，捷克斯洛伐克人民得知侵略者入侵的消息后，纷纷涌上街头，对侵略者进行示威。人们高喊着"苏联佬滚出去！"的口号，一些民众向坦克吐唾沫，扔脏东西，甚至放火焚烧苏军坦克。

　　8 月 21 日清晨，苏军逮捕了杜布切克等捷共领导人，并将他们押解到莫斯科。22 日，在布拉格的一处工厂内，捷共提前召开了第十四次代表大会。大会通过了《告全国人民书》，严正抗议五国的侵略行径，要求入侵者立即撤出捷

苏联军队与布格拉示威群众

克斯洛伐克，要求释放被拘禁的杜布切克等捷共领导人。23日，捷民众响应大会的号召，举行了1小时抗议性总罢工。

苏联等国武装入侵捷克斯洛伐克的行动受到了国际舆论的强烈谴责。中国、南斯拉夫、阿尔巴尼亚等社会主义国家及亚洲各国的共产党对此侵略行径表示了严正抗议。21日，应美、英、法等国的要求，联合国安理会召开紧急会议，商讨捷局势及谴责苏联武装干涉。

苏联将杜布切克等捷共主要领导人挟持到苏联，但是并不准备与杜布切克等人进行谈判，而是另外组织新内阁，扶植听命于苏联的新政权。但是，苏联的计划没能得到捷总统斯沃博达的承认，在国际舆论和捷克斯洛伐克方面的消极抵抗下，苏联最后只好做出让步，释放杜布切克等人，并允许他们参加谈判。23日，斯沃博达前往莫斯科与苏联领导人展开谈判，杜布切克等人也参与了此次谈判。

经过4天的会谈，双方于26日发表了《苏捷会谈公报》。在《公报》中，捷克斯洛伐克领导被迫接受华约国家部队入驻捷克斯洛伐克，且不是"干涉内政"，而是"保卫社会主义"，并要求联合国安理会撤销讨论捷局势问题的议程。10月16日，苏捷双方在布拉格签订了《关于苏联军队暂时留驻捷克斯洛伐克社会主义共和国境内的条约》。《条约》规定，除了部分苏军暂时驻扎在捷境内之外，其他国家的军队应立即撤离。

1969年4月17日，捷共中央全会召开会议，选出了由11人组成的新主席团，免除杜布切克党中央第一书记职务，由胡萨克接任。胡萨克上台后，终止了"布拉格之春"的改革措施，继续实行"正常体制"。至此，"布拉格之春"宣告结束。

主要资本主义国家的政治与经济

　　第二次世界大战给世界主要资本主义国家造成了严重的破坏，但自 1950 年以后，欧洲和日本的经济得到了迅速恢复，其政治形势也趋于稳定。在美国的援助下，以及在以布雷顿森林体系为中心的资本主义世界经济体系的影响下，世界主要资本主义国家的经济在战后得到迅速发展，开始寻求独立自主、联合自强的发展道路。

美国的反共、反民主浪潮

　　战后初期，战争的阴霾还没有消散，冷战的阴云又接踵而至。美国一方面在国际上与苏联进行对抗，一方面在国内清除所谓的"共产主义意识形态"，打击那些反对其对外政策的民主进步力量。从 20 世纪 40 年代末到 50 年代初，美国出现了以麦卡锡主义为代表的反共、排外运动。

　　1945 年 3 月，美国众议院以 207 票赞成、186 票反对，将反共、反民主机构——非美活动调查委员会设为常设机构。与此同时，由于美国国内的通货膨胀不断加剧，导致在短短一年的时间里出现了 3 万多次罢工。美国众议院非美活动调查委员会借机指责工会已经被共产党"渗透"，不断煽动民众反对共产主义和共产党，迫害进步人士。

　　1945 年 6 月，美国战略情报局指控学术性刊物《亚美》杂志窃取政府"绝密文件"。同日，美国司法部以"偷窃政府绝密文件"的罪名逮捕了曾在美军驻延安观察组长期工作的美国国务院官员谢伟思等 6 人。实际上，那些所谓的"绝密文件"只不过是美国国务院不久前对驻中国记者所作的无关紧要的简单介绍。1946 年，加拿大发生了一起"苏联间谍案"，并涉及了美国原子弹研究

第一个自我维持的核链式反应

参与曼哈顿计划的科学家们在芝加哥 1 号桩中观察到世界上第一个自给自足的核链式反应。

部门。此后，美国国内关于苏联"极权主义"和共产主义的"威胁"甚嚣尘上。

1947 年 3 月 22 日，杜鲁门总统签署了第 9835 号行政命令，即"忠诚调查令"。根据这个法令，美国成立了联邦忠诚调查委员会，对所有的 250 万机关职员、学校教员、研究人员等进行忠诚调查。这次忠诚调查计划持续了 5 年，联邦调查局在这期间对 400 多万联邦政府雇员及申请政府职位的人进行了调查，有 2000 多人在调查中因为各种原因被解雇或被迫辞职。其中，他们大部分人不过是发表了不同的政见，或者与同情共产党的人有过普通的往来。1950 年，联邦忠诚调查委员会主席塞思·理查森承认，在那些被解雇的人当中，没有发现一个间谍案件的证据。

在进行忠诚调查期间，美国联邦政府、军队及国防订货承包商也开展了忠诚调查和忠诚宣誓。据统计，在调查期间，接受忠诚调查的美国公民累计有 1350 万人，约占全部劳动力的 1/5。当时，在美国，某个人一旦受到了忠诚调查，就成了嫌疑分子，邻里朋友就会疏远他，甚至不敢和他打招呼，人人自危。

在杜鲁门执政初期，美国国会还通过了不少反劳工运动的立法。1947 年 6 月 23 日，参众两院通过了《塔夫脱－哈特莱法》，即《1947 年劳资关系法》。该法规定：禁止同情罢工和工人的纠察活动，禁止工会与雇主订立只能雇用工会会员的合同，禁止在工会中容纳共产党员，资方有权要求工会赔偿因罢工而造成的损失。《塔夫脱－哈特莱法》反劳工的性质非常明显，1948 年总统竞选时，杜鲁门为了争取工人的支持，于是否决了该法案。但是，国会两院又以压倒性票数通过决议，推翻了杜鲁门的否决。美国进步工会领导人强烈抗议《塔夫脱－哈特莱法》重新建立对劳工的"禁令统治"，他们指责资方掀起了一场精心策划的、穷凶极恶的运动，以摧毁或者摧残劳工运动。美国广大工人怒斥该法案为"奴隶劳工法"。为了废除该法，美国工人与政府进行了多年的抗争。

　　1948 年 7 月，美国政府依据 1940 年的《史密斯法》，以"阴谋活动"的罪名对以威廉·福斯特为首的 12 名美国共产党领袖提起公诉。法院将共产党说成是"阴谋组织"，将所有共产党员说成是"阴谋"参加者。审判结束时，不仅被告被判有罪，就连辩护人也被判有罪，其罪名是为被告辩护而"藐视法院"。威廉·福斯特等人上诉到联邦最高法院，但遭到拒绝，联邦最高法院判定《史密斯法》符合宪法。美国共产党全国委员会发表声明表示强烈抗议，称判决破坏了美国的人权法案，保障言论、出版和集会自由的第一条修正案已经失去了存在的意义，联邦最高法院非法剥夺了美国一个政党应该享有的宪法权利和自由。

　　随着美国反共运动的不断加剧和美国卷入朝鲜战场，美国国会于 1950 年 9 月 23 日通过了《国内安全法》，即《麦卡伦法》。《麦卡伦法》由两章组成，第一章为《颠覆活动管制法》，第二章为《紧急状态拘留法》。其矛头主要指向美国的进步组织，首要目标是美国共产党。这项法律将共产主义看作外国政府领导的企图在世界各国建立共产主义极权独裁制度的"阴谋"。根据这个所谓的"阴谋"，《麦卡伦法》规定：一切共产主义组织必须向司法部登记，并提供其成员名单和财务报告；禁止共产党员在政府机关和国防企业工作；禁止给共产党员签发出国护照。该法还禁止共产党人或任何属于"极权主义组织"的其他外国人移居美国。这项法律还授权总统，在其认为国家处于"非常状态"时期，可通过司法部无限期地关押共产主义组织的成员。另外，此法还规定设立具有广泛权力的颠覆活动管制委员会，协助调查和登记美国共产党组织和外国

朝鲜战争中的麦克阿瑟
1950 年 9 月 15 日，考特尼·怀廷准将（前左）、道格拉斯·麦克阿瑟将军（右二）和爱德华·阿尔蒙德少将（最右）观察对韩国仁川的袭击。

共产党组织。继 1918 年通过的《煽动叛乱法》,《国内安全法》成为美国最反动的法律之一,是对美国人权法案和宪法规定的公民权利的公然践踏,其目的在于镇压共产党和进步工会。

　　1949 年 8 月,苏联第一颗原子弹爆炸成功。1949 年 10 月,中华人民共和国成立。为此,美国统治集团觉得遭到了沉重的打击,他们大肆渲染共产主义"对美国的威胁",在"反共主义"的喧嚣声中,麦卡锡主义正式登场。

麦卡锡主义

　　1950 年 2 月 9 日,共和党参议员约瑟夫·麦卡锡在西弗吉尼亚州惠林市发表煽动演说,指出国务院中"充斥着共产党人"。麦卡锡声称在自己手中有一份205 人的名单,这些人都是共产党人,却在草拟和制定国务院的政策。麦卡锡的演说如同晴天霹雳,令美国上下一片哗然。在结束惠林的演说之后,麦卡锡又跑到盐湖城和里诺重复他在惠林的演说。然而,此时麦卡锡所谓的"间谍名单"减为 57 人,不久后又增加到 81 人。此后,麦卡锡开始了法西斯式的迫害活动,而以他的名字命名的麦卡锡主义在很长一段时间里影响了美国的政治生活。

　　麦卡锡在美国不断煽动反共"情绪",到处望风捕影,无中生有,制造白色恐怖。从政府官员到电影演员,几乎各个社会阶层,当时没有什么人不被麦卡锡怀疑和攻击,而遭到怀疑就如同被安上罪名。对于每个人而言,遭到麦卡

原美国参议员、极端反共主义者麦卡锡

图为 1954 年,美国参议员约瑟夫·麦卡锡(中)在调查据称共产主义渗透政府期间。

臭名昭著的麦卡锡主义宣传画
麦卡锡主义是指 20 世纪 50 年代美国极端反共、反民主的政治潮流。

锡委员会的传讯就意味着失去工作、被列入政府的"黑名单"及丧失社会地位。美国人人自危，每天担心祸从天降。许多公职人员、教师失去职位，成千上万的人没了生计。在这种白色恐怖下，很多人必须陈述对共产主义的看法，否则就有被解雇的危险。

1950 年至 1952 年，麦卡锡走遍美国，对罗斯福和杜鲁门民主党政府的对外政策，尤其是对华政策进行攻击。在麦卡锡主义的影响下，"反共"成为美国政府的唯一政策。麦卡锡在中国问题上发难，导致艾森豪威尔、肯尼迪和约翰逊几届美国政府一直采取不主动接触中国的政策。许多与中国问题相关的外交人员，包括谢伟思、戴维思、范宣德、欧文·拉铁摩尔等，遭到了清查和迫害。许多科学家和著名人士同样未能幸免。被称为"原子弹之父"的罗伯特·奥本海默先是被指控为苏联透露机密和充当间谍，后来被污蔑犯有叛国罪，最终被剥夺了参与绝密工作的权利。在麦卡锡主义最猖獗的时期，美国国务院、国防部、国防工业等关键部门也未能逃过麦卡锡非美活动调查委员会的清查。同时，美国的左翼力量也遭到空前打击，有 170 多个进步团体遭到迫害，150 个城镇实施了所谓的"共产党登记法"，并根据此法规逮捕美国共产党人和进步人士。许多加入美国籍的外国侨民同样遭到了非美活动调查委员会的迫害。但随着时间的推移，麦卡锡的活动激起了越来越多的公众的反对。

为了揭露麦卡锡主义的迫害行径，美国共产党、劳工组织和进步团体纷纷起来进行反抗和斗争。许多报刊发表了反对麦卡锡主义的评论文章，对麦卡锡主义的丑恶目的进行揭露，许多城市举行了抗议示威活动。此外，麦卡锡主义也危害到了美国统治阶级的根本利益。杜鲁门政府在战后实行的反共政策虽然为麦卡锡主义的出现创造了条件，但同时又自食其果，受到了麦卡锡连续不断的攻击。

美国共和党右翼不断利用麦卡锡主义对民主党政府进行"揭露"和攻击，为取得 1952 年大选的胜利铺平了道路。到 1953 年底，麦卡锡的权势达到了顶峰，居然将矛头对准艾森豪威尔政府，将指控的范围扩大到了美国陆军，这是当局所不能容忍的。1954 年，麦卡锡指控军队和政府官员从事颠覆活动，并为此举行了长达 36 天的听证会。随着麦卡锡主义的不断升级，美国舆论开始指责他是"蛊惑民心的煽动家"。1954 年 11 月，美国进行中期选举，共和党失去了参议院的多数席位，麦卡锡被罢免了非美活动调查委员会主席的职务。1954 年 12 月 2 日，参议院以 67 票对 22 票通过决议，谴责麦卡锡"违反参议院传统"的行为，同时罢免了他在参议院的所有职位，从而结束了"麦卡锡主义时代"，终结了这场极端反共、反民主的热潮。

美国的工人运动和民权运动

二战后，杜鲁门政府没能有效地控制物价上涨，以致黑市横行，资本家的利润不断增加，工人的工资却不断减少。1945 年至 1946 年，美国资本家的净利润增长了 50% 以上。美国工人不再受战时不举行罢工的"保证"的束缚，纷

20 世纪初期的美国工人
20 世纪初，美国在工业蓬勃发展的同时，劳工群体所面对的是工资低、工时长、工作条件恶劣的现实。

纷起来进行抗议斗争。

从 1945 年下半年开始，美国工人要求增加工资和改善福利待遇，掀起了大规模的群众性罢工浪潮。1946 年，参加罢工的工人达到了 460 万，成为美国历年来参加罢工人数最多的一年。工人运动的高潮引起了美国统治集团的恐惧和不安。为了抑制和削弱工人运动，1947 年 6 月 23 日，美国国会通过了参议员塔夫脱和众议员哈特莱提出的《劳资关系法》（又称《塔夫脱－哈特莱法》）。该法是美国历史上典型的反劳工立法，它限制工人参加工会的权利，不允许工会要求同厂的工人加入同一工会；禁止全国性同业工人进行集体谈判；禁止共产党员出任工会领导职务；工会举行罢工必须先发出通知，规定有 60 天"冷却期"，静待政府调查；法院有权下令禁止罢工等。该法公然破坏了美国工人的罢工权，使工人斗争遭受严重打击。

1947 年至 1948 年，群众性的罢工次数有所减少。在 1949 年和 1950 年，美国再次掀起了大规模的罢工浪潮。但是，工人的罢工运动仅限于经济层面上的斗争，工人提出的主要是增加工资、缩短工时、改善劳动条件和福利待遇等经济要求，并没有涉及政治层面。

在 20 世纪 50 年代艾森豪威尔政府执政时期，1959 年美国曾爆发钢铁工人大罢工，罢工活动持续 116 天。这次大罢工使美国的企业不得不向国外进口钢材，美国第一次成为钢材净进口的国家。这次罢工行动是反对任意解雇工人、保卫工人就业权利的一场斗争，同时也涉及了工人待遇等问题。罢工运动发展

马丁·路德·金发表《我有一个梦想》
1963 年 8 月 28 日，马丁·路德·金在华盛顿大游行期间发表"我有一个梦想"演讲。

到后来严重影响了美国的经济，还危及了美国的军事安全。鉴于此次运动带来的严重后果，艾森豪威尔政府只能出面干预。1960 年 1 月，美国钢铁企业最终做出让步，同意增加工人的工资和津贴，工人勉强取得了胜利，罢工运动也宣告结束。

但总体而言，20 世纪 50 年代美国的工人斗争相对比较沉寂。这其中主要有两个原因：一方面主要是美国政府和麦卡锡主义制造的高压恐怖政策对工人运动进行迫害；另一方面则是资本家及其政府利用新兴的科学技术成就，通过提高劳动生产率和进行社会改良等较为隐蔽的手段对工人进行剥削，在某种程度上模糊了工人的视线，削弱了工人斗争的积极性。

美国工人运动的道路是曲折的，而美国黑人争取平等自由的斗争则显得更加艰辛。二战后的 10 年里，美国的经济获得了较大的发展，大部分工人的生活条件或多或少有所提高。然而，备受种族歧视的黑人的生活条件仍然十分恶劣。随着美国无产阶级的不断壮大，以及亚非拉各国民族解放运动的高涨，美国黑人组织开始活动起来，为了争取平等和自由，他们艰难地进行着民权运动，将民权运动斗争带入了新阶段。从法院斗争到群众的非暴力直接行动，再到美国民主党政府发布《民权法案》和《平权法案》，美国黑人民权斗争取得了一定的成果。这一时期的黑人民权运动，为 20 世纪 60 年代的美国黑人斗争吹起了号角。

英国工党艾德礼政府及其福利政策

英国工党于 1900 年 2 月在伦敦成立，起先称为"劳工代表委员会"，1906 年改称工党。1940 年以前，工党曾于 1923 年至 1924 年和 1929 年至 1931 年两次短期执政，组建工党内阁。1940 年 5 月，工党领袖艾德礼和格林伍德进入保守党领袖丘吉尔的战时内阁，工党领袖贝文等人担任了劳工与兵役、军需、海军、经济作战等大臣职务。战时，工党支持政府进行战争，并加入战时联合政府，实行积极配合丘吉尔内阁进行反法西斯主义战争的政策。

二战结束前夕，工党与保守党之间的矛盾激化，战时内阁宣告解体。工党希望在秋季举行大选，使自己有时间进行宣传准备，然而丘吉尔却提出在 7 月举行大选，希望利用在战争中获得的威望帮助自己在大选中获胜。然而，7 月大选的结果却是保守党惨败，工党大获全胜。在 604 个议席中，工党赢得了393 席，保守党只获得了 197 席，工党的议席超过了其他政党议席的总和，得

英国工党领袖艾德礼

以组阁。英国工党组建政府，工党领袖艾德礼当选首相。

　　以丘吉尔为首的保守党内阁在战后威望正旺时被工党击败，其中有着深刻的社会根源。二战前，保守党内阁实行绥靖政策，对法西斯主义不断妥协，导致英国民众对保守党逐渐失去信心。战争结束前夕，英国元气大伤，遭受了巨大的损失，破坏严重，沦为"二流国家"，国内政治经济矛盾不断激化。然而，保守党内阁仍然实行旧政策，英国民众对此感到十分不满。在这种情况下，工党提出了民主社会主义的政治纲领，主张实施社会改革措施，顺乎民心。工党提出建立福利国家的目标，对战后一贫如洗的英国社会有着极大的吸引力，工党因此获得了期待进行社会改革的大批选民的支持。

　　工党的政治纲领主要有四项内容：通过最低工资限额和最长工作时限等保障国民最低生活标准；对工业进行民主监督，实行工业国有化；向高收入者和资本家征收重税，以此来支持公共服务业；通过国家财政的支持发展文化教育事业等。艾德礼对民主社会主义的解释为：这是一种将个人自由与计划经济、民主与社会公正相结合的制度，在民主和自由的道路上建立起社会主义。

英国国有化与"福利国家"

　　由于工党在议会中占有多数席位，因此艾德礼政府在推行国有化改革时进行得比较顺利，有关国有化的立法在议会中也都顺利通过了。1945 年 10

月，议会通过了《大英银行国有化法案》，建立了英国历史上的第一个国家银行——英格兰银行。英格兰银行全部资本收归国有，同时将银行股票换成了国家股票，政府负责任命银行的领导成员。国有化的英格兰银行在所有权形式和管理形式上发生了转变，为英国政府运用货币政策调节经济提供了便利，同时有利于为垄断企业加速资本积累提供贷款。因此，工党政府对英格兰银行的国有化政策不仅没有遭到资产阶级及其政党（保守党）的强烈反对，而且得到了他们的支持和合作。

1945年10月，英国议会通过了煤矿国有化法案。1946年，英国开始实施煤炭工业国有化。政府将全国800家公司收归国有，并对这些公司提供了1.6亿英镑的补偿，建立煤炭工业管理局进行统筹经营。1947年8月以后，工党政府相继通过了一系列国有化法令，在运输、电力、煤气、航空、电信、航运等行业实行国有化。工党政府之所以在推行国有化政策时没有遭到资产阶级的强烈抵制，有着多方面的原因，其中关键的一点是丘吉尔所说的"依我看，它不牵涉到原则性问题"。

但是，在工党政府在推行冶金工业国有化时，遇到了不小的阻力。当时冶金工业的产权与机械工业及其他工业交叉重叠，这些行业的经济状况比较好，钢铁垄断资本家不希望实现冶金工业国有化。因此，当工党政府要对冶金工业实行国有化时遭到了钢铁垄断资本家和保守党的强烈反对。1948年10月，英国政府在下院通过了《冶金工业国有化法案》，但被上院动用缓置权弃置了。上院缓置权有效期限为2年，工党利用议会通过了一项新法案，将该年限改为1年，上院不得不在1949年10月对下院议案进行答复。上院只好同意了《冶金工业国有化法案》，并附加了许多条件。直到1951年2月15日，该法案才正式生效。至此，英国的国有化改革基本告一段落。这样，工党在1945年大选时所制定的国有化纲领基本兑现了，工党政府在民众中的威信增加，其民主社会主义的政治纲领得以继续实施。

英国实施的国有化政策加快了经济恢复的速度，出现了较长时期的低速稳定增长。到1950年，英国经济恢复到了战前水平，显然国有化政策产生了很大的作用。首先，银行的国有化使政府提高了对整个国民经济的宏观调控能力，这有利于英国整体经济的上升，同时可以使英国的私人垄断企业获得资金以发展生产，促进了战后工业部门的技术改造和进步，从而加快社会生产力的发展；其次，钢铁、煤炭、电力等基础行业的国有化使英国企业获得了廉价的原料、燃料，有利于英国企业降低生产成本，提高英国商品出口竞争力；第三，铁路、公路、港口、机场、邮电等公共事业国有化后，为英国企业提供了廉价而方便的运输和通信服务；第四，国有化给外国资本渗入英国工业造成了额外的障碍，对保护英国战后羸弱的工业和促进其成长起到了重要作用。但是，国有化政策也让英国政府背上了沉重的财政负担，随着经济的不断发展，许多新的问题相继出现，英国民主社会主义政策遭遇严重挑战。

工党政府除对一系列工业部门实行国有化外，还推行了一系列改革和扩大社会福利的政策，试图把英国建成"福利国家"。工党政府首先进行的社会改革是恢复和保障劳动者合法权益，废除了1927年由保守党政府制定的《工会法》。

1946年8月，英国政府通过了《国民保险法》，实施了社会保险制度改革，规定向新生婴儿、儿童教育提供补助金，向工伤人员、退休人员、孕妇、失业者发放补助金，向寡妇和老年人发放养老金和丧葬补助金。这样，"从襁褓到坟墓"都有社会保险。社会保险基金主要是由投保人和企业主定期交纳的保险费和国家预算拨款构成。当时，根据规定，英国可以领取补助金的投保人达2300多万。

1946年11月，工党政府通过了《国民医疗保健法》，对保健制度实施改革，规定每个英国公民可以免费享受药品、住院、护理等医疗福利，并建立统一的国民医疗保健制度。实施这些措施的费用由国家预算支出。国民医疗保健制度极大改善了英国国民的医疗服务条件，受到了民众的支持。

在社会服务方面，英国政府提高了中学毕业年龄，对年满11岁的儿童实行免费中等教育，并可以享受补助或者免费午餐，同时增加了大学奖学金。英国

二战后逐渐恢复生机的英国城市生活
二战后，工党政府将住房列为主要福利内容，改造贫民区成为地区政府的主要任务。

政府在住宅建设方面也做了一些工作，营造公寓住宅，以改善居民的居住条件。工党政府社会改革的主要受益者是广大劳动群众，对提高人民生活品质起到了一定的作用。

工党政府采取的"福利国家"政策对消除社会不公、保障居民基本生存条件、促进社会民主和公正等方面，的确起到了非常重要的作用。此外，它对缓和社会矛盾、促进政治稳定、巩固资产阶级政治制度有着深远的影响。而且，随着社会的不断发展，"福利国家"政策也带来了财政开支增加等问题，英国政府的财政负担不断加重，并与经济发展的效率产生了矛盾。时间一久，新的社会问题不断出现，如人才流失、人口老龄化、中产阶级不断削弱。这些问题逐渐发展成"英国病"的新病因。

英国保守党重新执政及其政策

在 1945 年大选失利后，英国保守党在党内进行了改组和调整。一方面在党内吸收了一批科技专家、经济学家，以改善形象，给选民一个崭新的印象；另一方面对其纲领进行修改，以更好地适应战后的新形势，其本质与工党所提倡的公平合理的社会理念是一致的。这一时期，工党政府被一系列经济问题弄得焦头烂额。在国内，工党政府企图通过削减福利开支来缓解问题，但遭到了广大选民的反对；在国际上，工党政府试图插手国际事务，以维护英国的殖民体系，却因此背上了沉重的军备包袱。到 1951 年，工党政府财政赤字高达 4.6 亿英镑，保守党对此进行了猛烈的抨击和责难。工党于是决定在 10 月提前举行大选，结果在选举中失利。保守党在大选中获胜，组成了以丘吉尔为首的内阁。

为了解决政府财政经济状况恶化、福利支出负担过重等问题，丘吉尔内阁提出了"金融复兴特别纲领"，决定削减粮食、原料等物资的进口额，同时削减保健、社会保险、社会服务事业等多项开支。1954 年，保守党政府降低了超额利润所得税，进一步扩大了收入不平衡的差距。在国有化问题上，保守党只是取消了《冶金工业国有化法案》，对其他行业的国有化未作任何改变。在福利政策方面，保守党政府基本继承和沿用了工党政府建立的社会保障体系框架。在这两个方面，保守党的政策与工党执政时期实行的改革并没有太大的冲突，反映了战后英国社会改革和国有化政策有着深刻的社会背景，是两党一致的政策。同时，也反映了广大民众对社会改革的支持，这是历史发展的结果。

战后初期的法国

　　1944 年 6 月，法国获得解放。8 月，法国成立了以戴高乐为首的临时政府，其中参与了抵抗运动的社会党、激进党、共产党都加入了临时政府。从当时各派的政治力量来看，戴高乐领导的自由法国运动在二战中有巨大的功劳和威望，戴高乐理所当然当选法国领导人，共产党对此也表示支持。但是，在组建一个什么样的国家的问题上，以戴高乐为代表的右翼与法国左派之间出现了分歧。

　　戴高乐希望利用自己在战时树立的政治领导地位，在法国组建一个总统制国家。在总统制体制下，戴高乐能够获得更大的权力，可以推行自己的政治纲领和政策；同时，政府对总统负责而不是对议会负责。但是，以社会党、共产党、人民共和党组成的左派联盟主张成立一院制议会体制，在村社和地方实行自治，成立多党制议会，从而充分发挥左派联盟在政治上的影响力。此外，一些党派还主张恢复二战前第三共和国时期的体制。最后，这个问题由全民投票公决来解决。

　　1945 年 10 月 21 日，法国举行全民投票，结果否定了"第三条道路"，同意组织立宪会议起草新宪法，决定国家新体制。在立宪会议选举中，左派获得了胜利，共产党获得 152 席，社会党获得 142 席，人民共和党获 141 席，其他激进派、右派组织获得余下的 81 席，形成了由共产党、社会党和人民共和党三党组成的联合政府。这个结果使战后左派的力量得以加强，同时也加深了左

法国抵抗运动宣传画

派与戴高乐右派之间的分歧。

1945 年 11 月，戴高乐组建新政府，3 个左派组织各有 5 名成员进入，其中共产党获得了 4 个部长和 1 个副总理职务。在新政府中左派占了多数，戴高乐右派仅有 6 名成员，这使戴高乐右派与左派之间的矛盾日益尖锐。12 月，在商讨预算及军事贷款问题时，左派联合起来反对戴高乐。1946 年 1 月 20 日，戴高乐宣布辞职。社会党人费历克斯·古安出任政府总理，法国出现了左派三党执政的联合内阁局面。

二战给法国经济造成了极大的损失，战后法国与其他欧洲国家一样，面临着经济重建的严峻局面。由于法国在战争中沦陷，遭到了战火的肆虐，许多工厂、企业在战争中严重被破坏。战争结束时，法国运输业处在崩溃的边缘，工业产值仅为战前的 20%。战争对农业的破坏程度同样十分严重，产量仅为战前的 50%。正如戴高乐所说："法国人最关心的是什么事呢？大部分法国人最关心的是怎样活下去。"为了恢复法国经济，戴高乐政府采取一系列政策，将战时与法西斯合作的北部地区的一些厂矿、企业归为国有。1944 年 12 月至 1945 年 12 月，法国政府宣布将北部煤矿、雷诺企业、诺姆洛讷飞机制造公司、民用航空、

庆祝解放的巴黎人民
1944 年 8 月 25 日，盟军解放巴黎，人们怀着喜悦的心情走上街头，为巴黎的解放欢呼。

银行业和信用贷款全部收归国有。国有化政策稳定了战后的法国经济，加强了国家对经济的调控能力。在古安政府时期，法国国有化趋势加快，煤矿、煤气、电力生产基本实现国有化。在实施国有化的同时，法国政府的另一个措施是计划经济，即对国民经济中一些基础部门实行计划性干预。

法兰西第四共和国

左翼三党联盟执政后，开始制定新的宪法。在立宪会议的宪法委员会中，共产党和社会党的代表占多数，他们起草了一部强调保障劳动者经济和社会权利的宪法草案，并在立宪会议上获得通过。然而，反对党及戴高乐对这部宪法进行了强烈抨击，极力表示反对。1946 年 5 月 5 日，全民公决否定了这部宪法。6 月 2 日，第二届立宪会议进行选举，左派三党仍然占据前列，人民共和党获胜，负责组阁，乔治·皮杜尔接任总理。在对宪法进行修改的过程中，左派采取了现实的态度，制定了一部保留资产阶级权利和尊重传统秩序的新宪法。1946 年 10 月 13 日，全民投票通过了这部宪法，12 月 24 日新宪法正式生效，法兰西第四共和国成立。

1946 年 11 月，法国举行第四共和国第一届国民议会选举，社会党取得胜利，负责组建政府内阁，里昂·勃鲁姆出任总理。勃鲁姆最初试图组成一个大联合政府，但在分配部长职务问题上遭到失败，勃鲁姆内阁仅维持几十天，于

20 世纪 50 年代后逐渐恢复活力的法国市场
20 世纪 50 年代中期到 60 年代末期是法国经济高速增长时期。

1947 年 1 月 20 日被保罗·拉马迪埃替代。保罗·拉马迪埃成立的新政府同时也是一个扩大了的三党联合政府。

拉马迪埃成立了左派三党联合政府，法国共产党获得了 5 个部长职务。在联合政府中，法共的政治影响力不断提升，共产党人在政府中担任重要职位，这让右翼势力十分顾忌，同时左派政治联盟内部的分歧日益严重，导致联盟进一步分化。1947 年 4 月，法国工人掀起罢工浪潮，法共对工人罢工运动表示支持，社会党借机排挤法共，法共于是宣布退出联合政府，左派三党政治联合宣告破裂。在此后的一段时间里，法国政局出现动荡，不断出现政府危机。从新宪法生效到 1958 年 5 月，在 12 年里，法国政府更换了 22 届内阁，这充分说明法国政局的动荡，同时表明第四共和国处在瓦解的边缘。

第四共和国成立后，法国政府采取多种措施促进战后经济恢复和发展。但总体上沿用了戴高乐临时政府的经济政策，坚持重要经济部门的国有化政策。其中最重要的措施是"莫内计划"的制订和实施。1946 年，莫内组建计划总署并编制《现代化与装备计划》，简称"莫内计划"。1947 年初，该计划经政府批准正式实施。"莫内计划"是资本主义国家的第一个全国性计划，以发展煤炭、钢铁、电力、水泥、运输、农机、石油、化肥等基础工业部门为重点，规定为期 4 年的生产指标；计划大量进口原料和机械；通过政府投资，兴建大型电力工程。"莫内计划"的实施对战后法国经济恢复产生了积极影响。1947 年至 1948 年，法国工业生产得到恢复，部分工业的产量超过了战前水平，生产水平呈不断增长趋势。与此同时，法国接受了马歇尔计划，得到了美国数十亿美元的支持，这同样促进了法国经济的发展。

进入 20 世纪 50 年代，法国经济稳步增长，发展速度虽然比不上美国、联邦德国、日本等国，比英国还是要快一些。但是，法国资本主义经济存在着不可克服的矛盾，这决定了战后法国同样无法摆脱周期性的经济危机。在第四共和国时期，经济发展的矛盾不断显现出来，国有化政策带来的低效率和巨额亏损开始制约法国经济的发展。加上法国不断进行保护殖民地利益的战争，需要承担巨额军费，财政需求不断增加，给经济发展带来更沉重的负担。经济与财政危机不仅激化了社会矛盾，加剧了社会的动荡，而且使统治阶级内部矛盾明朗化，进而引起了政治危机。

二战后，民族独立运动在世界范围内兴起。法国的殖民地如越南、阿尔及利亚等地区也爆发了民族独立运动，并发展成武装斗争。第四共和国政府为了扑灭殖民地的民族独立运动，采取了严厉的镇压政策，不断向殖民地派遣军队，导致军费急剧增加。然而，法国的镇压政策并未取得成功，反而使法国政府陷入政治、经济困境，导致法国国内出现危机。1958 年 5 月 13 日，驻阿尔及利亚法国军队发动兵变，成立公共安全委员会。兵变很快席卷法国，法国政府再次出现政治危机。在国内形势危急的情况下，一些政治集团和军队都希望戴高乐重新出山，主持法国政局。戴高乐虽然声称自己已经退出政治圈，但一直关心法国的政局，当即表示已准备好承担国家领导重任。

法兰西第五共和国和戴高乐重新执政

1958 年，在驻阿尔及利亚法国军队发动兵变引发国内外危机的情况下，法兰西第四共和国政府总理皮埃尔·弗林姆兰和总统科蒂与戴高乐进行了谈判，并达成协议。1958 年 5 月 28 日，皮埃尔·弗林姆兰宣布辞职。29 日，总统科蒂发表咨文，呼吁议会对此给予合作。6 月 1 日，戴高乐正式接管政府，出任总理。戴高乐出人意料地将所有原来的政党领导人都安排到政府中，其中有社会党人、人民共和党人、独立党人。戴高乐上台后进行了一些政治改革，其中最重要的是修改宪法，建立总统制的新政体，全面解决法国政治经济危机。此外，戴高乐采取政治办法，结束了殖民战争，解决了殖民地民族独立问题。

第二次世界大战结束后，法国对于实行总统制还是议会制一直争论不休。1958 年 6 月 12 日，戴高乐政府开始起草新宪法。9 月 4 日，戴高乐正式向法国人民会议提交新宪法草案。新宪法加强了总统的权力，同时削弱了议会的作用，规定总统为国家元首，在外交和国防事务上具有最高权威，拥有广泛的行政任命权，包括任命总理、解散国民议会、举行新的选举、就重要问题举行全民公决，并有权宣布国家紧急状态。总统集大权于一身，居于政治的中心。总统由选举团选举产生，任期 7 年。9 月 28 日，法国举行全民投票，新宪法以压倒性票数获得通过，于 10 月 4 日颁布施行。11 月，法国根据新宪法举行了议会选举。12 月 21 日，又举行了总统选举，戴高乐当选为总统，法国第四共和国至此结束，第五共和国正式建立。

戴高乐上台后制定了一系列经济措施，促进国民经济的发展。政府首先在短时间内稳定国内经济市场，解决通货膨胀、财政赤字、外贸逆差等亟需解决的问题。从 1958 年起，戴高乐政府开始实施三个现代化和装备计划。到 20 世纪 60 年代末，法国经济取得了显著进步和发展。在 20 世纪 60 年代，法国工业生产年增长率达到 6.9%，增长速度不仅超过了英国和美国，而且超过了联邦德国。在农业上，法国于 20 世纪 60 年代初基本实现了机械化，农业产值逐年增长。到 60 年代末，法国从一个农产品进口国转变为世界第二大农产品出口国。

法国实现经济快速增长的主要措施是继续施行国有化和国家对经济的干预，并辅之以其他有利于发展经济、提高劳动生产率的措施；摆脱美国及马歇尔计划对法国经济的影响，积极发展法国与欧洲共同体的经济合作，联合欧洲国家发展共同市场，扩大对外贸易，同时坚持建立独立的民族经济。

在殖民地问题上，法国以实事求是的态度对待殖民地独立问题，采取政治解决的办法。根据新宪法，成立了新的法兰西共同体以替代法兰西联邦，各附属国在内政方面享有自治权，并且保留随时退出共同体的权利。大部分殖民地当局通过了新宪法，这使法国在与殖民地关系上最终形成了和平解决的结局。1958 年 10 月，几内亚宣布独立。1960 年，除了法属索马里兰（今吉布提），各法属殖民地纷纷宣布独立，阿尔及利亚问题也得到了政治解决。1962 年 3 月 18 日，法国与阿尔及利亚民族解放阵线签署协议，结束了敌对状态，阿尔及利亚实现独立。

阿尔及利亚民族独立运动
19 世纪中叶，阿尔及利亚成为法国殖民地；1962 年 3 月 18 日，法国被迫与阿尔及利亚临时政府签订《埃维昂协议》。7 月 3 日，阿尔及利亚宣告独立。

德国的分裂

德国在战争中战败，国民经济处于崩溃状态，国土支离破碎，整个国家一蹶不振。法西斯德国发动的这场战争使广大德国人民饱受战火折磨，给德国民众带来了极大的痛苦和灾难。柏林、法兰克福、汉堡、科隆等城市被战火吞没，变为一片废墟。铁路交通几乎被毁坏殆尽，交通运输完全中断，河道运输处在瘫痪状态中，远洋船队被战胜国全部没收。工矿企业、水电设施、桥梁等国家基础设施在战争中几乎全部被毁。原来欧洲最大的工业中心鲁尔区变成一片废墟，钢铁和煤炭的生产几乎处于停产状态，产量分别仅是战前的5%和10%。战争严重地破坏了德国的社会生产力，导致农田荒芜，农产品极其匮乏，人们在饥饿死亡线上挣扎。战后，幸存的德国人民为希特勒发动的法西斯战争承受了沉重苦果，他们中大部分人既失去了工作又丧失了家园。据统计，战争结束时德国在战争中有550万人死亡，1500万人背井离乡，颠沛流离。

战后初期，德国在占领当局的控制下开始恢复和重建。根据《雅尔塔协定》和《波茨坦协定》，德国被分割成4块占领区，分别由美、苏、英、法占领。1945年6月5日，苏、美、英、法发表关于管制德国的联合声明，宣布成立由四国占领军总司令组成的盟国对德管制委员会，作为最高权力机构，负责共管事宜。虽然声明强调在占领期间应视德国为一个统一的整体，但是各国在自己的占领区拥有自行其是的权力，苏联与美、英等国在战后关系日渐恶化，使共管徒具其表，潜藏着分裂的因素。此外，各占领国政府对战后如何处置德国存在较大分歧，这也导致了德国的最终分裂。

为了使德国经济迅速恢复，西方占领国采取了"重建德国"的方针。1946

二战后的德国国会大厦

二战时期，希特勒将国会大厦改建成大型堡垒，使其成为德国最后的阵地。在柏林战役中，国会大厦在炮火中变得残缺不全。

年 7 月 20 日，美国首先提议合并占领区。苏联拒绝了美国的提议，法国对此比较冷淡，但是英国积极响应。1946 年 12 月，美、英达成协议，决定合并两国占领区，以促进经济上的统一。1947 年 1 月，合并两国占领区建立了"双占区"。1948 年 2 月，美、英把双占区扩大为类似国家的实体，成立了联合州议会和行政管理委员会。

1948 年春，法国同意加入美英占领区，成立了"三占区"，即"西占区"。在西占区内，美、英、法开始了复兴德国的计划，准备进行一系列的整顿与改革，其目标是建立一个议会制的德国，与西方的政治制度保持一致。在这期间，苏联在苏占区也进行了政治经济改革。1947 年 12 月 6 日，苏联在苏占区举行了德国人民代表大会，选出了以威廉·皮克为主席的常务委员会。德国的分裂趋势日趋明显。

1948 年 6 月，为了配合美国的"马歇尔计划"，西方占领国在西占区单独进行币制改革，发行新货币，用新马克代替旧马克。为了发行和监督新的货币，西占区成立了德意志联邦银行。苏联将西方三国的货币改革看作是对《波茨坦协定》的破坏，提出强烈抗议。接着，苏联也宣布在苏占区进行货币改革，发行新马克代替旧马克。东、西占领区的币制改革完全切断了彼此之间的经济联系。

经济上的分裂使德国迈出了政治上的分裂的关键性一步。此后，东西方两大对立集团加紧筹备德国独立的立法和组织活动，德国在政治上的分裂不断加剧。

1948 年 7 月 1 日，西方三国占领当局在法兰克福召开了西占区 11 个州的政府首脑会议，向他们下发了 3 个文件，即"法兰克福文件"，阐明了西占区的发展设想，为后来联邦德国的国家机构及其职权范围定下了基本方针。会上还授权各州政府召开国民代表大会，制定一部联邦性质的民主宪法。9 月 1 日，

现代波恩城市风光（原联邦德国首都）
1949 年至 1990 年，波恩是联邦德国首都，直到 1999 年仍是政府所在地。如今还驻有联邦部门，这使波恩成为德国第二大政治中心。

民主德国首都——东柏林
1949 年 10 月 7 日，德意志
民主共和国宣告成立，东柏
林成为民主德国的首都。

西占区在波恩成立了议会委员会，基督教民主同盟的阿登纳担任主席。议会委员会根据"法兰克福文件"的内容进行了讨论，并制定宪法。

1949 年 4 月，美、英、法制定了对西占区的《占领法规》，声明同意德国人拥有民主的自主政府，在德国国家成立后，将撤销军政府，由三国文职高级专员组成高级专员委员会，主管德国对外和安全事务，并对联邦德国议会一切行动有否决权。在国内问题方面，德国政府可以在盟国允许的范围内自行制定法律。在这期间，德国议会委员会就起草宪法进行了讨论，在盟国的监督下，较为顺利地制定了临时宪法——基本法。1949 年 5 月 8 日，德国议会委员会会议结束，会议通过了临时宪法草案。新的国家为议会民主制，国家结构为联邦制，其货币、外交、国防、海关、铁路、航空、邮电等由联邦负责管理，同时给予各州较大的自治权。5 月 12 日，西方占领当局批准了这个临时宪法草案，后又经各州议会通过，于 5 月 23 日正式生效。5 月 23 日，德意志联邦共和国宣布成立，首都设在波恩。8 月 14 日，联邦议院举行选举，基督教民主联盟成为第一大党。9 月 7 日，联邦议会成立，自由人士特奥多尔·豪斯当选为联邦总统。9 月 15 日，基督教民主联盟领袖康拉德·阿登纳当选为联邦总理。

1949 年 5 月 15 日，苏占区进行了第三次德国人民代表大会代表的选举，选举产生了德国人民委员会。1949 年 5 月 25 日，苏占区召开第三届人民代表大会。5 月 30 日，在联邦德国的《德意志联邦共和国基本法》生效一周之后，德国人民代表大会批准了《德意志民主共和国宪法》。9 月，德国人民委员会改称德意志民主共和国临时人民议院。10 月 7 日，苏占区宣布成立德意志民主共和国，并通过了新宪法，东柏林成为民主德国的首都。10 月 11 日，威廉·皮克当选为民主德国总统，奥托·格罗提渥为临时政府总理。11 月 11 日，苏联占领区当局将行政职权移交给德意志民主共和国，苏军占领当局改称"苏联监督委员会"。这样，战后德国的分裂最终变为现实，德国正式分裂为两个主权独立的国家。

联邦德国的政党与政治

在正式成立联邦德国之前，占领当局根据《波茨坦协定》的原则，战后对德国实施了非纳粹化改革。比如，审判战犯，判处戈林、里宾特洛甫等 12 名纳粹要犯绞刑，取缔法西斯政党和组织，消灭纳粹在德国的残余势力，铲除纳粹势力的社会基础等。在这一期间，占领当局鼓励德国成立民主政党，以取代法西斯政党。社会民主党、基督教民主联盟、自由民主党和共产党 4 个政党在西占区最先获批成立。

1949 年举行第一届联邦议院选举时，德曾出现了 12 个政党注册参加竞选的情况，然而在政治发展进程中，部分政党先后被取缔、禁止，如德国共产党和新法西斯主义的国家民主党；部分政党不断分化、瓦解，或是已没有什么政治影响。这样，在战后几十年中，主要影响联邦德国政治进程的主要是基督教民主联盟、社会民主党和自由民主党三大政党。

基督教民主联盟在第一届联邦议院选举中获胜，成为战后首个执政的民主政党。基督教民主联盟虽然获胜，但是优势不大。随后，其力量不断壮大，连续在选举中获胜，执政时间长达 15 年，成为战后联邦德国最具影响力的政党。

20 世纪 80 年代的斯图加特国立美术馆
斯图加特市是巴登－符腾堡州首府，也是德国西南部最大的工业区的中心。

　　基督教民主联盟为资产阶级政党，领袖为康拉德·阿登纳，因此该党执政的时期也被称作"阿登纳时代"。基督教民主联盟是以中产阶级为核心的政党，成员主要由大企业家、官僚、富农、手工业者、基督教徒等组成，在劳动群众中拥有众多支持者，党员人数约为70万。该党在内政方面的主要政策是：坚持德国统一，主张社会市场经济。在基督教民主联盟执政期间，联邦德国的经济增长率每年递增7.1%，到20世纪60年代初国民经济总产值超过了英、法两国，成为西方世界次于美国的经济大国，出现了战后联邦德国历史上称之为"经济奇迹"的盛兴局面。

　　德国社会民主党成立于1869年，在二战爆发前被纳粹政府取缔，1946年后重新恢复政党活动。在第一届联邦议院选举中，社会民主党仅以微弱的劣势败给了基督教民主联盟，成为最大的在野党。该党的主要成员为中小资产阶级、知识分子和劳动群众。在1959年巴特格德斯贝格会议上，社会民主党对政策纲领进行了大幅调整。1966年，该党与基督教民主联盟合组大联合政府。1969年联邦众议院大选，该党与自由民主党结盟获得胜利，由布兰德出任总理。直到1982年施密特下台，德国社会民主党执政时间长达13年。

　　在阿登纳时代，联邦德国在外交政策上主要奉行向西方一边倒的策略，联合欧洲国家，对苏联采取抗衡政策，主张维持优势威慑力量，遏止苏联的威胁。1955年，联邦德国加入北大西洋公约组织。1958年，联邦德国议院通过了允许在联邦德国部署导弹和核武器的决议。虽然联邦德国于1959年与苏联建立了外交关系，但是拒绝承认民主德国，长期实行其以外交国务秘书命名的"哈尔斯坦主义"，即联邦德国代表整个德国，要求与联邦德国建交的国家不得与民主德国建交（苏联除外）。1969年社会民主党上台后，联邦德国宣布实行新东方政策，"哈尔斯坦主义"事实上已终止。

艾哈德的经济改革

　　战后德国经济已经完全崩溃，为了尽快恢复德国经济，西占区占领当局首先实行管制经济。在对德实行民主化改革时，西方各国除了瓦解法西斯的中央统治经济之外，还鼓励、支持德国自由主义经济学家进行改革，使联邦德国在较短时间内完成经济模式转轨，走上快速发展的道路。

　　德国战后经济改革的主要倡导者和决策人是路德维希·艾哈德博士。艾哈德在 1948 年至 1966 年先后出任联邦德国的经济部长和总理，对德国的经济改革和决策起到了重要的作用。他根据战后德国的实际情况，采用米勒·阿尔马克教授的"社会市场经济"理论，发展了新自由主义学派的理论，推动了联邦德国的经济改革与发展。

这一理论认为，社会和经济是不可分的，不能仅考虑经济规律而不考虑市场规律，或者说不能仅考虑经济效果而不考虑社会效果。因此，它不主张采取传统的自由放任式的市场经济，而要有意识地从社会政策角度对市场经济进行控制，也就是说经济政策必须同时兼顾经济和社会两个方面。概括来说，在"社会市场经济"理论下实施改革，要按照市场经济规律有序进行，同时建立起与社会保障相适应的经济制度。

艾哈德推行社会市场经济机制政策目标，即最大限度地实现经济的全面发展，恢复货币市场的正常运转，保证物价的稳定，维护社会的稳定和发展。艾哈德所推行的改革的第一步是整顿货币体系，在代号为"捕当猎犬"的行动中，美国的援助起到了十分重要的作用。联邦德国从美国运进重达 500 吨的、总值为 57 亿马克的新钞，并于 1948 年 6 月 19 日晚开始了全面换钞的货币改革，取得了预期效果。在货币政策取得初步效果后，艾哈德立即着手推行改革的第二步，取消管制经济的配给制，放开价格，推动西占区经济体制向市场经济过渡。与此同时，在促进经济发展的基础上，联邦德国推行了以减税为内容的税收改革，使联邦德国的经济进入健康的、有计划的市场经济轨道，促进了经济的发展。

联邦德国的经济改革充满了风险与危机，在这期间，联邦新政府能够顺利

阿登纳（左）与艾哈德（右）

艾哈德长期在阿登纳政府中担任经济和劳工部长，与阿登纳的关系一开始就矛盾重重，因为他坚信市场经济，常常与阿登纳的社会政策发生矛盾。

实施改革，美国的援助功不可没。根据马歇尔计划，美国 1948 年至 1952 年向联邦德国提供了大量食品和原料，使联邦德国供应紧张的局势得以缓解；同时支援联邦德国 16 亿美元，使联邦德国获得了发展所需的资金，解决了外汇短缺、生产资金不足等问题。到 1952 年，联邦德国经济的主要指标均已超过战前水平，基本实现了复兴经济的计划，经济发展进入高速增长阶段。在 1952 年至 1965 年的 13 年中，联邦德国的国内生产总值、国民收入年平均增长率和年平均增长速度均保持在 9.8% 左右，其增长速度一直处在西方国家的前列，均高于美、法、英三国，仅次于日本。

至 1970 年，联邦德国的国民生产总值比 1952 年增长了 6 倍，经济实力居欧洲国家之首，位居西方国家第二位。而在经济高速增长时期，联邦德国的消费物价年上涨率仅维持在 2.9% 的低水平，失业率也得到了有效控制，甚至出现了劳动力不足、大量引进劳务的状况。在这 13 年中，联邦德国工业生产平均增长速度高达 7.9%，超过了美、英、法三国，工业产值增长率也高于美、英、法三国，仅次于日本。联邦德国的政治和社会长期安定的局面，也有利于经济的发展。工业的快速发展促进了对外贸易的连年顺差，极大地改善了联邦德国的国际收支地位，黄金外汇储备不断增加，联邦德国的国家实力空前增强。

战后，联邦德国出现经济奇迹有各种因素的影响，其中政治、经济因素的影响最为明显。从政治方面来看，社会的稳定是德国经济能迅速发展的重要原因。战后，基督教民主联盟长期执政，在政策上可以保持连续性、稳定性，为

20 世纪 60 年代联邦德国的汽车工业
1960 年，德国的汽车产量已达 200 万辆，是欧洲最大的汽车生产国和出口国。

人潮拥挤的德国大众汽车加工厂
大众公司"甲壳虫"汽车的大量生产标志着德国汽车工业开始进入飞速发展阶段。

经济发展提供了良好的社会环境。从经济方面来看，首先，德国原先的经济基础较好，虽然大部分固定资产在战争中遭到毁坏，但是在工业布局、劳动力等方面有着巨大的潜力，特别是工人在技术方面维持了较高水平，为战后德国技术的发展和创新奠定了基础；其次，马歇尔计划的资金援助促使联邦德国可以迅速完成经济模式转轨，对联邦德国发展经济起到了稳定和促进作用；第三，长期保持较大规模的固定资本投资是有序发展经济的一个体现。1950 年至 1965 年，联邦德国的投资总额达 9332 亿马克，位列欧洲首位，在世界上仅次于美国；第四，经济的发展需要资源和国外市场，对外贸易在国民经济中占有重要地位，德国对外贸易稳定持续的增长，促进了工业生产和整个国民经济的高速增长；第五，非军事化立国的政策成为联邦德国经济发展的一个有利因素。战后，德国人不能在国际政治舞台上扮演重要角色，他们转而把全部精力放在经济建设上，不必承担战后东、西方军备竞争带来的沉重经济负担。

意大利的发展

二战结束时，意大利与欧洲之外的经济交往基本被切断，其北部地区主要的铁路和桥梁被战火摧毁，原居世界第六位的商船队在战争中的损失达 75%。战争使意大利 1/3 的财富毁于战火，工业生产尚不及战前的 1/4，农业减产了近一半，外汇和黄金储备消耗殆尽，财政巨额超支，物价暴涨数十倍，无数人失去工作。战后初期，意大利粮食和商品供应极度匮乏，食物严重供应不足。1945 年夏天，意大利每人每天仅能分到 200 克食物，人们食不果腹，各地不断出现骚乱。战争给意大利造成了严重的经济政治危机。

在这些纷繁复杂的矛盾和危机中，意大利战后的发展道路问题显得尤为迫切和突出。二战前，意大利为君主政体国家。近代以来，意大利有无数人为了建立意大利民主共和国而斗争，但始终未能成功。建立民主共和国一直是意大利民主力量的目标，在战争期间以民主力量为主的抵抗运动得到了大众的广泛支持，不断发展壮大，这成为战后意大利民主进程中的一个重要因素。但是，意大利教会势力和萨伏依王朝的旧势力企图恢复君主政体，与意大利民主力量产生了尖锐的矛盾，意大利的未来面临着严峻的考验。

1946 年 6 月 2 日，意大利举行全民公决，1270 万张票拥护建立民主共和国，1070 万张票主张恢复君主政体，意大利民主力量取得了一次关键性的胜

二战结束后开始逐步恢复经济发展的意大利城市
意大利在 20 世纪 50 年代和 60 年代经济快速发展，工业化水平不断提高，创造了"意大利经济奇迹"。

利。在同时进行的制宪会议选举中，天主教民主党获得了 207 席，共产党获得 120 席，社会党获得 115 席，成为会议中三大政党。在天主教民主党组织的内阁中，意共总书记帕尔米罗·陶里亚蒂出任副总理兼司法部长。

　　天主教民主党的前身是 1919 年成立的意大利人民党，在 1926 年被墨索里尼取缔，1943 年由若干天主教团体联合重建，并改名为天主教民主党，简称天民党。成员主要为大中资产阶级、教会人物，同时也有部分信教的普通群众。天主教民主党是二战后意大利政治改革中最具影响力的政党。1947 年初，天民党领袖即内阁总理加斯贝利对美国进行访问，寻求美国的经济援助。后来，天主教民主党在美国的支持下对共产党采取排挤政策。在这种情况下，1947 年 5 月，共产党和社会党一起退出政府，成为在野党。1947 年 12 月 22 日，意大利通过了新宪法。新宪法在第一条中明确规定：意大利是以劳动为基础的民主共和国。共和国制的建立使意大利开始了民主政治的新时期。1948 年 4 月，天民党在议会选举中获胜，再次获得组阁权。

　　天民党上台后，着手恢复战后意大利的经济。新政府取消了价格管制和实物配给制，放宽了外汇限制，出口贸易改为由私人经营；实施了旨在增加居民住宅、减少失业的"范范尼计划"，使建筑业得到了优先发展；同时颁布一系列土地法令，使 10 多万户农民获得了土地；完善金融业，成立南方银行，加大对南方地区农业生产的支持力度，以解决粮食问题。

　　1948 年，意大利接受美国马歇尔计划，得到了 6 亿美元的经济援助，并于次年加入北大西洋公约组织，与各成员国广泛开展经贸合作。到 1950 年，意大利恢复了在战争中被严重破坏的经济，工农业取得了较为显著的发展。

战后日本的民主化改革

第二次世界大战后，战败的日本满目疮痍，一片废墟，经济陷入破产的境地。日本军国主义挑起的战争不仅给亚洲各国人民，也给其本国人民带来了空前的浩劫。根据 1949 年日本经济安定本部的统计，日本在战争中损失了 1057 亿日元的财富，相当于其 1944 年全部财富的 35%。除京都、奈良等少数文化古城外，在美军的轮番轰炸下，日本有 119 座城市被炸成废墟，200 多万户房屋被毁坏，数百万人流离失所。战争使日本损失了 200 多万人口，600 多万人成为伤残人员。

战后，日本面临的困境是多方面的，粮食严重匮乏、工农业生产处于停滞状态、物价暴涨、大批人失去工作等。工矿业生产仅为战前水平的 8.7%，几乎陷于停产状态。农业生产降至战前的 58%，人均国民生产总值仅及战前的一半。与此同时，粮食严重歉收，加剧了粮食危机。为了生存下去，日本大量居民被迫典卖衣物换取粮食，因这种生活状况就像竹笋脱皮，因此被称为"笋式生活"。作为一个海上国家，日本船舶总吨位从战前的 630 万吨锐减到战后的 153 万吨，失去了从海外进口所需基本物资的能力。

《波茨坦公告》明确规定了战后在日本进行民主化改革的目标。与德国不同，日本在战后由美国单独占领。因此，美国占领日本的政策成为在日本进行民主化改革的重要内容。美国占领当局通过一系列"备忘录"和"指令"，指导日本的民主化改革，改革的进程也受占领当局的督促。因此，战后日本的改革与美国占领有直接的关系。

战后，日本民主化改革在政治上主要涉及三个方面。

一是进行非军事化改革。根据战后初期美国的对日政策，日本必须解除军事武装，并推行非军事化。1945 年 10 月，数百万日军武装力量被完全解除，一些军事机构如大本营、陆军省、海军省全部被解散。与此同时，《兵役法》《国防保安法》《军机保护法》《国家总动员法》等与军事有关的法令及相关条例被废除。为了惩处日军战犯，彻底清除日本军国主义残余力量，从 1946 年 2 月起，远东国际军事法庭审判并判决了 108 名战犯，以东条英机为首的 7 名战犯被判处绞刑。其后，军国分子受到"整肃"（被褫夺公民权），涉及 21 万人，取缔了"在乡军人会"等一批法西斯主义团体。占领当局还颁布了 13 个法令，摧毁了军国主义对言论、治安、电影、新闻、通信等领域的控制。

二是进行"五大改革"。这五大改革是围绕人权进行的。1945 年 10 月 11

日，占领当局向币原内阁发出指令，进行确保人权的五项改革，即赋予妇女参政权、保障工人团结权、教育制度自由主义化、废除专制政治（撤销秘密审讯和压制民权的诸多制度）、促进经济民主化。在实行五项改革的过程中，日本公布了《劳动组合法》，这是日本历史上首次承认工人有组建工会和团结行动的权利；公布了《劳动基准法》，取消封建劳动制度，规定 8 小时工作制；公布了解决劳资争议、保障工人地位和生活保险的《劳动关系调整法》《职业安定法》《失业保险法》等。在关于教育改革的法规中，废除了普及军国主义、军训等法西斯化的内容，提倡教育自由化，引入欧美教育制度中加强义务教育的内容。

　　三是制定新宪法。这是日本政治民主化改革的主要内容。1945 年 10 月，占领当局指示日本政府修改 1889 年制定的《大日本帝国宪法》。日本保守势力企图保留旧宪法精神和天皇体制，在修宪过程中故意回避天皇权力等问题。占领当局提出了"日本国宪法草案"，明确表明了修宪的原则和具体主张，并要求日本政府以此草案制定宪法。1946 年 3 月 6 日，"日本新宪法草案"公布。同年 11 月 3 日，《日本国宪法》在国会获得通过，并于 1947 年 5 月 3 日正式生效。

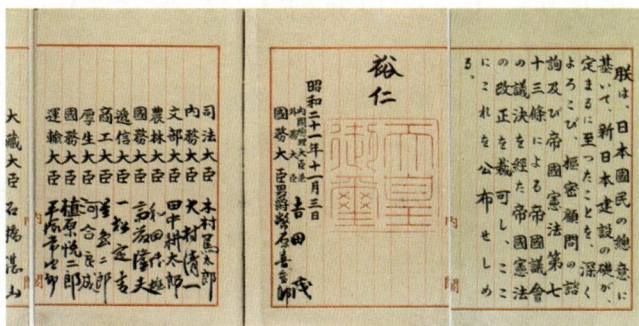

《日本国宪法》书影
《日本国宪法》中的三大原则是：尊重基本人权、主权在民、和平主义。

　　从立法形式来看，新宪法虽然是占领当局强加给日本的，但是其内容在实质上是民主主义的，反映了反封建、反垄断、反军国主义和主权在民的思想，符合日本资产阶级的利益，受到了国民的拥护和欢迎，是一部民主主义宪法。新宪法的颁布实施，标志着日本已成为资产阶级议会制国家。根据该宪法，天皇变为日本这个国家的象征，不再具有政治权力，由国民选举产生的国会——众议院和参议院，"是国家的最高权力机关，是国家唯一的立法机关"。这样，天皇完全被排除在日本社会实际事务之外。从形式上来看，日本的议会制度属于英国式的议会制度，同时吸收了美国资产阶级民主化的内容，有利于日本长期保持稳定，这对战后日本的社会改革和经济的恢复起到了非常重要的作用。

经济民主化改革

日本战后还进行了经济改革，经济民主化改革的目的是要彻底铲除日本法西斯军国主义的经济基础，主要围绕改革财阀垄断经济和地主土地所有制两大问题展开。

财阀是一种具有垄断性质的半封建经济组织，是日本江户时代至明治时代的产物。以血缘和家族的主从关系为轴心，是特权商人与明治政权相结合而形成的封建色彩极为浓厚的垄断资本集团，是日本法西斯军国主义和天皇专制制度的经济基础。因此，解散财阀成为日本战后经济改革的主要内容。

1945 年 10 月，根据美国占领当局的指示，日本开始实施解散财阀、禁止垄断的改革。11 月，日本政府冻结了三菱、三井等 15 家财阀的资产。1946 年 4 月，日本政府成立"控股公司整理委员会"，勒令这些财阀交出股票和凭证，进行强制拍卖。这项改革打破了财阀家族垄断的半封建经济格局，使财阀的股权分散，建立了资本和经营相分离的新体制，形成了共同持股的竞争机制，对经营管理起到了较好的作用。解散财阀的改革为战后日本经济民主化发展铺平了道路，也为垄断资本主义创造了自由发展的条件，对日本经济的发展产生了积极影响。

朝鲜战争爆发后，在美国的默许下，日本垄断资本势力不断兴起，逐渐壮大。但是，垄断资本与财阀家族垄断时代的形势已经发生了很大变化。

农地改革是日本经济民主改革中的重要内容，日本明治维新以后确立的封建土地所有制是天皇制的阶级基础之一，也是日本军国主义重要的经济基础，但阻碍了日本经济发展。由于战后空前的粮食危机，日本土地和粮食问题更加突出。因此，日本政府于 1945 年 12 月 28 日颁布了第一部《农地改革法》。但是，该方案所制订的改革措施极不彻底，允许地主把土地分成若干份后分给家人，并有权以自耕名义收回出租土地。因此，该法案实际上是一个保护地主、维护地主阶级利益的方案。对这样一个方案，占领当局显然不能接受。

1946 年 6 月，占领当局向日本政府提出自己的改革方案，颁布《农民解放令》，称"日本的土地制度是封建性的，必须进行改革"。该方案规定，由国家征购不在村地主的全部出租土地，然后以分期付款的方式转卖给佃农；在村地主保有的土地为 1 町步，超过部分也由国家收购；每一农户的自耕地不超过 3 町步；剩余出租地的地租改以货币支付。1946 年 10 月至 1950 年底，根据土地改革法案，日本寄生地主的全部出租土地、在乡地主 1 町步以上的出租土地均被征购，卖给农民。到 1950 年，日本 221 万町步佃租土地中的 194 万町步被征购，然后转卖到农民手中。475 万余户农民买到了土地，85％以上的可耕地转到自耕农手中。由于地价是按战前的价格确定，而日本战后出现了严重的通货膨胀，这使得土地的转让几乎是无偿的。地主阶级对土地改革表示不满，联合起来反抗。但是，在占领当局的监督下，广大农民成立了各级"农地改革委员会"，强行镇压地主的反抗，使日本农地改革最终顺利实行。

日本战后的农地改革具有划时代的历史意义，扫除了封建地主土地所有制，完成了自明治维新以来尚未完成的资产阶级土地改革。同时，农地改革为战后

战后开始进行经济改革的日本

日本经济复兴奠定了基础，为日本资本主义的发展创造了有利条件。在农业发展方面，农地改革打破了使日本农民处于奴隶地位的经济桎梏，使大多数佃户变成了自耕农，解放了农村生产力，调动了广大农民的积极性，为农业的发展创造了有利条件，为日本经济的重建奠定了新的基础。

日本战后初期的政治经济民主化改革，是一次关于政治、经济等制度方面较为彻底的变革。从某种程度上看，它使日本完成了资产阶级民主革命，为战后日本经济的快速发展铺平了道路，是日本社会经济方面具有重大意义的改革。

朝鲜战争与日本经济的恢复

日本战后的政治改革与经济改革为经济的高速发展创造了条件。日本经济摆脱困境、开始恢复的契机是朝鲜战争的爆发，直接原因是美国对日本的大量"特需订货"，这挽救了日本经济。1949 年时，日本经济仍处在极端困难的形势下。1945 年至 1948 年，日本的通货膨胀居高不下，只在 1947 年底至 1948 年初稍有抑制，但是整个国家经济形势依然不景气。1948 年底，美国提出了紧缩财政、加强税收等"稳定日本经济九原则"，并派底特律银行董事长约瑟夫·道奇前往日本进行整顿。道奇提出的整顿日本经济的方案以紧缩通货、平衡预算为主。经过这次整顿，1949 年日本的预算黑字达 1567 亿日元，税收增长 40% 以上，黑市价格下降 30%，民众从统制经济中获得解放。但道奇的整顿同时又使工厂大量倒闭，失业剧增，出现了"稳定恐慌"。1950 年初，日本经济陷入一片萧条，人们看不到光明的前景。就在日本在战争的废墟上痛苦挣扎时，朝鲜战争爆发了，这让近在咫尺的日本一阵慌乱。然而，日本人很快就发现，这场突如其来的战争，却成了自己大发横财的良机，使走投无路的日本经济开始走上恢复发展的道路。

朝鲜战争对日本经济的影响是多方面的。首先，战争使日本获得了大量"特需订货"。据统计，日本直接向美军提供的"特需订货"达 13 亿美元，向驻日美军及辅助人员提供的"间接特需"达 23 亿美元。这对当时苦于需求不足的日本经济无疑是一剂强心针，使日本经济迅速活跃起来。其次，朝鲜战争极大地刺激了日本的出口贸易，外汇储备迅速增加。据估计，日本在朝鲜战争期间，仅从提供商品和劳务得到的"特需"收入占到了同期日本出口总额的一半。1950 年 6 月至 1951 年底，日本对外贸易增长了 2.8 倍，极大地推动了日

日本京滨工业区石油厂

本经济的恢复、发展。另外，"特需订货"和出口的不断增加，使日本企业迅速摆脱积压滞销的困难局面，长期积压滞销的商品被抢购一空，到1950年时，日本工业生产指数第一次超过战前水平。到1951年，国民生产总值也达到了战前的水平。最后，朝鲜战争带来的"特需经济"使日本企业大发战争"横财"，不仅摆脱了经济危机，还促进了企业的资本积累和扩大再生产。到1955年，日本的经济水平已经远远超过了战前。日本的经济增长率很高，平均每年的实际国民收入以11%、工业生产以22%、输出额以46%的比例持续增长。战争"特需"使原本十分暗淡的日本经济形势豁然开朗起来。当时的日本首相吉田茂称："朝鲜战争的发生对日本经济安定将给予良好影响。"日本媒体也直言，"朝鲜战争带来的'特需'热潮把道奇路线造成的萧条气氛一扫而光，它成为经济高速发展的契机"。借此"天赐良机"，日本经济终于走出了"战后经济"的低谷。

　　经过朝鲜战争，日本战后举步维艰的经济终于恢复了生气。虽然，3年的朝鲜战争对日本经济的影响是短暂的，使日本经济出现了依赖"特需"订货等问题，但是它完成了日本经济复苏的历史使命。1955年美国占领结束，日本历经10年，度过了战后恢复阶段。随后，日本政府继续实施一系列有效政策，促进经济持续发展。从1956年开始，日本经济开始了长达18年的高速增长期。

美苏争霸的第二阶段

　　20 世纪 60 年代中叶至 70 年代末是美苏争霸的第二阶段。这一阶段美国在战略上转攻为守，处于守势，而苏联则处于攻势。这一时期苏联经济实力不断增长，军备力量赶超美国，霸权主义政策达到顶点。美国则受经济危机的影响，加上在越南战争中遭受严重挫折，于是从战略进攻转为战略防御。

尼克松主义

　　20 世纪 60 年代末，美国陷入越南战争泥潭，在美苏争霸中处于劣势。欧洲各国和日本在这一时期迅速发展起来，与美国形成鼎足之势；第三世界国家不断崛起；美国国内出现许多经济问题，其霸权地位日益衰落。为了保住霸权地位，美国政府被迫调整外交政策，尼克松主义应运而生。

　　1967 年 10 月，尼克松在《外交》季刊上发表的《越南战争之后的亚洲》一文，表达了尼克松主义的萌芽主张。1969 年 1 月，尼克松入主白宫，就任美国第 37 任总统。7 月 25 日，尼克松出访亚洲，途径关岛时，谈到了美国对亚洲和太平洋地区的新政策。其要点是：越南战争结束后，美国在亚洲仍发挥重要的作用，并恪守以前所承担的条约义务；在军事防务问题上，除非受到核大国的威胁，美国将鼓励由亚洲国家自己承担国内安全，同时美国避免卷入"越南式"的战争；集体安全是美国支持其亚洲盟友应对国内或核大国的威胁所谋求的一个目标。这就是尼克松的"新亚洲政策"，后来被称为"关岛主义"或"尼克松主义"。

　　1970 年 2 月 18 日，为了进一步阐释自己的政策，尼克松向国会提出了题

美国第 37 任总统理查德·尼克松
尼克松在 1972 年 2 月 21 日抵达北京，他是第一个
访问中华人民共和国的美国总统，为两国正式建立
外交关系打开了大门。

为《70 年代的美国对外政策：争取和平新战略》的国情咨文，对尼克松主义的
内容进行扩充。他提出了以"伙伴关系、实力和谈判"为三大支柱的"新和平
战略"，并把这一政策延伸为全球政策，以及处理与其盟友全面关系的总方针。
1971 年 7 月 6 日，尼克松在堪萨斯州发表讲话，再次就国际形势发表自己的
基本看法和政策考虑。他承认国际战略格局已经发生变化，不再仅有两个超级
大国，而是出现了美国、西欧、苏联、中国和日本五大力量。与二战结束初期
相比，美国已不再处于十分突出或完全支配的地位。美国要在国际事务中维持
自己的"领导地位"，就必须对对外政策进行调整。

尼克松主义修改了军事战略，提出了"现实威慑战略"。这个战略主要是
对美国的全球军事部署进行调整：收缩亚洲的军事力量，加强欧洲战略重点及
作为欧洲侧翼的中东地区的军事部署，集中力量阻止苏联扩张，努力改变当前
的被动形势。这个战略提出了以"一个半战争"取代"两个半战争"的设想，
即由在欧亚两洲各打一场大规模的战争，在其他地区打一场小规模战争，变为
仅在欧洲或亚洲打一场大规模的战争，在其他地区打一场小规模战争。同时，
主要准备进行常规战争。

根据尼克松主义的战略构想，美国政府采取了一系列行动：首先，从旷日
持久的越南战争中脱身。在实行越南人打越南人的"越南化"计划失利后，美
国于 1973 年 1 月 27 日在巴黎与越南签订了《关于在越南结束战争，恢复和平
的协定》。同年 3 月 19 日，美军履行协议，全部撤离越南，结束了长达 10 多
年的侵越战争。其次，主动采取行动，谋求与中国进行对话，借中国的力量与

苏联抗衡，开始了中美关系正常化的进程。第三，对苏联实行"缓和"外交。在保持与苏联激烈竞争的同时，采取较为灵活的态度谋求与苏联进行"对话"，试图通过军备控制协议限制苏联的扩张行动，通过一些经济协议满足苏联的某些要求，以换取苏联克制自己的扩张行动。但是，美国的这些措施收效甚微。第四，重新调整与西欧、日本的关系。1974 年 6 月，美国与北约成员国及欧共体部分国家签署《北大西洋关系宣言》，强调美国与西欧盟国的经济合作，美国对于西欧"共同市场"不再持反对态度；强调美国与西欧的防务不可分割，不再反对英、法发展独立的核力量。这一宣言改善了美欧之间的关系。美日两国于 1969 年 11 月签署了《归还冲绳协定》，于 1972 年 2 月将冲绳岛正式移交给日本，使美日关系得到进一步改善。

美国的缓和战略

　　二战后，为了争夺世界霸权，美、苏迅速发展核武器，到 20 世纪 60 年代，双方拥有了庞大的核武器数量。60 年代后期，为了减轻军费压力，美国进行战略收缩。从尼克松开始，美国向苏联提出就限制战略武器问题举行谈判，苏联进行了回应。尼克松之后的美国几任总统均对苏联采取了缓和策略，使东西方关系在 60 年代末到 70 年代出现了缓和局面。

　　1969 年 10 月 25 日，美苏双方达成协议。同年 11 月，美苏两国主要就限制战略武器问题举行谈判。1972 年 5 月 22 日至 30 日，尼克松到苏联进行正

勃列日涅夫与尼克松举行会谈
1972 年 5 月 22 日至 30 日，美国总统尼克松访问苏联，并与苏联领导人勃列日涅夫在莫斯科举行会谈。

式访问，并与勃列日涅夫举行会谈。这是美国总统战后首次对苏联进行访问。美苏双方签署了《相互关系原则》等一系列文件。双方会谈的重点为限制战略核武器问题。双方保证，努力避免出现军事冲突，防止爆发核战争，通过磋商和平解决冲突。美苏后来又签署了《限制反弹道导弹系统条约》《关于限制进攻性战略武器的某些措施的临时协定》和一个补充议定书，但是，这些协定并未对导弹的质量和核弹头的数量进行限制。同年 10 月，美苏签订了贸易协定，但是其后两年该协定始终未能生效。尼克松和勃列日涅夫的这次会谈，标志着东西方关系开始进入缓和期。

1973 年 6 月，勃列日涅夫访问美国，与尼克松会谈，双方签订了《防止核战争协定》《关于进一步限制进攻性战略武器会谈的基本原则》等协议。1974 年 6 月，尼克松再次访问苏联，与勃列日涅夫举行第三次会晤，签订了《限制地下核武器试验条约》等文件。关于限制进攻性战略武器问题，由于美苏均坚持限制对方，加强自己，因此没有达成协议。

此后不久，尼克松因"水门事件"辞职。1974 年 8 月，福特继任总统。福特政府基本上继承了尼克松主义，仍把"缓和"作为对苏政策的首要问题。美国试图通过"缓和"战略促进美苏之间的贸易往来，扩大美国工农业产品的出口。但在贸易往来的同时，美国又不时贯彻"和平演变"的计划。1974 年 11 月，福特在符拉迪沃斯托克与勃列日涅夫进行会晤。双方发表了《关于进攻性战略武器的联合声明》，宣布美苏同意根据"同等安全"的原则，签订一项关于限制进攻性战略武器的协定。

美苏在进行限制和削减进攻性战略武器谈判的同时，在商业贸易上也进行

水门事件丑闻
1973 年 4 月 30 日，白宫记者观看美国总统理查德·尼克松在电视上发表的水门事件演讲。"水门事件"是美国历史上极不光彩的政治丑闻之一，尼克松也是美国历史上第一位因丑闻而辞职的总统。

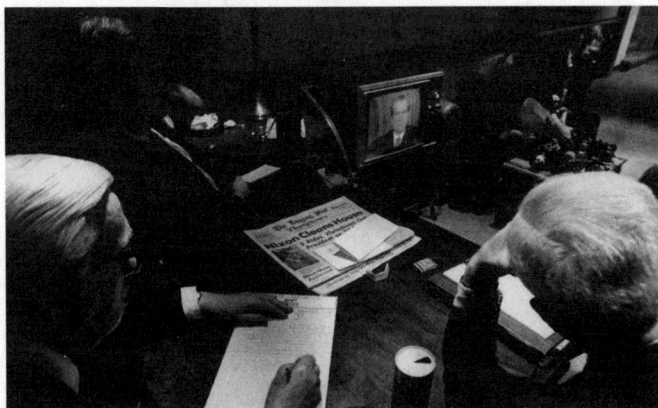

了谈判，寻求双方扩大贸易来往。1975 年，美苏两国就苏联从美国进口粮食达成协议。次年，双方又达成了美国从苏联进口石油的协议，经济色彩在美苏之间的"缓和"关系中不断加重。据统计，1969 年至 1976 年，美苏两国的贸易额增长了 10 倍，而且一直保持着增长的势头。

1977 年 1 月，卡特上台执政，继续对苏联推行"缓和"战略，但是其战略又出现了一些变化和发展。卡特在 1976 年大选时就对前两届政府的外交政策进行了攻击，认为基辛格等人的外交缺乏道德感，声称美国在二战之后，"大部分时间里我们没有把杰斐逊和威尔逊的理想作为美国的特性显示出来"，结果导致"我们丧失了抵御极权主义思想意识的威胁及鼓舞我国人民士气的一项最有效的手段"。鉴于此，卡特在竞选总统及在就职演说中一再强调，"人权已经成为我国外交政策的主题"，"尊重人权是自由民主国家在为扩大影响而进行的和平斗争中最重要的优势"。可见，卡特在遵循"缓和"路线的同时，也给其外交政策加上了"人权"这一带有理想主义色彩的口号，与当时咄咄逼人的苏联政策相抗衡，由被动转为主动。

1979 年 6 月，卡特与勃列日涅夫在维也纳签署了《限制进攻性战略武器条约》，确定了双方战略武器的总限额，规定了改进战略武器质量的限度和核查办法。但是，苏联入侵阿富汗后，美苏两国关系恶化，卡特政府宣布对苏采取制裁措施，并无限期地推迟将该条约提交美国国会批准。

美国第 39 任总统吉米·卡特

卡特于 1977 年至 1981 年出任美国第 39 任总统，在其任内，中美两国正式建立外交关系。

欧安会和中欧裁军会议

早在 1955 年美、苏、英、法四国外长讨论德国问题的柏林会议上，苏联就曾提出了缓和欧洲紧张局势，召开欧洲安全会议，建立欧洲集体安全的建议，但遭到了西方国家拒绝。20 世纪 60 年代中期，在苏联的推动下，华沙条约国政治协商会议正式提议，召开由欧洲国家参加的欧洲安全与合作会议，但不提美国参加，意图将美国排除在外，结果遭到美国的坚决反对。

苏联策划举行欧安会的目的，是力图通过会议确认战后欧洲国家边界对苏联有利的现状，巩固它在东欧的地位，分化西欧国家与美国的关系，排挤美国在欧洲的势力，并利用缓和的局势与西欧国家发展贸易活动。1972 年 5 月，美国总统尼克松访问苏联，双方就召开欧洲安全与合作会议和中欧裁军会议达成协议。美国从反对到同意召开欧安会的主要原因是担心自己被排除在全欧会议之外；另外是想通过会议，否认"有限主权论"，削弱苏联对东欧的控制，限制苏联的进一步扩张，同时向苏联、东欧国家进行渗透，以促进其"和平演变"。

1972 年 11 月 22 日，33 个欧洲国家及美国、加拿大的大使在芬兰首都赫尔辛基举行欧安会筹备会议。1973 年 6 月 8 日，与会的 25 国在赫尔辛基召开大使级会议，草拟了《赫尔辛基最后建议蓝皮书》，商定了欧安会讨论的范围和日程。欧安会于 1973 年 7 月至 1975 年 8 月分三个阶段进行，最终签署了《赫尔辛基最后文件》。

《赫尔辛基最后文件》的签署现场
《赫尔辛基最后文件》提出了国与国之间一般的行为准则，因此被称为"赫尔辛基精神"。

1973 年 7 月 3 日至 8 月 1 日，欧安会首届首脑会议在赫尔辛基举行，共有 33 个欧洲国家参加。大会签署了《赫尔辛基最后文件》。该文件共分为四个部分，也称四个"篮子"，包括《指导与会国之间关系的原则宣言》《关于建立信任的措施和安全与裁军的某些文件》《人道主义和其他方面合作》《经济科学技术和环境方面的合作》。

《指导与会国之间关系的原则宣言》提出了处理与会国相互关系的十项原则，其中在固定欧洲边界现状方面特别提到了"边界的不可侵犯性""禁止使用武力或以武力相威胁"，但同时又指出"边界可以根据国际法，以和平手段和通过协议加以改变"。在信任措施方面，《关于建立信任的措施和安全与裁军的某些文件》规定与会国在距离其他与会国边界 250 千米以内地区举行 2.5 万人以上的军事演习时，应以自愿为基础在 3 周之前通知与会国家，并邀请他们派观察员观看演习。《经济科学技术和环境方面的合作》谈到了各国之间的贸易和人员往来，与会国应彼此给予对方最惠国待遇，以此"促进各国人员、机构和组织之间更自由地往来和接触"。最后，根据文件规定，与会国的代表应定期举行续会，检查各国执行会议规定的情况，并就"增进欧洲安全与合作"的问题交换意见。

中欧裁军会议第一次筹备会于 1973 年 1 月 31 日在奥地利维也纳召开，北约 13 国（法国拒绝参加、冰岛未参加）和华约 7 国代表参加了会议。与会各国经过 4 个多月的争论，最终于 6 月 2 日确定了正式会议名称——关于在中欧共同减少部队和军备及有关措施的谈判，以及参加国范围。

同年 10 月 30 日，谈判在维也纳开始正式。至 1985 年 7 月，北约和华约双方共进行了 36 轮会谈、数百次会议。谈判中，双方各自提出了多种裁军方案和建议，争论的主要问题有裁军原则、裁减对象及步骤、裁减的军种等。华约主张采取"对等裁减原则"，北约则坚持"均衡裁减原则"。1979 年后，尽管双方对军队进行了一些裁减，但在驻中欧军队实际人数、军备如何裁减及如何监督协议实施等问题上，双方寸步不让。欧洲是苏、美战略重点所在，苏、美都想利用谈判夺取在中欧的军事优势，限制和削弱对方，谁都不愿在谈判中做出真正的让步，因此谈判未取得任何实质性进展。

阿富汗战争

20 世纪 70 年代，苏联为了占领从陆地进军印度洋与美国争霸的道路，选择将侵略印度支那作为突破口，把印度和阿富汗作为其南下战略和亚太战略的重要支撑。1971 年 8 月，苏联与印度签订了涵盖军事安全领域的《印苏和平友好合作条约》。接着，11 月 21 日，印度军队在苏联的支持下向东巴基斯坦发动全面进攻，并于 12 月 16 日迫使在东巴的巴基斯坦军队投降。1972 年 1 月，东巴基斯坦独立为孟加拉人民共和国。苏联在取得这一胜利之后，将矛头指向了阿富汗。

阿富汗是一个位于亚洲中南部的内陆国家，处在亚洲的中心地带，有着重要的战略地位，早在 19 世纪时就是英、俄两国竞相争夺的地区。长期以来，阿富汗奉行中立和不结盟政策。可是进入 20 世纪 70 年代后，阿富汗局势日益动荡，政权不断更替。

1973 年 7 月 17 日，"红色亲王"达乌德发动政变，推翻了查希尔王朝，废除君主制，建立了阿富汗共和国。但是，达乌德上台后不愿听从苏联的摆布，试图改善阿富汗与西方关系，惹怒了苏联政府。1978 年 4 月 27 日，苏联策动亲苏的阿富汗人民民主党发动政变，杀死达乌德，所谓"四月革命"取得成功。之后，亲苏的塔拉基成立了阿富汗民主共和国，自任总统。塔拉基上台后，对苏联言听计从，苏联以"顾问"名义向阿富汗派遣军政人员，控制了阿富汗政府机关、企业和军队。同年 12 月，苏阿两国签订了《友好睦邻合作条约》，期限为 20 年。条约规定双方加强在"军事领域内的合作"，并主张"建立有效的亚洲安全体系"。在苏联的指导、帮助下，阿富汗当局推行了一系列内政措施，并以苏联的模式为发展方向，试图使阿富汗变为苏联的"卫星国"，这加剧了阿富汗人民的不满。

塔拉基访问苏联
塔拉基上台之后实行亲苏政策，于 1978 年底访问苏联，图为勃列日涅夫（左）与塔拉基（右）。

1978 年 6 月，阿富汗东南部的库尔纳、帕克吉亚、南加尔哈尔等省爆发了反政府武装起义。1978 年底，阿富汗全国 28 个省中的大多数省都出现了反政府武装活动。1979 年 3 月，阿富汗西部重要城市赫拉特爆发了一场大规模的起义，阿富汗反政府武装斗争陷入白热化阶段。塔拉基政府曾多次请求苏联出兵帮助镇压反政府武装，但直到 1979 年秋，苏联对阿富汗的基本方针仍是不直接出兵。

　　1979 年 9 月，阿富汗政府总理阿明发动政变，塔拉基在战斗中身受重伤，不治身亡（一说经治疗后被阿明下令秘密处死），阿明兼任总统。阿明政府执政时期，阿富汗国内政局动荡。阿明政府为了巩固政权，对人民民主党内亲苏的人士进行清洗。苏联此时认识到自己对阿富汗的控制受到了严重威胁。9 月底，勃列日涅夫决定实施南下战略，对阿富汗进行武装干涉。

哈菲佐拉·阿明（左）发表讲话
1979 年 9 月 14 日，阿明发动军事政变。推翻了塔拉基政权，并对亲苏势力进行清洗，削弱了苏联对阿富汗的控制。

　　1979 年 12 月 24 日，苏联打着军事援助的旗号，向阿富汗空运大批武器装备和全副武装的苏军士兵。1979 年 12 月 27 日晚，苏联在精心策划之后，集结在机场的苏军士兵突然发起袭击，控制了阿富汗首都喀布尔。28 日，早就部署在苏阿边境的苏联军队开始越过边境，向阿富汗境内开来，控制了阿富汗的交通要道和重要城市。这时，侵入阿富汗的苏军人数达到了 8.5 万。短短 7 天时间，阿富汗就沦陷了。不久后，苏联扶植亲苏的人民民主党"旗帜派"领导人、当时在国外任大使的卡尔迈勒出任人民民主党总书记和革命委员会主席兼政府总理。

　　苏联侵入阿富汗是其在二战后首次直接派遣军队占领第三世界主权国家的行动，这成为 20 世纪 70 年代苏联对外扩张的新顶点。然而，事情的发展与苏联的主观愿望相反，与美国在越南战争中的处境相同，苏军因阿富汗人民的持续抵抗陷入了战争的泥沼。面对苏联的入侵,阿富汗人民建立了许多抵抗组织,以武装抗击入侵者。到 1980 年,阿富汗全国抗苏武装力量有 10 万人以上,控制了其全国 75% 的农村和地区。1981 年,阿富汗的抵抗组织联合成立了"阿富汗圣战者伊斯兰联盟",在全国开展抵抗苏军的斗争,在战场上协同作战。尽管苏联不断地向阿富汗派遣现代化装备军队,甚至到 1985 年参战人数已增加到 15 万,却丝毫看不到胜利的希望。苏联入侵阿富汗 8 年多,士兵伤亡达 3.5 万人,耗资达数百亿美元。

同时,苏联入侵阿富汗的行动遭到了国际舆论的强烈谴责。1980 年 1 月 14 日,联合国第 6 届紧急特别会议通过决议,要求苏军无条件全部撤出阿富汗。在随后的几届联合国大会上,苏联都遭到了各国的强烈谴责,要求苏军撤离阿富汗,同时以政治方式解决阿富汗问题。苏联的武装入侵,给阿富汗人民带来深重的灾难,大约有 100 万人在战火中丧生,数百万人失去家园,沦为难民。

1986 年 2 月,在阿富汗人民的顽强抵抗下和国际舆论的强烈谴责下,苏联被迫表示,同意通过政治方式解决阿富汗问题。1988 年 5 月,在联合国的主持下,苏联、美国、巴基斯坦和阿富汗喀布尔政权在日内瓦签署了政治解决阿富汗问题的协议。协议包括一份思想文件和一项备忘录,规定苏军从 1988 年 5 月开始从阿富汗撤军,在 9 个月内全部撤出阿富汗。1989 年 2 月 15 日,苏军按照协议规定全部撤离阿富汗,长达 9 年多的阿富汗战争宣告结束。

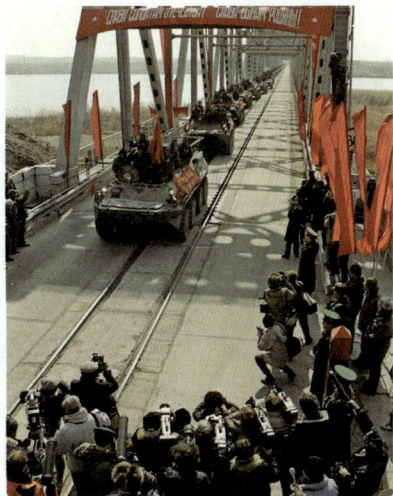

阿富汗战争
1989 年 2 月 15 日,苏军从阿富汗撤军期间,苏联装甲车车队穿过苏联－阿富汗边境的一座桥。

科技的进步与经济全球化趋势

　　在第二次世界大战的推动下，军事科技取得了长足的进步和发展。战争结束后，大量的军事科技被应用于民用生产，极大地促进了经济的发展。在科学技术的推动下，电子技术、宇航工程等迅速发展，促进了各国经济乃至世界经济的发展。在此情况下，世界主要资本主义国家最终形成了国家垄断资本体系。

新技术革命的发生

　　人类社会的第一次科技革命出现在 18 世纪 60 年代，以牛顿力学为理论，以蒸汽机的应用为标志，推动了纺织、化工、冶金、机器制造等工业的迅速发展。19 世纪 70 年代，人类出现了第二次科技革命，这次科技革命以法拉第、麦克斯韦的电磁学为理论前导，以电力和内燃机的应用为标志，使汽车、飞机和无线电通信在全世界广泛使用。20 世纪 40 年代以后，在 20 世纪初自然科学理论最新突破的基础上，人类科学技术取得了飞跃发展，出现了第三次科技革命，以原子能、电子计算机、宇航工程、生物工程等技术的广泛应用为主要标志，涉及新能源技术、信息技术、空间技术、生物技术、新材料技术、海洋技术等诸多领域的技术革命。

　　早在 20 世纪 30 年代，科学家们就发现了铀核裂变的现象。在一定条件下，一个铀的重原子核可以裂变为多个较小的原子核，同时在极短的时间内释放出巨大的能量。一克铀裂变所产生的能量相当于燃烧 3 吨煤或 200 升汽油所产生的能量，其爆炸威力相当于 20 吨 TNT 炸药。1942 年 12 月，美国物理学家费米主持建成了世界上第一座可控原子核裂变链式反应堆，并运转成功，实现了

切尔诺贝利核电站
苏联时期在乌克兰境内修
建的第一座核电站，切尔
诺贝利核电站曾是苏联最
大核电站，在 1991 年苏
联解体、乌克兰独立后归
属于乌克兰。

持续裂变的条件。从此，人类社会进入了利用原子能的时代。人类对原子能的
利用率先实现在军事上。1945 年 7 月，在物理学家奥本海默主持下，美国成
功研制出人类第一颗原子弹，并爆炸成功。1949 年 9 月，苏联宣布研制出原
子弹。随后，英国、法国和中国在 1952 年、1960 年、1964 年先后研制出原子
弹，并成功试爆。在此期间，科学家又发现了核聚变现象。在一定条件下，两
个氢原子核发生聚合作用，可形成一个重原子核，即两个重氢原子核可以聚变
成一个氦核，同时释放出比核裂变更巨大的能量。根据这个原理，美国和苏联
先后于 1952 年、1953 年研制出了氢弹。英国、中国和法国则先后于 1957 年、
1967 年和 1968 年研制成功。原子能除了在军事上的应用之外，也可以进行发
电，也就是通常所见的核电站。1954 年 6 月，世界上第一座原子能发电站在
苏联建成。不久之后，美、英、法等国也相继建成了自己的原子能发电站。20
世纪 50 年代以来，美国、法国、比利时、德国、英国、日本、加拿大等发达
国家建造了大量核电站。到 1992 年，原子能发电量占全球发电总量的 17％，
全世界 30 个国家拥有 424 座核发电站。其中，法国核能发电量占该国耗电总
量的 72.9％，为各国最高；其次是立陶宛和比利时，分别占 60％和 59.9％。
在这些国家，核电的发电成本已经低于煤电。国际经验证明，核电是一种经济、
安全、可靠、清洁的新能源。此外，原子能还具备其他能源所不具备的优点，
可以用作人造卫星和船舶的能源，可以应用于工、农、医各个方面，如进行查
伤、探矿、改变遗传特性、杀死癌细胞、形成高分子材料，其应用的领域和重
要性不断扩大。

电子计算机技术

电子计算机是 20 世纪人类伟大的技术成果之一。从美国工程师埃克特、物理学家莫克利等于 1946 年发明第一台电子数字计算机以来，计算机经历了电子管、集成电路、大规模集成电路、超大规模集成电路几个时代的发展。而在 40 多年的发展历程中，计算机技术突飞猛进，特别是进入 20 世纪 70 年代以后，电子计算机的发展速度尤为惊人，出现了微型电子计算机，为计算机的广泛应用开拓了更为广阔的前景。大约经过 8 年或 10 年的时间，电子计算机的性能及可靠性可以提高到之前的 10 倍，同时体积和成本则下降至之前的 1/10。人们根据相继出现的不同逻辑的计算机电子元件，将计算机的发展划分为四代。第一代是电子管时代（1946—1957 年），主要采用电子管为主要元件，运算速度低，一般是每秒数千次至数万次，主要用于科学计算和军事应用方面。第二代是晶体管时代（1958—1964 年），主要采用晶体管为主要元件，性能比第一代提高了数十倍，运算速度一般可达每秒 10 万次，有的甚至可达几百万次。这一时期计算机的造价大为降低，计算机除应用于科学计算和军事应用外，开始广泛应用于工农业和商业部门。第三代为集成电路时代（1965—1970 年），这一时期出现了计算机小型化的趋势，耗电量有了显著降低，计算速度显著提高；同时出现了操作系统和编译系统，使计算机应用到许多科学技术领域。第四代为大规模集成电路时代（1971 年至今），硬件上采用大规模、超大规模集成电路作为主要功能部件，计算速度每秒高达几百万次或上亿次。在这个时期，计算机应用范围更加广泛，几乎渗透到了人类社会的各个领域。

Colossus 计算机
英格兰白金汉郡布莱切利公园的 Colossus 计算机，是出现于 20 世纪 40 年代的电子管计算机。

　　新型电子计算机具有存贮数据和记忆的能力，以及进行逻辑推理、判断等功能，并且运算速度快、计算精度高，是一种自动、高速、精确的运算、控制和管理工具，因此广泛应用于工农业生产、国防建设及家庭日常生活中。电子计算机具有超强的记忆能力、高速的处理能力、极高的计算精度和可靠的判断能力。人们将复杂的脑力活动分解成计算机可以执行的基本操作，并以计算机可以识别的形式表现出来，用计算机模仿人的部分思维活动，代替人的脑力劳动，按照人的意愿进行工作，因此人们也把计算机称为电脑。

　　随着电子计算机的不断发展，人类科学技术和生产的结构出现了革命性变化。1993 年 12 月，美国政府提出了建设"信息高速公路"的计划。该计划是计算机技术和通信技术发展相融合的产物，以现代计算机网络通信技术为基础，以光导纤维缆为骨干，建立起纵横美国各地的双向大容量和高速度电子数据传递系统，使美国人可以通过信息网络极其方便地得到信息。"信息高速公路"不仅是数据传输媒介，还提供电视、电话、教学、金融等多种服务，成为继 20 世纪 50 年代美国大规模普及电话之后最大规模的通信革命。"信息高速公路"的建成，不仅极大地推动了科技、经济的发展，同时对人们的思想观念、生活方式等方面产生了深远的影响。

航天事业的发展

　　航天事业的发展是战后科技革命的一项重大突破。1957 年 10 月 4 日，苏联通过运载火箭将人类第一颗人造地球卫星送入太空。卫星呈球形，外径 0.58 米，重 83.6 千克，在天空正常工作了 3 个月。苏联的第一颗卫星把人类数千年的梦想变成了现实，开创了航天技术的新纪元。美国也不甘落后，在苏联发射第一颗卫星后，1958 年 1 月 31 日，美国也成功发射了第一颗人造卫星。在这之后，法国（1965 年）、澳大利亚（1967 年）、日本（1970 年）、中国（1970 年）、英国（1971 年）也相继发射了自己的人造卫星。1961 年 4 月 12 日，苏联成功向太空发射了载人飞船，宇航员加加林在地球空间轨道上航行 100 分钟后安全返回地面，为人类的宇宙航行谱写了新篇章。

　　美国在宇宙飞行方面落后于苏联，于是在 1961 年宣布将于 20 世纪 60 年代末实现载人登月计划。1962 年 2 月 20 日，美国发射了载人宇宙飞船，宇航员格伦在飞船中环绕地球飞了 3 圈，后成功返回地球。在此之后，美国加快了

苏联宇航员尤里·加加林
1961 年 4 月 12 日，加加林成为世界上第一个进入太空的人，4 月 21 日也因此被定为苏联/俄罗斯宇航节。

苏联宇航员捷列什科娃
1963 年 6 月 16 日，捷列什科娃乘坐"东方 6 号"宇宙飞船升空，成为人类历史上进入太空的第一位女性。

宇航工程的发展速度，于 1969 年 7 月 16 日向月球发射"阿波罗十一号"，并成功在月球上登陆。宇航员阿姆斯特朗和奥尔德林走下飞船，成为人类最早在月球上行走的人，实现了人类千百年来的梦想。就在美国实现登月后，苏联开始努力向航天站方向发展。1971 年 4 月 19 日，苏联发射了第一个空间站——礼炮 1 号。该空间站是在固定轨道上运行的载人人造卫星，用作科学观察和实验的基地，并可用来给别的航天器添加燃料，或从上面发射卫星和导弹。自 1971 年 4 月至 1977 年 9 月，苏联一共发射了 6 座礼炮号空间站。1977 年 9 月 29 日，苏联成功发射礼炮 6 号。到 1982 年 7 月，礼炮 6 号在地球轨道上停留了 4 年 10 个月，先后与 31 艘航天飞船进行对接。美国则于 1981 年 4 月 12 日发射了第一艘太空运输工具——航天飞机。这艘航天飞机具有在地球与轨道之间重复往返的功能。此后，苏、英、日等国开始研制各自的航天飞机。20 世纪 70 年代后，各国不断发射各种人造卫星，为经济建设、科学研究和军事活动服务。

此外，各国利用空间技术为自己的科研生产服务。1960 年 4 月 1 日，美国首先发射第一颗人造试验气象卫星后，苏、法、日等国也先后发射了自己的气象卫星。截至 1983 年底，在 23 年的时间里，全世界共发射了 154 颗气象卫星，形成了一个全球性的气象卫星网，使人们可以准确地获悉大气运动规律，做出精确的气象预报，大大减少了灾害性损失。1962 年 7 月 22 日，美国向金星发射了第一艘探测器——水手 1 号。此后，各国相继发射了大量的宇宙探测器，对金星、土星、火星、木星、天王星和海王星进行科学探测。1965 年 4

拜科努尔航天中心的一处纪念碑

位于哈萨克斯坦境内的拜科努尔航天中心是苏联建造的世界上第一座航天器发射场，也是世界上规模最大的航天器发射场，同时它也曾是苏联的导弹试验基地。在拜科努尔航天中心，苏联发射了世界上第一颗人造地球卫星、第一艘载人飞船、第一座载人空间站等，取得了一系列人类航天史上的伟大成就。

承载着人类太空梦想的航天飞机——苏联"暴风雪号"
"暴风雪号"航天飞机与普通大型客机在大小上相差无几，于 1988 年 11 月 15 日首次发射升空，绕地球飞行 2 圈后返回。

月 6 日，美国发射第一颗商业通信卫星，用以联系美国与欧洲之间的电视广播和电话通信，主要涉及国际商务通信业务。从此，美国商业通信卫星业得以迅猛发展，并在国际商业通信卫星市场上处于领先地位。到 1986 年，美国同步通信卫星因受到轨道的限制，大约发射了 20 颗。这些卫星组成了全球通信网，使人们可以方便迅捷地获悉地球上每个地方发生的事情。1972 年 7 月 23 日，美国发射了第一颗地球资源技术卫星。此后，苏联等国也相继发射了多颗地球资源卫星，用来评估农作物的产量，调查土地和森林资源，研究地质断层，预报火山喷发和地震，寻找矿产，研究河口海岸变迁，监视环境污染，等等。

激光技术及其他技术

激光科学技术是在近代量子物理学的基础上发展起来的新兴科学技术。激光是一种特殊性能的光源，其亮度比太阳亮度高 200 亿倍，同时具有单色性、方向性强的特点。1960 年，美国物理学家梅曼在实验室中用红宝石制造出第一台激光器。中国于 1961 年研制出第一台激光器。从此以后，激光技术得到了迅速发展，引起了科学技术领域的巨大变化。激光技术不断渗透到各个科学研究领域，形成了一些新的学科，如激光光谱学、激光化学、激光生物学。此外，激光技术还广泛应用于工、农、林、医各个领域和军事方面，进行激光加工、激光育种、激光医疗、激光测量、激光全息照相、激光通信等，应用范围十分广泛。

　　材料是人类生存发展、利用自然和改造自然的物质基础，是人类社会进步的重要标志。二战后，随着科学技术的不断进步，材料学技术得到了迅速发展。在战前，虽然塑料、合成橡胶、合成纤维三大合成材料已经问世，然而在战后这些材料才真正得到广泛使用。合成材料的产量成百倍地增加，性能和质量有了极大的改进，出现了具有比传统材料性能更优越的材料。随着科技的不断发展，社会生产对新材料的需求不断增多，人们不断研制出符合社会需求的新型合成材料。据统计，1976 年全世界经过注册的新材料有 25 万种，且每年以 5% 的速度增加。新材料主要有信息材料、能源材料、新型功能材料三大类。20 世纪 70 年代，人们发明了能够传递、记录、贮存信息的信息材料，研究出了新型陶瓷、非晶态材料、超导材料等新能源材料。20 世纪 80 年代中期，又出现了高性能复合材料、高性能工程塑料、新型合金材料等新型功能材料。新材料技术是现代文明的重要支撑，它的出现为科技革命的深入发展提供了重要的物质基础。

　　战后，在经济发展的推动下，海洋科学技术有了长足的进步与发展。海底石油（包括天然气）的开采开始于 20 世纪初，但是在很长一段时间内，世界上仅发现少量的海底油田。直到 20 世纪 60 年代后期，各国对海底石油、天

海上天然气开采平台
海上油气田钻采采用固定式生产平台，一般由上部结构、导管架、钢桩三个部分组成。

然气的勘探和开采才有了突飞猛进的发展。在 1950 年，海底石油的开采量仅占全球石油产量的 5.5%，到 1980 年时，其产量猛增至 22%，达到了 6 亿吨。如今，全世界已有 100 多个国家和地区在近海进行油气勘探，40 多个国家和地区在 150 多个海上油气田进行开采，海上原油产量逐渐增加。此外，海洋是一个巨大的能源宝库，海洋中的波浪、潮汐、海流等动能、海洋温差能、盐度差能等存储量不可计数，各国科学家认识到海洋中蕴藏着无限的可再生自然能源，开始利用海洋来发电，并取得初步成果。

国家垄断资本体系的发展和最终形成

在一战之前，在主要资本主义国家已经存在一些国家垄断资本，使垄断资产阶级利用国家机器对经济生活进行干预。为了战争需要，一些帝国主义国家以国家投资或国有化方式兴建或扩建钢铁厂、造船厂等。这些是国家垄断资本主义的萌芽形式，但此时国家垄断资本在国民经济中还不占主要地位。20 世纪 30 年代，资本主义世界出现经济危机，为了摆脱危机，保证垄断资本的运行和维护资本主义制度，国家参与了社会资本的再生产过程，对经济进行全面干预。二战期间，垄断资本得到加强和发展，特别是 20 世纪 50 年代以后第三次科技革命的到来，进一步加深了生产高度社会化与私人垄断占有这一基本矛盾，推动了国家垄断资本主义更广泛而深入的发展，使垄断资本的发展进入了新阶段。

二战后，欧美垄断资本的发展出现了许多新特点。一是生产向大公司集中的趋势不断加强，大型垄断组织的增长速度惊人，对生产的控制和垄断不断加强。1948 年至 1954 年，美国平均每年被大公司兼并的小公司有 252 家，1955 年至 1957 年，增加到了 514 家。二战后，美国资产超过亿元的公司比重在逐年增加，1950 年时达到了 50.8%，到 1955 年时增至 53.7%。战后，英国经济在恢复中不断发展，在 20 世纪 50 年代的加工业中，有 34 家公司的资产超过 2500 万英镑，在全部加工业资产总额中占 47%。到 20 世纪 60 年代，英国的垄断集中趋势不断加强，5 家公司控制了制造业 90% 的销售额。20 世纪 50 年代至 60 年代，英国 75% 的行业被这 5 家公司所控制，在整个制造业中的比重由 26% 增加到 48%。联邦德国在 1938 年时只有 25 家公司的资产超过一亿马克，为德国全国股份总资本的 25%，1954 年发展到 39 家，1957 年增至 47 家，占到了德国全国股份资本的44.4％。1950年至1970年，德国50家大公司的利润在整个工业部门总利润中的比重由36％增长到了50％。在欧洲经济共同体中，这50家大公司控制了欧洲的采掘业和制造业，其控股权在20世纪60年代至70年代从35.1％增至45.7％。这些数据表明，战后欧美的垄断资本处于不断发展和加强的趋势当中。二是大型垄断公司数量不断增加，分布范围更加广泛。到20世纪70年代末，联邦德国有35家公司的销售额超过百亿法郎，英国有58家，法国有29家，意大利则有9家。这些公司组织拥有数十家甚至数百家分公司，涉及领域包括制造业、商业、农业、服务业等。三是垄断组织在国民经济活动中的作用增强，对社会经济发展的影响不断加强。四是银行金融垄断资本实力空前增长，发展速度惊人。在20世纪初，拥有1000万美元资本即为大银行，然而在二战后，一些大银行的资产有上千亿美元。

　　国家垄断资本主义在20世纪就已经初具形态，一战后的欧洲，特别是纳粹德国和军国主义日本，军事国家垄断资本主义得到较大的发展，并逐渐向体系化过渡。而国家垄断资本体系的最终形成是在二战后。

冷战时期的局部战争

　　冷战时期，世界局势总体稳定，但局部地区不断爆发战争、冲突。自20世纪60年代开始，先后爆发了印巴战争，第三、四、五次中东战争和两伊战争。在这些地区冲突和局部战争中，美苏两国在背后扮演着重要的角色。

第三次印巴战争

　　自1947年独立后，巴基斯坦与印度围绕领土问题曾先后两次开战，巴基斯坦被分为西巴、东巴两部分，中间隔着印度。此后，巴基斯坦政局长期动荡不安。到了 1971 年初，以穆吉布·拉赫曼为首的东巴基斯坦人民联盟提出了实现东巴基斯坦自治的"六点纲领"。3 月 7 日，东巴基斯坦发生内乱，宣布成立独立、自主的"孟加拉人民共和国"，并组建了一支军队——"孟加拉解放军"。巴基斯坦立即派遣军队对东巴基斯坦进行镇压，"孟加拉解放军"被击溃，人们纷纷逃往印度避难。东巴基斯坦局势的恶化，给早就想肢解东巴基斯坦、削弱巴基斯坦的印度提供了一个绝佳的机会。

1971 年 3 月，印度内阁、议会和国民大会党相继举行会议，通过了支持东巴基斯坦建立"孟加拉国"的决议，同时在印巴边境集结军队，有条不紊地进行战争准备。7 月，印度又制定了"解放孟加拉"的战争计划。为了给攻打巴基斯坦制造舆论，寻求国际社会的同情和支持，印度进行了一系列的宣传和领导人出访。1971 年 8 月，印度与苏联签订了《和平友好合作条约》，从苏联获得了坦克、装甲车、地空导弹等大批新式武器装备。巴基斯坦对印度的一系列举动保持高度警惕，同时也进行了战争准备。

到 1971 年 11 月，印巴双方基本完成了兵力的部署。印度在东巴基斯坦方向部署了 3 个陆军军团，下辖 7 个师，12 个空军中队，200 架作战飞机，26 艘海军舰艇，33 架舰载机，总兵力约 17 万人；在西巴基斯坦方向部署了 13 个师，8 个旅，20 个空军中队，300 多架作战飞机，20 艘舰艇，总兵力约 30 万人。巴基斯坦在东巴方向部署了 4 个步兵师，2 个空军中队，17 架作战飞机，以及少量海军炮艇，总兵力约 9 万人；在西巴方向部署了 12 个师，6 个旅，20 个空军中队，200 架作战飞机，20 多艘海军舰艇，总兵力约 25 万人。在东巴基斯坦战线上，印军兵力占有明显优势，巴军处于劣势；在西巴基斯坦战线上，两军兵力势均力敌，印军稍占优势。

此外，印军以进攻东巴基斯坦为背景，频繁地进行大规模军事演习。截至

第三次印巴战争中的备战士兵
第三次印巴战争是印度、巴基斯坦因克什米尔地区分治问题而引发的战争。

11 月下旬，印军基本部署完毕，一场大战一触即发。

1971 年 11 月 21 日，印军对东巴基斯坦发起突然进攻，印巴战争爆发。12 月 2 日，印军对东巴基斯坦发动全面进攻。12 月 3 日，面对印军的"不宣而战"，巴基斯坦总统叶海亚·汗宣布全国进入紧急状态，命令巴军全力迎战，并授权巴军在西巴基斯坦采取了先发制人的进攻行动。战争在东巴和西巴两个战场展开。印度当时的战略企图是东攻西守，以占领东巴为最终目标。巴基斯坦的战略方针则是全力守住战略要地，粉碎印军的进攻行动。

在东巴战场，在海军、空军的配合下，印陆军集中兵力从东、西、北三个方向对东巴发起了进攻。在东部方向，印军集结了 3 个师、8 个营的兵力，分三路向巴军发起进攻。12 月 9 日，印军占领了阿舒甘杰、道德坎迪和昌德普尔三个重镇，打开了通往达卡的大门。在西部方向，印军从西南和西北两个方向展开进攻。面对印军的进攻，巴军进行了顽强抵抗，但是由于印军在兵力上占优势，到 12 月 14 日，西南方向的印军攻占了重镇法里德普尔，对达卡形成威胁；在西北方向，印军虽然数次破坏了巴军的防御阵线，双方经过反复争夺，印军最终占领了波格拉，但是没能继续向北进攻，未能实现作战目标。在北部方向，印巴双方在贾马尔普尔、米门辛格、坦盖尔进行了攻防作战，结果巴军的阵地被印军突破，贾马尔普尔落入印军手中，巴军只能退守坦盖尔，构筑新的防御。

印军在三个作战方向完成对达卡的合围攻击准备后，开始向达卡发起总攻。印军第 50 伞兵旅首先在距离达卡 30 千米的东北要塞纳西格迪和距离达卡 70 千米的西北重镇坦盖尔实施空降作战，一举切断了巴军退路，向南逼近达卡。12 月 15 日，印军在东、西、北三个方向对达卡形成合围，印度海军、空军从海上和空中进行封锁，切断了东巴基斯坦和西巴基斯坦及外部的任何联系。达

战争中的巴基斯坦士兵
在第三次印巴战争中，约有 9 万名巴基斯坦士兵被俘。

卡巴军在孤立无援、欲战不能、欲退不得的绝境下，于 12 月 16 日宣布全线停火，向印军投降，东巴战场的战斗宣告结束。

在西巴战场，双方的交战主要以空战为主。印军凭借自己在空军力量上的优势，力图重创巴空军基地，以夺取制空权，破坏巴军的运输线，中断巴军之间的联系，阻止巴地面部队机动、集结，实现削弱和钳制西巴地面部队的目的。巴军加强了战略要地的防空，力图削弱和钳制印度空军力量，限制或阻止印度空军的袭击，保障巴地面部队作战。印巴双方在战斗中动用了大量的飞机，双方空军空袭与反空袭及空中格斗尤为激烈，这成为西巴战线上的一大亮点。印巴双方在战争中通过空军力量对对方的军事基地和军事设施进行袭击，双方互有得失，均未取得决定性战果。

印巴双方在进行空中较量的同时，也进行了有限的地面作战。两军互有攻守，其中印军在多路发起进攻，相继攻占了西巴信德省和萨克加尔地区 3600 平方千米的土地。与此同时，印军在东巴战场取得胜利，因此印度于 12 月 17 日宣布，在西巴地区实行"单方面停火"。巴基斯坦接受了印度的停火建议，西巴战场的作战行动结束。至此，第三次印巴战争宣告结束，印度取得了这场战争的胜利。

第三次印巴战争结束后，巴基斯坦一分为二，占全巴基斯坦人口 56%、面积 16% 的东巴基斯坦脱离巴基斯坦，成为一个独立的国家——孟加拉共和国。此外，印度还占领了巴基斯坦控制下的克什米尔地区 320 平方千米的土地。1972 年 7 月，印巴签署了《西姆拉协定》，双方同意在查谟和克什米尔尊重 1971 年双方停火后形成的实际控制线。1975 年 2 月，印度政府宣布克什米尔印占区为印度联邦中的克什米尔邦。印度通过这场战争实现了肢解巴基斯坦的目的。此后，印度半岛上各国力量对比发生了明显的变化，印度进一步拉大了与被肢解后的巴基斯坦的实力差距，成为南亚在经济上和军事上具有明显优势的国家。

六日战争——第三次中东战争

苏伊士运河战争（第二次中东战争）之后，中东地区成为国际关注的焦点。随着石油和天然气取代煤炭成为世界能源消费结构中的主要能源，中东地区的地理位置和丰富的石油蕴藏，使它成了世界政治和战略的关键地区之一。

美、苏借英、法被赶出中东地区的有利时机，加紧了对该地区的争夺。1957年，美国抛出了所谓的"艾森豪威尔主义"，企图遏制苏联南下和填补随着英国影响力下降而出现的中东地区权力真空，同时对以色列进行援助，发展两国之间的"特殊关系"。苏联则大力资助阿拉伯国家，向埃及、叙利亚等国进行援助。1966年，苏联获得了埃及在地中海和红海的海空军事基地，同时向叙利亚、伊拉克、南也门等国提供经济援助和大量军事援助。美、苏插手中东地区事务使阿以之间的争端日益尖锐。

1959年10月，亚西尔·阿拉法特与加沙地带的一些巴勒斯坦青年秘密成立了"巴勒斯坦民族解放运动"，简称"法塔赫"，主张通过武装斗争在巴勒斯坦建立一个以耶路撒冷为首都的民主国家。在组织成立初期，法塔赫坚持"革命暴力是解放家园的唯一手段"的宗旨，在被占领土地上从事反以色列的游击战。

1964年5月28日至6月4日，巴勒斯坦在阿拉伯联盟的支持下，在耶路撒冷东城区举行了第一次巴勒斯坦国民大会，通过了《巴勒斯坦国民宪章》，确定组成巴勒斯坦解放组织执行委员会，建立巴勒斯坦武装力量"法塔赫"，这标志着巴勒斯坦人民争取恢复民族权利的斗争进入了有组织、有领导的阶段。从此，法塔赫为了将以色列赶出巴勒斯坦，不断地袭击以色列，对以色列构成了威胁。

1965年1月1日，法塔赫在加利利山区打响了反对以色列的第一枪。以

亚西尔·阿拉法特
巴勒斯坦前总统、民族运动领袖亚西尔·阿拉法特一生致力于巴勒斯坦民族的解放、和平事业，因与以色列签署《奥斯陆协议》而获得1994年诺贝尔和平奖。

色列为了阻止阿拉伯国家对巴勒斯坦进行军事援助，借口埃及与叙利亚、约旦签订了共同防御协定，于是采取"先发制人"的策略，不断在边境地区进行挑衅，制造事端。

1967年4月7日，以色列军用飞机侵入叙利亚领空，叙利亚派战机迎击。以色列采取兵不厌诈的策略，抛出将于5月17日进攻叙利亚的假情报，并有意让苏联情报部门截获。苏联立即将这一情报转告给埃及、叙利亚等阿拉伯国家。5月15日，埃及宣布全国进入最高戒备状态，并不断向西奈前线调遣军队。19日，埃及部队接管了联合国紧急部队在加沙地带和亚喀巴湾沿岸的阵地。22日，埃及宣布对亚喀巴湾和蒂朗海峡实施封锁。埃及试图通过这些威慑行动钳制以色列侵略叙利亚的计划。出人意料的是，以色列并没有在5月向叙利亚发起进攻，反而据此宣布总动员，声称要通过武力解除埃及对蒂朗海峡的封锁。双方剑拔弩张，战争犹如箭在弦上，一触即发。然而令人费解的是，在此关键时期，苏联驻埃及大使于6月4日深夜紧急约见纳赛尔总统。由于苏联担心战争爆发后直接与美国对抗，因此要求埃及不要对以色列发动进攻，同时又称自己已经得到美国的保证，以色列不会发动进攻。埃及听信了苏联的建议，于是解除了埃及军队在西奈地区戒备状态。

6月1日，以色列的强硬派摩西·达杨出任国防部长，提出了加紧发动战争的方案。4日，以色列内阁听取了驻美大使的汇报，了解了美国将坚决支持以色列的态度后，一致同意发动对叙利亚、埃及和约旦的战争。1967年6月5日清晨，以色列出动全部作战飞机，以迅雷不及掩耳之势对埃及、叙利亚、约旦发起突然袭击，第三次中东战争正式爆发。

六日战争中被炸毁的埃及飞机

1967年6月5日，以色列空军几乎倾巢而出，发动空中偷袭，阿拉伯各国的空军力量遭到沉重打击，无法与以色列抗衡。

　　埃及、叙利亚、约旦的空军、导弹基地遭到以色列飞机的轰炸，其中在埃及的430架作战飞机中有320架被炸毁，空军陷入瘫痪。以色列在取得制空权后，采取各个击破的军事策略，出动装甲部队兵分三路扑向加沙地带、西奈半岛。6月6日，以色列开始对约旦发动地面进攻，双方在耶路撒冷东、西区分界线交战。以军在战场上接连告捷，于7日攻占了约旦河西岸地区和耶路撒冷旧城。

　　8日，以军长驱直入，抵达埃及苏伊士运河东岸，占领了埃及的西奈半岛和由埃及控制的巴勒斯坦加沙地区。面对以军的进攻，埃及军队、约旦军队奋起抵抗，但是因为指挥失灵，陷入各自为战的境地，彼此间缺乏配合，无法抵挡以军的猛烈攻势。6月7日，安理会通过停火决议。7日和8日，约旦、埃及、叙利亚先后接受这项决议。8日，以色列宣布接受停火，但于9日集中10个旅的兵力向叙利亚发动进攻，重点进攻戈兰高地。叙利亚军队进行了顽强抵抗，但未能阻止以军的攻势。6月10日上午，以军占领了叙利亚库奈特拉省首府库奈特拉市，攻占了整个戈兰高地，并控制了戈兰高地通往大马士革的公路和通往黎巴嫩的输油管道。11日，叙利亚和以色列签订停火协议。至此，仅持续6天的第三次中东战争宣告结束，而这次战争也被称为"六日战争"。

　　在6天的战争中，埃及、叙利亚、约旦三个阿拉伯国家损失惨重，死伤约5万人，但以色列仅有983人死亡。通过这场战争，以色列占领了加沙地带和埃及的西奈半岛、约旦河西岸、耶路撒冷旧城和叙利亚的戈兰高地，共6.5万平方千米的土地，相当于以色列国土面积的3倍。此外，这场战争造成了100

六日战争中的约旦军队

约旦和以色列主要在约旦河西岸交战，其中争夺耶路撒冷旧城的战斗最为激烈。

万阿拉伯人和巴勒斯坦人逃离家园,沦为难民。1967 年 11 月 22 日,联合国安理会一致通过了由英国提出的第 242 号决议,要求以色列军队撤离在六日战争中所占领的土地,结束战争状态。但安理会第 242 号决议没能得到切实执行,阿以争端继续,中东局势依然紧张。

赎罪日战争——第四次中东战争

六日战争的失败使阿拉伯国家丧失了大片领土,阿拉伯人将其视为莫大的耻辱。1967 年 9 月 1 日,第四次阿拉伯国家首脑会议在喀土穆召开,会议决议要求阿拉伯各国采取共同的政治和军事行动,收复被以色列占领的土地。此后,巴勒斯坦武装力量不断发展起来。1968 年 3 月 21 日,阿拉法特领导下的法塔赫击溃了以军对约旦河东岸卡拉玛城的进攻。这场战役的胜利使阿拉法特声名远扬,法塔赫成为巴解组织(巴勒斯坦解放组织)的主流派。1969 年 2 月,阿拉法特当选为巴解执委会主席。

以色列在六日战争中占领了大片阿拉伯土地,为了保住这些土地,以色列

苏联军事顾问对埃及军队进行培训和指导
从 1970 年 3 月开始,苏联对埃及进行了大量的军事援助,尤其是向埃及派送了大量的飞行员和相关导弹人员。

的战略思想由进攻转为防守。在这个思想的指导下，以军构筑了坚固的防御工事。以军在苏伊士运河东岸兴建了一条长约 160 千米的"巴列夫防线"，又沿运河全线修筑了 31 个核心堡，形成交叉火力网；在西奈半岛腹地，以军建造了机场和防空导弹阵地；在戈兰高地，以军同样修筑了坚固的工事。埃及则不断向苏联购置大量的武器装备，在距离运河西岸 30 千米处建造了 80 个防空导弹基地。苏联向埃及派遣了 4000 名专家、顾问和 15000 人的导弹部队，对埃军进行训练和装备。

美、苏为了各自的利益，力图在中东制造一种"不战不和"的局面。这种局面不仅使埃及、叙利亚无法收复失地，也使埃及不得不承受因为关闭运河而导致的经济损失。1970 年 10 月，萨达特接替纳赛尔出任埃及总统，决定摆脱"不战不和"的僵局。1972 年 7 月 18 日，萨达特宣布苏联军事顾问在埃及的使命结束，要求苏联军事人员在 10 天内离开埃及；苏联在埃及境内的军事设施或者全部撤走，或者卖给埃及。这一举动为埃及摆脱苏联的控制、突破"不战不和"的局面扫除了障碍。在萨达特的主持下，埃及军方制定了代号为"巴德尔行动"的作战计划。1973 年 1 月，埃及与叙利亚进行了多次秘密磋商，成立了武装部队联合司令部。4 月，阿拉伯各国在开罗召开了参谋长会议，统一了未来的作战思想。8 月，埃及、叙利亚最后审定了在北、西南两线同时向以色列发起进攻的联合作战计划。以色列被以往的胜利冲昏了头脑，错误地估计形势，认为阿拉伯国家不敢也不会主动开战。美国情报机构也没有对此做出正确判断，只是对埃及的军队调动提出了一些疑问。

1973 年 10 月 6 日，埃、叙军队向以色列发起进攻，第四次中东战争爆发。这一天既是伊斯兰教的斋月，又是犹太人的赎罪日，因此这场战争被称为"斋月战争"或"赎罪日战争"。埃军集结了 8 万兵力、4000 门大炮、250 架飞机，向以军在西奈半岛的前线指挥部、炮兵阵地、机场、通信设施等重要军事目标发起进攻。埃军 8000 名突击队员渡过运河，用高压水枪冲开以军在东岸修建的沙堤，仅用 10 小时就在沙堤上打开了数十个缺口，铺设浮桥，突破了以色列的"巴列夫防线"。10 月 9 日，埃军控制了运河东岸 10 千米至 15 千米的地区。埃军在西线发起攻击的同时，北线的叙利亚军队也于 6 日向戈兰高地发起猛攻，并于 7 日突破以军阵地，收复了大部分失地。

埃及初战告捷，占领了运河东岸的部分地区，达到了预期目的。因此，从 10 日开始，埃军在西奈半岛停止了进攻，开始调整部署巩固阵地。这使以军得到了喘息的机会。10 月 10 日，以军在美国的帮助下开始反攻。以军在北线集中了 15 个旅和 1000 辆坦克对叙利亚发起了反攻，很快突破了叙军的防线。12 日，以军越过 1967 年的停火线，深入叙利亚境内约 30 千米。其先头部队距大马士革仅 32 千米。以军在北线掌握主动权后，将进攻重点转移到西奈半岛，向埃军发起反攻。10 月 14 日，埃以双方出动 2000 多辆坦克，在苏伊士运河东岸展开大规模坦克战。经过数小时的激战，以军损失了 50 辆坦克，埃军则损失了 264 辆坦克，被迫撤退。

在此期间，美国通过空中桥梁将大批武器装备源源不断地运往以色列，还将其侦察卫星获取的埃及关键军事情报提供给以色列。10 月 15 日，以军根据美国间谍卫星和高空侦察机提供的情报，派出一支身穿埃军军服的装甲先遣部队偷渡苏伊士运河，抵达运河西岸，策应后续部队。以军大部队渡河后长驱直入埃及心腹地带，重创埃军。18 日，突入西岸的以军大举进攻埃军阵地。以军在取得主动权后，不断袭击公路、铁路、运河沿岸地区，以切断埃军第 2、3 军团的退路。此时，在东岸的以军也配合发动攻势，使埃军第 3 军团腹背受敌。整个战争形势发生逆转。10 月 22 日，联合国安理会通过第 338 号决议，呼吁双方当天停火，埃以双方都表示接受停火。25 日，联合国安理会又通过监督中东停火的决议，埃、叙、以正式停火。在此后的 2 年间，埃、叙、以经过谈判达成协议：埃及收复运河东岸的纵深 10 千米至 15 千米的狭长地带，叙利亚收复包括库乃特拉在内的戈兰高地的部分地区，以色列则占领了运河西岸

可以远望叙利亚城镇的戈兰高地
戈兰高地是叙利亚西南边陲的战略要地，从戈兰高地可以俯瞰以色列加利利谷地。

埃以两国领导人在美国签署《埃以和平条约》
1979 年 3 月 26 日，在美国总统卡特（图中）的斡旋下，埃及总统萨达特（图左）与以色列总理贝京（图右）签订《埃以和平条约》。

1900 多平方千米的埃及领土。

　　赎罪日战争爆发后，阿拉伯各国纷纷以石油为武器支持埃及、叙利亚。成立于 1968 年的阿拉伯石油输出国组织分别于 1973 年 10 月 17 日和 11 月 4 日举行了两次会议，决定通过石油提价、减产、禁运、国有化等措施打击支持以色列的美国和其他西方国家，从而导致西方国家出现石油危机。

　　赎罪日战争后，埃及对其对外关系进行了重大调整。埃及与苏联的关系急剧恶化，与美国恢复并发展关系，与以色列由对抗转为对话，主张通过和平谈判解决中东问题。1977 年 11 月，萨达特正式出访以色列，开始了埃以的直接对话。1978 年 9 月，在美国的大力调解下，埃、以双方签订了《戴维营协议》。1979 年 3 月 26 日，以色列总理贝京与萨达特在美国白宫签署了《埃以和平条约》，宣布结束战争状态，以色列同意归还埃及的全部被占领土。1980 年 2 月 24 日，埃及与以色列正式建交，结束了两国长达 30 年的战争，实现了两国关系正常化。埃及的这个举动在中东引起了强烈反应，遭到了一些阿拉伯国家的强烈反对，阿拉伯联盟内部出现分歧，多数成员主张对埃及进行制裁。因此，阿以之间的矛盾依然没有解决。

以色列入侵黎巴嫩——第五次中东战争

黎巴嫩于 1943 年 11 月独立建国，是由信仰伊斯兰教和基督教的居民组成的阿拉伯国家。黎巴嫩是一个教派林立的国家，60% 的居民信奉伊斯兰教，40% 的居民信奉基督教。伊斯兰教内又分为什叶派、逊尼派和德鲁兹派；基督教内又分为马龙派、天主教派、东正教派等。各派均有自己的政党和民兵武装，政府建立在教派结构基础之上，根据力量对比维持宗教平衡。基督教派奉行亲西方政策，而伊斯兰教派则主张与周围阿拉伯国家加强经济和政治联系。

20 世纪 70 年代初，巴勒斯坦解放组织的武装力量从约旦转移到黎巴嫩，并以黎巴嫩南部为基地，进入以色列境内进行游击活动。对此，基督教派表示反对，伊斯兰教派表示支持。1975 年 4 月 13 日，基督教长枪党民兵在天主教区打死了 10 多名巴勒斯坦穆斯林，从而爆发了以基督教马龙派民兵为一方、穆斯林民兵为另一方的全面内战。1976 年 5 月，叙利亚以调解为名，派遣军队进驻黎巴嫩。10 月 18 日，在沙特、科威特等国的调停下，黎巴嫩冲突双方达成了停止内战的协议。叙利亚军队作为阿拉伯维持和平部队，进驻黎巴嫩。

以色列认为叙利亚在黎巴嫩驻军对其构成了威胁，同时为了摧毁在黎巴嫩的巴解组织领导机构和军事基地，以色列决定对黎巴嫩发动战争。1982 年 6 月 4 日，以色列以其驻英大使被恐怖分子杀害为借口，向黎巴嫩发动全面进攻，出动空军袭击了贝鲁特和黎巴嫩南部的巴解组织基地，第五次中东战争爆发。6 日，以军出动 4 个旅约 2 万人，在海军、空军的火力支援下，向黎巴嫩南部

第五次中东战争
1982 年，以色列入侵黎巴嫩，标志着第五次中东战争爆发。

的巴解游击队发起突然进攻，摧毁了巴解游击队的大部分基地，消灭了巴解的有生力量，并将巴解总部机关和武装人员包围在贝鲁特西区及南部，同时重创了叙利亚军队。以军仅用了 8 天时间就攻占了黎巴嫩 1/4 的领土，并向贝鲁特逼近。

6 月 14 日，以军出动数百辆（门）坦克、大炮，把贝鲁特西区的巴解总部团团包围，进行猛烈的炮击，巴解组织士兵殊死抵抗，损失惨重。18 日，以军宣布对被围巴解停火，但要求其放下武器，撤出贝鲁特，这遭到巴解的拒绝。22 日，以军又对叙利亚军队发起进攻，占领了哈姆敦，迫使叙军撤退，从而控制了贝鲁特西区。从 6 月 26 日开始，以军继续加强包围贝鲁特西区的兵力和对叙军的防御，试图以军事压力配合政治谈判迫使巴解组织撤离贝鲁特西区。6 月 27 日，联合国大会第七次紧急特别会议通过决议，要求以色列立即停火，并无条件从黎巴嫩撤军。与此同时，巴解组织为保存实力，同意撤离贝鲁特西区，并提出了三个条件，但遭到以色列的拒绝。8 月 6 日，美国派特使对作战双方进行斡旋。8 月 12 日，巴解宣布愿意撤出贝鲁特西区。19 日，黎、巴、以达成了停火、巴解武装力量撤出黎巴嫩和部署多国部队的协议。巴解武装力量 12000 人分批撤出贝鲁特，前往约旦、伊拉克、突尼斯、苏丹、叙利亚、阿尔及利亚、南也门和北也门 8 个阿拉伯国家。9 月 1 日，阿拉法特与最后一批人员离开黎巴嫩，抵达突尼斯，并在那里重新建立巴解总部。

在此期间，以军还对叙利亚设在贝卡谷地的导弹基地发动袭击，不少黎巴嫩城镇在以军的轰炸下被夷为平地。1983 年，在联合国的斡旋下，黎、以开始了撤军谈判，直到 1985 年 6 月，以军才撤离黎巴嫩。

两伊战争

伊拉克和伊朗长期存在着领土纠纷及民族和教派矛盾。20 世纪 70 年代以后，随着两国政局的变化和石油经济的发展，两伊之间的矛盾日益尖锐，最终爆发了一场持续 8 年之久的战争。

伊朗和伊拉克虽然同属信奉伊斯兰教的国家，但是伊朗的主要民族是波斯人，90% 的居民信仰的是伊斯兰教的什叶派。伊拉克以阿拉伯人为主体，虽然60% 的居民也信仰伊斯兰教什叶派，但长期掌握政权的是逊尼派。历史上两伊之间有着很深的宿怨，两国之间的边界线绵延 1280 千米，长约 100 千米的阿拉伯河是两国南部的自然边界，阿拉伯河两岸蕴藏着丰富的石油，两国重要的石油基地和油港主要集中在这个地区。

　　阿拉伯河是伊拉克唯一的出海口，同时也是伊朗油船的重要通道。长期以来，两国为了争夺这一水道冲突不断。有200多万阿拉伯人在阿拉伯河伊朗一侧的胡齐斯坦省居住，这部分人为争取民族平等和自治不断进行斗争，同时得到了伊拉克的支持。而在阿拉伯河伊拉克一侧与伊朗交界的各省，有许多什叶派穆斯林在此聚居，他们又获得了伊朗的支持。在北部地区，两伊境内都有库尔德人居住，他们不断进行反政府活动，同时分别得到了对方政府的支持，这使两伊之间的对立不断加剧。

　　1968年，贝克尔率领伊拉克的阿拉伯复兴社会党发动"7·17革命"，夺取了国家政权。在贝克尔执政期间，伊拉克国民经济实现了快速增长和大规模发展，综合国力迅速提高。1975年，年迈的贝克尔身体欠佳，萨达姆逐渐掌握了伊拉克党、政、军大权。萨达姆奉行泛阿拉伯主义，企图取代埃及成为阿拉伯世界的盟主。在经济方面，1973年至1975年，伊拉克对石油实行国有化，为了更好地发展石油工业，其必须尽快解决阿拉伯河道的问题。1975年3月6日，在阿尔及利亚布迈丁总统的斡旋下，伊朗与伊拉克签订了重新划定边界的《阿尔及尔协议》。协议规定，两国在阿拉伯河的边界以主航道中心线为界。同时，伊朗承诺停止支持库尔德人对伊拉克北部油田的破坏活动，同意将克尔曼沙赫省约300平方千米的土地划给伊拉克。两国的矛盾有所缓和，但未能真正解决，伊朗一直未履行上述承诺。

　　20世纪70年代后期，伊拉克的石油工业迅速发展起来，1975年石油产量达11310万吨，到1979年时增长到了17500万吨，石油收入从75亿美元增加到199亿美元。随着伊拉克国家经济实力的增强，萨达姆不断从苏联和西方国家购买武器装备，组建了一支颇具实力的现代化武装力量。

　　1979年2月，伊朗爆发伊斯兰革命，巴列维王朝被推翻，霍梅尼上台执政。霍梅尼政府强调要向所有伊斯兰国家输出原教旨主义的伊斯兰革命。霍梅尼伊斯兰革命的胜利阻碍了萨达姆的地区霸权主义计划的实施，霍梅尼的"革命输出"方针甚至对伊拉克形成了威胁。此外，在1978年伊朗发生内乱时，萨达姆曾将在伊拉克侨居的霍梅尼驱逐出境，原因是他公开支持伊拉克的什叶派，反对萨达姆。这些新仇旧怨使得两伊关系急剧恶化。1980年初，伊拉克宣称要废除《阿尔及尔协议》，双方边境冲突逐步升级。1980年9月17日，伊拉克议会通过了废除《阿尔及尔协议》的决定，宣布阿拉伯河归伊拉克所有，规定一切通过阿拉伯河的船只必须悬挂伊拉克国旗，并向伊拉克交纳通行费。伊朗认为伊拉克的这些行为是在对其宣战，于是立即进行战争动员，两伊冲突更加剧烈。

1980 年 9 月 22 日，萨达姆下令对伊朗发动威慑性进攻，试图将伊朗空军摧毁在地面上。伊拉克派出大批飞机对伊朗首都德黑兰等 15 座城市和 7 个空军基地进行轰炸。以此为开端，持续 8 年的两伊战争正式开始。23 日凌晨，伊拉克出动 5 个师、1200 多辆坦克，分北、中、南三路向伊朗发起进攻。面对伊拉克的强大攻势，伊朗军队仓促应战。在伊拉克飞机实施空袭后不久，伊朗空军派遣飞机进入伊拉克境内进行了还击。伊朗迅速调整、部署地面部队，向边境前线集结了 7 个师、2 个旅的兵力。伊朗将防御重点设在北线，以扼守重要交通干道，阻滞了伊拉克军队的进攻，并逐渐掌握了战争的主动权。1981 年 9 月，伊朗军队对伊拉克军队实施大反攻。9 月底，伊朗发动大规模的阿巴丹反击战，解除了伊拉克对阿巴丹的包围。1982 年 3 月下旬，伊朗经过周密部署，又发动了代号为“胜利行动”的攻势，重创伊拉克军队，收复了大部分失地。4 月 20 日，伊朗发起了以收复霍拉姆沙赫尔市为目标的“耶路撒冷圣城行动”攻势。经过 25 天激战，伊朗终于收复了南部重要港口城市霍拉姆沙赫尔。6 月 10 日，伊拉克提出全线停火建议，并单方面实施停火，宣布承认两国于 1975 年签订的《阿尔及尔协议》继续有效，并准备在伊拉克的根本权利得到承认的基础上同伊朗谈判。6 月 20 日，伊拉克又宣布在 10 天之内从伊朗境内撤出所有军队。6 月 29 日，伊拉克军队基本撤离伊朗。

伊拉克前总统萨达姆·侯赛因　　伊朗伊斯兰共和国革命领袖霍梅尼

两伊战争
持续 8 年的两伊战争是 20 世纪持续时间较长的战争之一。

　　伊拉克求和后，伊朗提出了苛刻的停战条件，其目的是继续这场战争，试图打垮伊拉克政权。7 月 13 日，伊朗集中 10 万军队，向伊拉克南部巴士拉地区发起了代号为"斋月行动"的强大攻势，主战场从此转入伊拉克境内。

　　从 10 月开始，伊朗军队深入伊拉克境内，对巴格达造成威胁。伊拉克军队前后组织 7 次反击，迫使伊朗军队向边界撤退，将其阻挡在边界一带。1983 年 2 月以后，伊朗在中线和北线再次发动了一系列攻势，伊拉克基本守住了防线。此后，双方对对方的石油基地、主要城市和油船实施了"袭城战""袭船战"，并在战争中多次使用了化学武器，伤亡惨重。由于战争长期处在僵持状态，双方经济陷入困境。在战争期间，阿拉伯各国分别支持伊拉克和伊朗，阿拉伯世界再次面临分裂。

　　为了避免战争进一步升级，1987 年 7 月 20 日，联合国安理会一致通过了第 598 号决议，要求两伊双方立即停火。伊拉克表示接受停战协议，伊朗则坚持在惩办战争祸首、推翻萨达姆之后才停火。双方在停火问题上立场各异，分歧较大，谁也不愿主动做出让步，联合国的决议迟迟未能贯彻落实。

　　1988 年是两伊战争出现转折的一年。2 月至 4 月，双方发射了数百枚导弹，袭击对方的重要城镇。此后，在相持过程中伊拉克逐渐占据上风。同年 4 月 17 日，伊拉克对伊朗发动了代号为"斋月行动"的攻势，经过 2 天激战，收复了被伊朗占领的法奥失地。7 月 12 日，伊拉克再次攻入伊朗境内，占领了 1000

多平方千米土地。7 月 16 日，萨达姆下令伊拉克军队从伊朗撤军，并提出了关于结束战争的五项原则。18 日，伊朗在欲战不能、欲罢不忍的境况下，被迫改变强硬立场，宣布同意接受联合国安理会第 598 号决议。8 月 20 日，在联合国的调解下，两伊双方正式实现停火，长达 8 年的两伊战争终于落下帷幕。到战争结束时，两国的分界线恢复到了战前的状态。长达 8 年的战争使两国人民的生命财产和国民经济遭受了巨大的损失。据估计，两伊在这场战争中约有 100 万人死亡，150 万人受伤，300 万人无家可归沦为难民。战争导致两国石油收入锐减，生产设施毁坏严重，经济损失为 9000 亿美元。

马岛之战

马尔维纳斯群岛（简称马岛），英国称福克兰群岛，位于南纬 51 度、西经 57 度，包含 2 座主岛东福克兰岛和西福克兰岛及周围 778 座小岛，面积为 12173 平方千米。马尔维纳斯群岛距离阿根廷大陆南部海岸最近处约 510 千米，

被英国占领的马岛
1833 年，英国派兵强行占领马岛；1892 年，马岛正式成为英国殖民地。

距离英国本土约 13000 千米。在军事上，马尔维纳斯群岛是南大西洋的重要据点和南美大陆南部的海上前哨，同时也是连接大西洋和太平洋的主要海上通道，是南大西洋通往太平洋的"钥匙"。

几个世纪以来，阿根廷和英国围绕马尔维纳斯群岛的主权归属问题发生了多次争执。双方争议的焦点是谁发现和有效占领了这些岛屿。1592 年，英国航海家约翰·戴维斯最早发现这个群岛。最早登陆者则为英国船长约翰·斯特朗，他于 1690 年发现两主岛之间的海峡，并以当时英国海军司令福克兰子爵的名字将其命名为"福克兰海峡"，后来英国便称该群岛为"福克兰群岛"。18 世纪初，法国航海家陆续抵达这里。1764 年，法国航海家首次在东岛登陆，并建立了一个居民点，称路易斯港，并将该群岛命名为"马尔维纳斯"。1765 年，英国探险队登上西岛，也建立了一个定居地，名为埃格蒙特港，并升起英国国旗，声称该岛归属英国。1766 年 10 月，法国人以 2.4 万英镑把东岛卖给了西班牙。1770 年，西岛的英国人被西班牙军队赶走。但是，第二年英、西两国又达成协议，英国重返西岛。1774 年，英国在西岛的驻军撤离，但未放弃该岛主权。1810 年，阿根廷爆发起义，成立了拉普拉塔联合省临时政府。1816 年，阿根廷摆脱西班牙殖民统治，宣布独立，并声明继承西班牙对该岛的主权。但在 1833 年，英国派兵强行占领马岛，并宣布对马岛行使主权，从此开始了对马岛长达 170 年的统治。在英国统治马岛后的一个多世纪，历届阿根廷政府都不承认英国对马岛的主权，一直为获得马岛的主权而斗争。

二战后，胡安·多明戈·庇隆将军上台，并以"民族主义"为武器，宣传"收复马尔维纳斯"。1960 年以来，联合国大会曾作出 4 次决议，要求双方通过谈判解决争端，两国的谈判时断时续，马岛主权的归属依然悬而未决。20 世纪 70 年代，马岛附近海域发现大量石油和天然气，英、阿的争夺更为激烈。在国际社会斡旋下，英、阿再次举行谈判。阿根廷要求英国承认自己对马岛的主权，英国则以岛上大多数居民是英国移民后裔为借口加以拒绝，谈判再次陷入僵局。

1982 年初，在英、阿两国就马岛主权归属问题进行的外交斡旋失败后，阿根廷最终决定以武力攻占马岛。

1982 年 4 月 2 日凌晨，阿根廷政府以恢复马岛主权为名，派遣海陆空三军 400 多人在马岛登陆，迅速占领全岛，并宣布该岛及其附属岛为阿根廷第 23 省。英国立即强烈反击，宣布与阿根廷断绝外交关系，并对阿根廷实施经济制裁。4 月 5 日，英国撒切尔政府派遣一支特混舰队驶向南太平洋，试图通过武力夺回马岛。4 月 25 日，英军在南乔治岛登陆，并向阿根廷舰艇发起攻击，双方在马岛及周围海域打了一场大规模的海空战。英国投入了包括 2 艘航空母舰在内的 100 艘舰船，约 140 架作战飞机，总兵力达 2.7 万人。阿根廷投入了 80 多艘舰船，约 200 架作战飞机，陆军 1 万多人。作战双方在战斗中都使用了许多先进的现代化武器装备，如导弹、电子系统，因此这场战争也被看成是高科技战争的揭幕之战。英国在军事实力上占有优势，经过两个半月的海陆空较量，英军攻占马岛首府阿根廷港。6 月 14 日，阿军战败投降，双方达成停火协议，马岛战争结束，英国重新占领马岛。

马岛战争对英、阿两国乃至国际形势产生了重大影响。英国通过武力重新占领了马岛，使撒切尔首相巩固了其政治地位，但英国在第三世界中的形象一落千丈。在战争期间，拉丁美洲和第三世界国家通过各种形式支援阿根廷，表示支持阿根廷拥有马岛主权的正当要求。美国偏向英国，对阿根廷进行了经济制裁，这让拉美国家十分愤慨，美国与拉美国家关系恶化。

智利和尼加拉瓜的动荡局势

20 世纪 70 年代，美、苏两个超级大国插手加勒比和中美洲地区事务，使该地区成为美、苏较量的又一场所，地区局势激烈动荡。1959 年，古巴革命胜利后，苏联与古巴建交，苏联正式介入中美洲、加勒比地区。随后，苏联不断加强与拉美国家的联系，向古巴、秘鲁等中南美洲国家提供经济和军事援助。

1970 年 9 月，智利人民阵线在大选中获胜，社会党人阿连德当选为总统，

智利政治家、前总统阿连德
1970 年 11 月 3 日，阿连德正式就任智利总统，成为智利乃至整个拉丁美洲历史上第一位通过竞选获胜并顺利就职的具有社会主义倾向的总统。

组成人民阵线政府。阿连德执政后，根据施政纲领采取了一系列措施：对外国和本国垄断企业、银行实行国有化，美资铜矿公司等外资企业归为国有，对外贸易实行国家垄断；征用大庄园主的土地，进行土地改革；对外宣布尊重自决权和不干涉原则，实行捍卫国家主权、维护民族独立的政策，如恢复与古巴的外交关系，宣布与中国、苏联、东欧的社会主义国家建交，加强与拉美各国之间的联系，并支持拉美和亚非各国人民的反帝革命斗争。阿连德主张通过结构改革和平过渡到社会主义。对此，苏联政府大力支持。

随着苏联势力在拉美地区不断渗透，拉美国家的反美倾向不断加强。为了与苏联抗衡，1969 年上台的尼克松政府对拉美地区实施了"新政策"。美国不断鼓吹与拉美国家结成"新的伙伴关系"，力图在"泛美体系"内与拉美各国加强军事、政治联系，力图通过提供经济援助、扩大投资等形式，改善与拉美国家的关系。为了压制拉美国家的反美倾向，1973 年 9 月 11 日，智利军人在美国的支持下发动军事政变，推翻了阿连德政府，建立了以皮诺切特为首的右派军人政府。1976 年，卡特总统上台，对拉美地区实行"新方针"，推行"人权外交"，鼓吹与拉美国家进行合作。卡特政府对拉美国家采取了较为灵活的经济政策，对牙买加等加勒比地区的国家进行经济援助，改善与拉美国家的经济关系，以消除苏联、古巴在这个地区的影响。

随着中美洲国家争取民主、反对独裁运动的兴起，苏联加强了对中美洲地区的注意。1979 年，由桑地诺民族解放阵线领导的尼加拉瓜民族民主革命推翻了索摩查的独裁统治，取得了胜利。在尼加拉瓜革命胜利的影响下，中美洲民族民主运动迅速发展起来。

尼加拉瓜地处中美洲中部，北接洪都拉斯，南连哥斯达黎加，东临加勒比海，西濒太平洋，扼守南北美洲陆上交通的要冲，有着重要的战略地位。尼加拉瓜在 1524 年沦为西班牙的殖民地，于 1821 年脱离西班牙，1839 年宣布成立共和国。由于尼加拉瓜战略地位十分重要，美国在加强对中美洲的侵略中，尼加拉瓜成为其选择的重要目标。在 1912 年和 1927 年，美国对尼加拉瓜进行武装入侵，强行干涉尼加拉瓜内政。1934 年，尼加拉瓜国民警卫队司令安纳斯塔西奥·索摩查·加西亚在美国的指使下，谋杀了奥古斯托·桑地诺将军，并于 1937 年 1 月出任总统，开始了索摩查家族的独裁统治。

从 20 世纪 50 年代末开始，尼加拉瓜出现了反独裁统治的武装斗争。1961 年 7 月 23 日，桑地诺民族解放阵线宣告成立，并在山区开展武装斗争。尼加拉瓜人民反独裁统治的斗争进入新阶段。随着斗争的不断展开，桑地诺民族解放阵线分裂成三派：持久人民战争派，受古巴"游击中心"理论的影响，坚持"游击中心主义"路线；无产阶级派，主张重点进行城市斗争，放弃直接军事行动；全国领导派，主张联合包括资产阶级在内的一切反独裁力量，通过人民起义，建立民主政权。1977年10月，全国领导派的游击队袭击了首都马那瓜，这使独裁政权大为恐慌。

　　进入20世纪70年代，尼加拉瓜相继成立了"民主解放联盟""十二人集团"等反对派组织。1974年11月，由基督教社会党、独立自由党、尼加拉瓜社会主义党等参加的民主解放联盟成立。民主解放联盟强烈要求结束索摩查家族的独裁统治，对当前的社会制度进行政治改革，主张和平解决社会矛盾。1977年10月，流亡国外的尼加拉瓜知名人士组成了"十二人集团"，主张必须在桑地诺民族解放阵线参加的条件下解决尼加拉瓜的问题。

　　1978年1月，民主解放联盟领导人、尼加拉瓜《新闻报》主编华金·查莫罗被暗杀，以此为导火索，尼加拉瓜爆发了一场反对索摩查家族统治的空前规模的罢工、罢课、罢市浪潮。同年7月，尼加拉瓜全国所有反对独裁专制统

庆祝反独裁斗争胜利的尼加拉瓜人民
1979年7月19日，尼加拉瓜人民反独裁斗争取得胜利，推翻了索摩查政权。

治的政治派别组成了"反对派广泛阵线"，这一阵线几乎涵盖了尼加拉瓜各个
阶层的民众。全国性大罢工和群众起义浪潮在尼加拉瓜各地迅速蔓延。尼加拉
瓜的政局持续动荡，导致国民经济濒于崩溃，加速了索摩查政权的倒台。

　　1979 年初，尼加拉瓜人民反对独裁的斗争达到高潮。桑地诺民族解放阵
线各派建立了全国联合领导委员会，加强对作战的统一领导，武装力量也由
1000 人发展到 6000 人。5 月 29 日，桑地诺民族解放阵线的军队向索摩查政权
发起了总攻势，随后尼加拉瓜全国举行总罢工，在一个多月的时间里，桑地诺
民族解放阵线的军队就攻占了 30 多座城镇。6 月 16 日，在桑地诺民族解放阵
线的组织下，民族复兴政府执政委员会成立，并得到了古巴、巴拿马、哥斯达
黎加、墨西哥等拉美国家的支持。美国为形势所迫，不得不采取妥协、退让的
策略，终止了对索摩查的援助。7 月 17 日，统治尼加拉瓜长达 43 年的索摩查
家族独裁统治宣告结束，安·索摩查被迫下台，逃亡美国。19 日，桑地诺民族
解放阵线军队进入首都马那瓜。20 日，民族复兴政府内阁宣誓就职。

　　尼加拉瓜民族复兴政府成立后，为了巩固政权和恢复经济，下令将索摩查
家族的财产全部没收，并将其土地分配给农民。在政治方面，尼加拉瓜实行以
桑地诺民族解放阵线为主的多元政治，除了索摩查的国民自由党外，还有其他
政党存在。在经济方面，民族复兴政府实行私有制、集体所有制和公有制并存
的多种经济制度。新政权将索摩查的国民警卫队解散，并组建了桑地诺人民军。
尼加拉瓜人民反独裁斗争的胜利，是战后拉美民族民主革命运动的一项重大成
果，对中美洲局势的发展产生了巨大的影响。

中美洲的和平进程

　　中美洲包括危地马拉、伯利兹、萨尔瓦多、洪都拉斯、尼加拉瓜、哥斯达
黎加和巴拿马 7 个国家。东临加勒比海，西濒太平洋，是连接南美洲和北美洲
的狭长陆地。中美洲自然资源丰富，战略地位重要，一直以来都是大国争夺的
地区之一。二战后，中美洲国家的政治、经济进入了新时期，但是大多数国家
处在美国扶植下的军人政权下，在政治上完全失去了民主自由，在经济上遭到
了大地主、大资产阶级及外国垄断财团的剥削，导致贫富加剧，社会矛盾日益
尖锐。20 世纪 70 年代后，中美洲多国军事政变频发，经济形势不断恶化，政
局更加动荡不安。

　　1959 年的古巴革命，特别是 1979 年尼加拉瓜的反对独裁统治斗争的胜利，使中美洲兴起了一股反对本国独裁政权的斗争浪潮。从 1980 年起，萨尔瓦多、危地马拉和洪都拉斯出现了反对军政府的游击斗争，其左翼组织也组织了大规模反对军政府的斗争。尼加拉瓜桑地诺民族解放阵线夺取政权组建新政府后，支持中美洲其他国家反对独裁统治的斗争。而流亡在外国的尼加拉瓜反政府军以萨尔瓦多等国为基地，对新生的民族复兴政府进行颠覆，同时得到了这些国家的支持。就这样，以萨尔瓦多、洪都拉斯、危地马拉、哥斯达黎加独裁政府为一方，尼加拉瓜民族复兴政府为另一方，双方相互对抗，使中美洲陷入了地区冲突。

　　尼加拉瓜反政府军得到了美国的支持，而萨尔瓦多、危地马拉等国反政府游击活动的发展，被苏联看作是在拉美地区牵制和削弱美国势力的有利时机。苏联通过古巴等国对尼加拉瓜进行支援，其他中美洲国家的左翼组织又通过尼加拉瓜获得武器装备，促进了中美洲各国民族民主运动的发展，使中美洲各国的亲美政权处于风雨飘摇之中。为了遏制中美洲各国的民族民主运动，维护美国在中美洲的地位，抵制苏联在中美洲的扩张，美国将打击目标指向了尼加拉瓜。1981 年，里根上台后，推行强硬的中美洲政策，对中美洲国家政府加强经济、军事援助。

　　从 1983 年 7 月开始，美国逐渐加强了对中美洲地区的干涉，对尼加拉瓜采取了直接的军事挑衅。10 月，在美国的策划下，停止活动多年的中美洲防务委员会恢复活动。美国试图将其在中美洲的军事同盟纠集在一起，共同对付尼加拉瓜。10 月 12 日，加勒比海岛国格林纳达发生军事政变，美国政府以"保护美国侨民""恢复这个岛国的秩序和法制"为借口，派军队侵入格林纳达，扶植亲美政权，并借机向尼加拉瓜发出军事威胁。美国入侵格林纳达遭到了世

美军入侵格林纳达
1983 年 10 月 25 日，格林纳达珍珠机场爆炸声响起，美军入侵格林纳达的战争正式爆发。

界各国的强烈谴责。同年 11 月 3 日，美国军队开始撤出格林纳达。此后，为了遏制尼加拉瓜，美国大力资助尼加拉瓜的反政府武装力量，不断加强对萨尔瓦多、洪都拉斯政府的军事援助。而苏联利用中美洲内部动乱，加紧向中美洲渗透，这使美国更加无法容忍。美、苏两个超级大国对中美洲的介入与争夺，使中美洲局势更加复杂。

面对中美洲地区局势的动荡，拉美国家和人民普遍要求中美洲的冲突能在排除外来干涉的情况下，由中美洲人民自己解决，反对将这一地区的问题纳入两个超级大国争夺的轨道。就这样，和平解决中美洲问题的进程开始了。1983年 1 月 9 日，以调解中美洲问题为宗旨的"孔塔多拉集团"应运而生。拉丁美洲国家哥伦比亚、墨西哥、巴拿马、委内瑞拉的外长在巴拿马的孔塔多拉岛举行会议，就和平解决中美洲争端进行了讨论与协商。会议通过了"和平解决中美洲问题倡议"，呼吁中美洲国家在没有外来干涉的情况下进行谈判，要求所有外国军事顾问撤离这一地区，并停止向其输送武器装备。此后，国际社会将这 4 个国家称为"孔塔多拉集团"。

1983 年 7 月，孔塔多拉集团在墨西哥的坎昆召开会议，共同签署了《关于中美洲和平的坎昆宣言》，重申国家主权平等、在经济与社会领域内进行合作及和平解决争端等原则，提出停止外来干涉、撤走外国顾问、建立非军事区等建议。这次会议是孔塔多拉集团为解决中美洲问题所迈出的重要一步。1984年 9 月，孔塔多拉集团又拟定了《中美洲和平条约》草案，并为签署和实现这一草案进行了大量外交活动。孔塔多拉集团为维护中美洲的稳定与和平所进行的活动得到了国际社会尤其是拉美国家的普遍支持。1985 年 7 月，阿根廷、巴西、秘鲁、乌拉圭在秘鲁首都利马组成了利马集团，支持和声援孔塔多拉集团。同年 8 月，两个集团的八国外长在哥伦比亚召开第一次联席会议，为和平解决中美洲国家的争端首次正式合作，共同促进了中美洲和平进程。

随着世界形势的不断发展变化，两个集团的努力受到了国际社会的赞扬和支持。1986 年 5 月，中美洲危地马拉、洪都拉斯、萨尔瓦多、尼加拉瓜、哥斯达黎加的首脑召开了第一次会议，中美洲国家彼此之间开始了对话。1987 年 8月 7 日，中美洲五国首脑举行会议，签署了《中美洲建立稳定和持久和平的程序》，即《中美洲和平协议》，各方就中美洲地区实现停火、政府与反对派对话、开始民主化进程等问题达成协议，为实现中美洲地区的和平奠定了基础。此后，中美洲五国首脑又多次召开会议，讨论如何和平解决中美洲的争端问题。1988年 1 月，在第三次五国首脑会议上，尼加拉瓜总统奥尔特加发表声明，表示在

尼加拉瓜第一位女总
统比奥莱塔·查莫罗
比奥莱塔·查莫罗是
尼加拉瓜民主解放联
盟领导人、《新闻报》
主编华金·查莫罗的
夫人，查莫罗遇害后，
查莫罗夫人开始走上
政治舞台。

尼加拉瓜全国取消紧急状态，并立即与反政府武装展开谈判，商讨停火协议。
3月，尼加拉瓜内战双方举行谈判，达成了临时停火协议，双方基本停止战斗。

　　1989年2月，中美洲五国首脑第四次会议在萨尔瓦多举行，会议达成的
协议规定，撤除尼加拉瓜反政府武装驻扎在洪都拉斯境内的活动基地，解除其
武装，并把他们及其家属遣返回国，允许他们参加政治活动等。根据协议，尼
加拉瓜政府于1990年2月25日提前9个月举行大选，各个政党都可以参加。
这次会议加速了尼加拉瓜的和平进程，使局势得到了缓和。1990年2月，尼
加拉瓜大选如期举行。联合国、美洲国家组织、欧洲议会等对大选进行了监
督。26日，大选结果揭晓，由尼加拉瓜全国14个政党组成的全国反对派联盟
总候选人、无党派人士比奥莱塔·查莫罗夫人以55％的选票，击败主要竞争
对手——执政10年的"桑解阵"总统候选人、时任总统奥尔特加，当选为尼
加拉瓜新总统。之后，查莫罗夫人与"桑解阵"和反政府武装就国内和平问题
达成协议。4月19日，各方签署了3个重要协议，为结束内战、实现和平奠定
了基础。4月25日，查莫罗夫人正式上任，成为尼加拉瓜历史上首位女总统。
尼加拉瓜成功实现了政权的和平更迭，结束内战。

　　1991年12月，萨尔瓦多政府与游击队领导人在联合国总部签署了结束武
装冲突的协议。协议规定双方于1992年2月1日正式停火，结束11年的武装
冲突。与此同时，危地马拉政府与游击队也同意和平谈判。1991年4月，双
方举行了和平谈判。1994年，双方达成框架协议、人权协议和安置分散居民
协议，但未能就最终和平协议达成一致。1995年，双方最终签署了一份和平
条约，正式结束内战。中美洲和平进程的不断发展，使该地区出现了相对稳定
的政治局面。

海湾战争

　　1990 年 8 月 2 日，两伊战争的硝烟还没有散尽，伊拉克就全面入侵邻邦科威特，对海湾地区阿拉伯国家的安全构成了威胁。国际社会纷纷谴责伊拉克的侵略行径，要求伊拉克撤军。在联合国的授权下，以美国为首的多国部队迅速出动，前往海湾地区，与占领科威特的伊拉克军队形成对峙。一时间海湾地区战云密布，爆发了震惊世界的海湾危机。

　　科威特是海湾地区五大产油国之一，有着丰富的石油资源，面积 1.7 万平方千米，人口 214 万（1990 年）。在两伊战争中，科威特曾对伊拉克进行援助。然而，两国在历史上和现实政治经济利益方面存在着矛盾和争端。伊拉克出兵占领科威特的主要目的是领土扩张，占据科威特现代化的石油设施和石油港口，改善本国的经济状况，从而为称霸阿拉伯世界打下坚实的基础。

　　吞并科威特是伊拉克长期以来的野心，伊拉克一直宣称科威特为其领土的一部分，认为有权吞并科威特。1961 年科威特宣布独立时，伊拉克就不予承认，并对科威特提出领土要求。7 世纪时，科威特曾属于阿拉伯帝国。1871 年，科威特成为奥斯曼帝国巴士拉省的一个县。1899 年，科威特摆脱土耳其的统治，与英国签订了一项协定，英国成为科威特的宗主国。1939 年，科威特沦为英国的"保护国"。第二次世界大战后，科威特开展了争取民族独立的斗争。

被战争阴云笼罩的海湾地区

1961 年 6 月 19 日，英国被迫废除两国于 1899 年签订的协定，承认科威特独立。伊拉克虽然在 1963 年承认了科威特的独立自主，但仍然没有放弃吞并其领土的企图。为此，两国曾就边界问题进行了多次谈判，但是没有取得任何进展。1973 年，两国爆发了边界冲突。伊拉克要求租借科威特位于阿拉伯河以西的布比延岛和沃尔拜岛，以使伊拉克拥有一个通向海湾的出海港口，但被科威特严正拒绝。在这种情况下，伊拉克只得耗巨资修建陆上输油管道。

伊拉克入侵科威特的动因之一是企图占有科威特丰富的石油资源，增强本国的经济实力。在两伊战争中，伊拉克损失了 2000 亿美元，外债高达 800 亿美元，其中欠下科威特 200 亿美元。科威特等海湾国家在两伊战争期间向伊拉克提供了数百亿美元的贷款和其他支援，但伊拉克并不满足。伊拉克公开提出，自己是为了保卫阿拉伯世界而战，并为此作出了贡献和牺牲，称科威特等海湾国家的贷款是伊拉克人用鲜血换来的，是一笔"血债"，要求科威特等海湾国家将这些债务一笔勾销。伊拉克的这个要求没有得到海湾国家的响应，科威特也没有同意。在对科威特实施武装入侵之前，伊拉克指责科威特从 1980 年起就偷偷开采两国接壤地区、位于伊拉克南部的鲁迈拉油田，偷采的原油价值达 24 亿美元。此外，伊拉克还抨击科威特、阿联酋等国没有遵守石油输出国组织分配的采油限额，大量超额出口石油，使伊拉克蒙受了 140 亿美元的石油损失，要求科威特就此进行赔偿。

边界领土争端和石油、债务上的纠纷使伊科关系日趋恶化，海湾形势剑拔弩张。1990 年 7 月 31 日，科威特与伊拉克谈判代表在沙特阿拉伯的吉达举行会谈。伊拉克在谈判中提出了苛刻的条件，科威特表示难以接受。8 月 1 日，吉达谈判宣告失败。但是，双方在谈判结束时商定，分别在两国首都举行后续会谈。但是，就在两国代表回国后仅几个小时，伊拉克自恃武装力量强大，违背国际法准则，向科威特发起武装入侵。

8 月 2 日凌晨 2 点，伊拉克军队动用 14 个师，总兵力 10 多万人，在空军和海军的配合下，突然大举入侵科威特。伊拉克军队从巴士拉、鲁迈拉、布赛亚等方向越过伊科边界，向科威特挺进。伊拉克军队经过了 8 年的两伊战争锻炼，有着丰富的实战经验，当时的科威特军队仅有 2 万多人，且缺乏实战经验，两国在军事力量和装备上对比悬殊。

伊拉克军队大规模突然进攻，科威特军队猝不及防，还没来得及组织有效的抵抗，就被伊军突破了边境防线。战争爆发后数小时，伊拉克军队就逼近了科威特首都科威特城。为保卫科威特城，科威特军队进行了殊死抵抗。当天中

突然发起进攻的伊拉克武装部队
1990 年 8 月 2 日凌晨，伊拉克武装部队
越过科威特边境，向科威特突然发起进攻。

午，伊军占领了科威特电台、电视台等，包围了达斯曼王宫。在数小时的王宫保卫战中，法赫德亲王亲自指挥军队进行抵抗，并在战斗中身亡。埃米尔国王乘直升机逃到巴林，随后又转移到沙特阿拉伯，并在沙特阿拉伯建立了临时政府，号召民众团结起来反抗伊拉克的侵略。8 月 3 日，伊拉克军队攻占科威特首都南部和西部的一些重要地区，基本上控制了科威特全境。

8 月 4 日，伊拉克在侵占科威特后，建立了一个傀儡的"自由科威特临时政府"，接着又宣布成立所谓的"科威特共和国"。8 月 7 日，伊拉克宣布伊科"两国永久合并"，"科威特国家永远消失"。之后，伊拉克又单方面宣布将其在两伊战争中所欠科威特的借款一笔勾销。28 日，伊拉克总统萨达姆发布总统令，宣布科威特为伊拉克第 19 个省，公然实行领土吞并。9 月 23 日，伊拉克禁止科威特货币流通，并用伊拉克货币取而代之。就这样，伊拉克逐步侵占了科威特。

伊拉克公然侵占一个主权国家，遭到了国际社会的强烈谴责。伊拉克企图称霸中东地区的行为影响了美国等发达国家的石油供应，危及美国、英国等西方国家在中东的经济利益，引起了以美国为首的西方国家的不满。联合国安理会在伊拉克入侵科威特的当天召开紧急会议，通过了第 660 号决议，谴责伊拉克违反联合国宪章，要求伊拉克立即从科威特撤军。从 8 月 6 日至 11 月 29 日，联合国安理会先后通过了 11 个决议，宣布伊拉克对科威特的侵占是非法的，对伊拉克实行全面制裁，谴责伊拉克军队侵犯外国驻科威特使馆的行为，要求伊拉克立即释放被扣留的各国外交人员，并对伊拉克实行空中封锁。其中的第 678 号决议要求伊拉克在 1991 年 1 月 15 日前必须撤离科威特，否则联合国将采取一切必要手段迫使伊拉克撤出科威特。

　　联合国安理会在如此短的时间内作出如此多的紧急决议，这是联合国成立以后从未出现过的。与此同时，以美国为首的西方国家迅速向中东和海湾地区集结军事力量。8 月 7 日，美国开始实施代号为"沙漠盾牌"的军事行动计划。美国布什总统命令美国军队向海湾和沙特阿拉伯大规模集结。到 11 月初，美军在海湾地区的总兵力达到了 43 万人。其中，陆军 26 万人；空军 4 万人，各类作战飞机 444 架，加上海军航空兵的 533 架，总计 977 架；海军 13 万人，包括航空母舰在内的各种类型舰船 85 艘。美国将各种新式武器装备，如 F–117 隐形战斗机、"爱国者"导弹部署在海湾地区，随时对伊拉克发动攻击。这次行动是二战后美军在海湾地区进行的规模最大的一次军事集结。从 8 月 13 日起，英国、法国、加拿大等国家也相继派兵加入以美国为首的多国部队，总兵力达 50 万人。

　　伊拉克入侵科威特在阿拉伯国家中引起了不同的反应，有对其进行谴责的，也有表示同情的。大多数阿拉伯国家既反对伊拉克侵吞科威特，同时又不想看到美国等西方国家乘机在海湾地区插足。8 月 10 日，阿拉伯国家举行首脑会议，会上有 12 个国家同意派军队保护沙特阿拉伯，使其免遭伊拉克的入侵。此外，埃及、叙利亚、摩洛哥还派出军队参加了多国部队。

　　数十万人组成的多国部队在海湾地区集结，以及国际社会的经济制裁，使伊拉克面临着巨大的压力。国际社会的经济制裁使伊拉克的经济陷入严重困境，然而萨达姆的态度仍然十分强硬。伊拉克军队将数千名滞留在科威特的西方国家外交人员、侨民、旅游者集中起来，将他们作为人质，并将其中的一部分人

科威特城附近的伊拉克车队遗迹

质转移到军事设施、炼油厂等处，企图以"人质盾牌"行动来对抗美国的"沙漠盾牌"行动，迫使美国放弃进攻或撤出海湾地区。同时，伊拉克先后释放了法国、德国、日本等国的部分人质，进而企图分化和瓦解多国部队。伊拉克在军事上做好防御的同时，在 8 月 12 日提出了谈判和撤出科威特的各项条件，要求多国部队从阿拉伯国家领土上撤出，叙利亚从黎巴嫩撤出，以及以色列从被其占领的加沙地带、戈兰高地等阿拉伯领土上撤出。美国和以色列拒绝了伊拉克提出的条件，中东地区危机变得愈发严峻，战争一触即发。

1990 年 11 月 29 日，联合国安理会特别会议通过第 678 号决议，规定 1991 年 1 月 15 日为伊拉克撤军的最后期限，并授权联合国成员国在伊拉克在规定日期之前仍拒不执行安理会有关决议的情况下，可"使用一切必要手段"，迫使伊拉克撤出科威特。这个决议实际上是对伊拉克的最后通牒。

为了避免战争的爆发，国际社会仍在为争取通过和平手段解决这场危机而不懈努力。1991 年 1 月 9 日，美、伊两国在瑞士日内瓦举行战前最后一次会晤，但是双方在谈判中坚持自己的立场，均没有妥协的余地。会谈没有取得任何结果。1 月 13 日，时任联合国秘书长的德奎利亚尔飞抵巴格达与萨达姆会谈，为和平解决危机进行最后的努力。但是，他没有说服伊拉克撤军，斡旋失败。僵持 5 个多月的海湾危机因伊拉克拒不撤军而演变为海湾战争。

1991 年 1 月 17 日凌晨 2 点 40 分，以美国为首的多国部队向伊拉克发起了代号为"沙漠风暴"的行动，海湾战争爆发。从 1 月 17 日到 2 月 14 日，多国部队利用自己的海空优势和高技术优势，对伊拉克进行了持续 38 天的空中打击，出动飞机 3 万多架次。多国部队的大规模轰炸使伊拉克和科威特境内的

等待战斗的美军飞机
在伊拉克拒不执行安理会第 678 号决议的情况下，参加"沙漠风暴"行动的美军轰炸机准备实施空袭。

伊军指挥控制系统瘫痪，伊军通信系统和交通设施等遭到严重破坏，多国部队取得了战争的制空权。在多国部队发动空袭的第一天，伊军向沙特首都和以色列境内发射了"飞毛腿"导弹进行报复，且在整个38天空袭过程中，伊拉克向沙特和以色列发射了数十枚导弹，但是效果不大，大多数"飞毛腿"导弹都被美军的"爱国者"导弹拦截摧毁了。伊拉克进攻以色列的目的是想把以色列拖入海湾战争，挑起阿以冲突，从而拆散反伊联合行动。以色列在美国的力劝下保持克制，没有进行报复，使萨达姆的计划没有得逞。

在多国部队的打击下，伊拉克的态度逐渐变软。2月15日，伊拉克宣布愿意接受安理会第660号决议，有条件地从科威特撤军。之后，伊拉克外长阿齐兹前往莫斯科，与苏联总统戈尔巴乔夫进行会晤。19日，苏联提出四条和平建议，萨达姆表示同意。22日，苏联进一步提出伊拉克撤军方案，即停火1天后伊拉克开始从科威特撤军，并在21天内全部撤出。然而，美国认为苏联提出的这个方案对伊拉克过于宽容，拒绝了苏联的调停，并向萨达姆发出了最后通牒：必须在格林尼治时间2月23日17时撤军，否则多国部队将向伊拉克发动地面进攻。萨达姆对此予以拒绝。

2月24日当地时间凌晨4点，多国部队分四路向伊拉克军队发起了地面进攻。在多国部队强大的攻势下，伊拉克军队的防线迅速崩溃。多国部队采取了声东击西的战术，将主力部队悄悄调遣到沙特西部和伊拉克边境，从西线进行突袭，迅速推进到伊拉克南部地区，切断伊军的退路，并与从南面向科威特发起进攻的美国海军陆战队形成南北夹击之势，数以万计的伊军迅速陷入被围歼的境地。在多国部队的猛烈攻击下，伊军溃不成军，29个师丧失作战能力。2月26日，萨达姆命令伊拉克军队在24小时内撤退到1990年8月1日前的阵地，并宣布科威特不再是伊拉克的第19个省。同时，伊拉克表示无条件接受联合国安理会关于伊拉克的12个决议。到27日凌晨，伊拉克军队全部从科威特撤出，被伊军占领7个月之久的科威特获得解放。28日，美国总统布什宣布停火，多国部队停止战斗，海湾战争结束。

在这场战争中，伊拉克军队约有2万人阵亡，数万人受伤，近10万人被俘，损失300多架飞机、3800辆坦克、140多艘舰艇，直接经济损失达2000亿美元。多国部队方面阵亡340人，700多人受伤，损失124架飞机、35辆坦克、2艘舰艇。

海湾战争的结束比人们预想的快得多，然而持续半年之久的海湾危机却对整个国际局势产生了深远影响。海湾战争是冷战后首场大规模的现代化的局部战

死亡公路

1991 年 2 月 26 日，驻扎在科威特的伊拉克军队试图沿 80 号公路撤回，遭到多国部队的空袭，约 2000 辆车被击毁，残骸绵延 36 千米，该路段因此被称为 "死亡公路"。

被美军狂轰滥炸后的海湾

海湾战争期间油田四处起火，共造成 5000 多万吨的原油被浪费。

争。这场战争的胜利增强了美国干预国际事务的能力和信心，美国借此机会堂而皇之地进驻中东地区，助长了美国独霸世界的野心。伊拉克在战争中遭到重创，经济陷入严重的困境，政治影响力大大削弱，整个国家元气大伤。海湾战争使阿拉伯世界发生分裂，各国的力量对比格局发生新的分化和组合。战争的结局影响了战后海湾地区阿拉伯国家之间的关系及阿拉伯国家与以色列的关系。

在海湾战争中，约旦、巴勒斯坦、利比亚及一些北非的阿拉伯国家反对美国通过武力方式解决伊拉克入侵科威特的问题。埃及、叙利亚及海湾合作委员会国家则参加了美国的联合行动。随着海湾战争的结束，亲西方和反西方的阿拉伯国家之间的矛盾日益加剧。巴勒斯坦、约旦等国因在海湾危机中支持伊拉克而陷入政治困境，在中东和平进程中处于不利的地位，客观上有利于以色列发展。海湾战争给科威特、伊拉克两国造成了巨大的经济损失，沙特也遭受了严重的经济损失，面临经济恢复和社会重建的艰巨任务，恢复正常的石油生产、摆脱经济困境成为这些国家的主要任务。

总之，海湾战争对新的世界格局和国际政治经济秩序的建立产生了深远的影响。战争结束后，冷战时期两强争雄中东的局面被彻底打破，美国取得了在中东地区的主导地位，而苏联的势力一落千丈。在推动中东地区的安全与稳定的过程中，美国的影响力和作用空前增强。

美苏争霸的第三阶段

　　20世纪80年代末90年代初是美苏争霸的第三阶段。在这一时期，美国采取了强硬态度来遏制苏联的扩张，并企图通过新的军备竞赛拖垮苏联。苏联在与美国争霸的过程中背负了沉重的包袱，经济发展缓慢，被迫由对外扩张转向全面收缩。

星球大战计划

　　20世纪80年代，美苏的军备竞赛日益激烈。此时美苏两国拥有上千枚战略核导弹，双方同时处在对方战略核武器的威慑之下，出现了一种危险的平衡。虽然双方仍然继续研制新型的战略核武器，但是仅依靠进攻性核武器已经难以改变两国当前的均衡局势。为了打破这种僵持局面，获得战略优势，美苏两国加紧对反弹道导弹武器系统的研制，力图在太空建立新的战略防御系统。事实上，美苏早就已经开始对太空的争夺，太空竞赛成为双方军备竞赛的延续与发

"星球大战"计划的提出
为对抗苏联，美国总统里根于1983年3月提出"星球大战"计划。

展。在这一领域，苏联起步要比美国早，并且在反卫星武器上占先一着，同时不断推动建立航天站的计划。苏联的太空计划让美国感到了巨大压力，力图赶上苏联。

1981年里根上台后，对美国的政策进行了重大调整。除了对国内经济进行整顿之外，还提出了一整套针对苏联新的"遏制"政策。该政策的基本方针是以抵御苏联的扩张为重点，推行"以实力求和平"的战略。里根上台执政后一再强调，针对苏联企图"实现统治世界"的战略目标，西方世界进入了"最危险的十年"，美国则是唯一能够领导各国抵御苏联扩张的国家。因此，美国需要不断增加对军事的开支，大力加强国防建设。根据这一目标，里根提出了同时发展核力量和常规力量，全面增强军事实力，重新夺取军事优势，使美国有能力与苏联进行各种形式和各种规模的战争的新战略。里根政府调整了自20世纪60年代以来一直奉行的"相互确保摧毁"的核战略，代之以"相互确保安全"的核战略。"星球大战"计划就是依据这一新的核战略理论提出来的。

1983年3月，里根提出了一项被西方国家称为"星球大战"的战略防御计划。该计划是要在200千米至1000千米的太空中建立多层次、多手段的反弹道导弹防御系统，以确保美国本土不遭受苏联核导弹的攻击。"星球大战"计划的目标是建立分层防御网，对导弹进行多次拦截。同时在核战争发生时，以反卫星武器摧毁敌方的军用卫星，打击削弱敌方的监视、预警、通信、导航能力。

里根政府积极推行这一新战略，一方面是想通过建立反弹道导弹防御系统，使美国处于进可以攻、退可以守的战略地位；另一方面是企图凭借美国强大的经济和科技实力，通过这一计划提高美国的核威慑力量，对苏联的技术和经济造成压力，从而拖垮苏联。据当时西方国家估计，苏联要想建立起与同美国相抗衡的军备力量，需要将15%的国民生产总值用于军费，这无疑是一笔巨大的费用。美国的一些盟国，如英国、意大利、联邦德国、以色列、日本等，也在美国的要求下不同程度地参与了这项计划。

1985年1月4日，美国政府对此计划进行立项开发，取名为"反弹道导弹防御系统的战略防御计划"，计划于1994年开始部署。由于该计划的费用过于昂贵和技术难度较大，许多项目在实施过程中无法按计划完成，最终无限期延长甚至终止。1991年12月苏联解体，美国政府不得不考虑该计划的前途。20世纪90年代，美国在花费了近千亿美元的费用后，宣布中止"星球大战"计划。

戈尔巴乔夫改革

1985 年 3 月 11 日，在苏共中央非常全会上戈尔巴乔夫当选为苏党中央总书记。

戈尔巴乔夫于 1931 年 3 月 2 日出生在斯塔夫罗波尔地区的一个农民家庭。1950 年至 1955 年进入莫斯科大学法律系学习。1952 年在大学期间加入苏联共产党。大学毕业后回到北高加索，在斯塔夫罗波尔地区委员会工作。1970 年，成为农业部长。1978 年，当选为党中央书记。1980 年，成为最年轻的党中央政治局委员。

戈尔巴乔夫上台后立即展示出了一个改革者的形象，对领导班子进行了大刀阔斧的调整。在 11 个月的时间里，调换了 14 名党中央政治局和书记处成员，更换了 15 名国家和政府的领导人以及 41 名正副部长，从而结束了老人政权的局面，为改革扫清了道路。1985 年 4 月，在苏共中央全会上，戈尔巴乔夫对近些年来苏联经济停滞和社会发展停顿现象提出了批评，提出了"加速苏联经济社会发展的战略"。随后，他又大力提倡"民主化""公开性"和"新思维"。

1986 年 2 月至 3 月，苏共召开第二十七次代表大会。会议不再强调"发达的社会主义"，转而宣传对社会主义进行完善。大会确定了苏联今后 15 年社会经济的发展战略方针，提出了社会经济"加速发展战略"和根本改革现行经济体制，加快粗放经济向集约化轨道的转变，实现管理民主化，改革经济管理的组织结构等。在政治上，二十七大提出要加深社会主义民主，消除怠惰、停滞不前和保守主义，完善选举的民主原则，扩大苏维埃审议决定问题的范围。在对外政策上，戈尔巴乔夫提出了世界当前的主要矛盾，即两个制度、两种形

戈尔巴乔夫
戈尔巴乔夫是苏联最后一任领导人。

态国家之间的矛盾，资本主义世界本身的内部矛盾，帝国主义同发展中国家的矛盾，人类同环境污染等全球性问题的矛盾。他指出为了避免发生核战争，应倡导两大体系和平共处、和平竞争，并声明苏联在国际社会上的主要方向是反对军备竞赛，反对核威胁，争取维护世界和平。

1987年11月，戈尔巴乔夫出版了《改革与新思维》一书。在这本书中，戈尔巴乔夫全面系统地阐述了关于苏联政治经济改革和国际关系的"新思维"。"新思维"在对苏联历史和现状进行重新评价的基础上，详细阐述了进行政治经济改革的原因、原则、内容与前景，阐明了对当前形势的看法和苏联的对外政策。同时，他对斯大林和勃列日涅夫时期出现的问题进行了公开批评和纠正。

在"加速苏联经济社会发展的战略"实施后，苏联经济发展不仅没能实现加速，反而陷入了更加严重的停滞。戈尔巴乔夫认为这主要是经济体制中的"障碍机制"影响的结果，于是转而进行经济改革。1986年11月，苏联通过《个体劳动法》，允许私人在手工业、服务业从事经营活动，但强调私人"不许经商、雇工，搞非法收入"。紧接着，苏共决定对经营机制进行改革。

1987年6月，苏共举行中央全会，讨论了经济改革的具体措施，通过了《关于党的根本改革经济管理的任务》的决议，确立了从企业改革入手，自上而下推行经济改革的道路。会后，最高苏维埃通过了《国营企业法》，规定"企业是社会主义商品的生产者"，企业应转入经济核算，实行自负盈亏、自筹资金和工人自治。从1988年起，新的经济管理体制全面实行，计划于1990年完成。然而在根本改革经济管理的方针提出以后，改革遇到了很大的阻力和困难，进展缓慢。原有的体制遭到破坏，新的体制却无法有效建立，导致经济严重失控，改革处在"空转状态"中。在经济改革停滞不前的情况下，戈尔巴乔夫认为改革未能取得预期成效的原因主要在于政治体制，于是提出了以政治体制改革推动经济改革的"新思维"，试图通过政治改革促进经济改革。

1988年6月，苏共召开第十九次代表会议，对党和社会生活进一步民主化问题进行了讨论，决定全面进行政治体制改革，建立人民代表大会制度，把国家权力的重心从苏共转移到最高苏维埃，使苏维埃成为政治体制的核心。1989年春，全苏联按照地区、民族和社会团体系统各选出1/3的代表。5月，首届苏联人民代表大会召开，选举产生常设立法机构——最高苏维埃，戈尔巴乔夫当选最高苏维埃主席。

这场政治体制改革使潜伏的民族矛盾表面化、尖锐化，政局失控状况日趋严重。在"公开性""民主化"和"政治多元化"的口号下，无政府状态在全

排队购物的居民
改革使苏联的经济进一步恶化。

国迅速蔓延，社会局势出现动荡。各地出现了罢工浪潮，反对党派纷纷成立。据统计，在这一时期新成立的非正式组织有 6 万多个，共和国级的政党有 500 多个，全国性的政党约 20 个。这些党派公开声明反共反社会主义，打着改革的旗号与苏共展开夺权斗争。苏共交出权力，苏维埃却没能掌握"全权"，国家出现了"权力真空"。各种政治派别通过议会争夺权力，人民与国家权力进一步脱离。在此情况下，政治体制改革不仅没能促进经济改革和经济的发展，反而使经济改革成为政治斗争的牺牲品，经济形势更加恶化。

在进行政治体制改革的同时，戈尔巴乔夫还开展"新思维"外交，大幅度调整对外政策。为了缓和国际紧张局势，改善苏联的国际环境，苏联主动提出裁军计划，与美国签署消除部署在欧洲的中程导弹条约；积极开展"富国外交"，争取经济合作及经济援助；发表声明不再对东欧各国事务进行干涉，并开始主动从东欧各国撤离军队；减少对亚非拉第三世界国家的经济和军事援助，对外扩张转向全面收缩，如从阿富汗、蒙古撤军，削减中苏边境地区驻军，停止支持越南侵略柬埔寨等，并于 1989 年在和平共处五项原则基础上恢复苏中关系正常化。

但是，"新思维"外交过分追求苏美合作和所谓"欧洲大厦"，过分依赖和幻想西方对苏联的经济援助，不顾实际情况一味地妥协和退让。此外，"新思维"外交强调了东欧国家进行根本变革的必要性，为西方对东欧国家进行干涉开了绿灯，从而催化了 20 世纪 80 年代末 90 年代初东欧各国的剧变，并最终导致华沙条约组织的崩溃和经济互助委员会的瓦解。

美苏关系的再次缓和

20 世纪 80 年代，美苏出现了激烈的对抗局面，尤其是在里根的第一任期，美苏关系降入 20 年来的谷底。实际上，早在 20 世纪 70 年代中期，美苏的"缓和"关系就开始走下坡路。苏联乘美国越战后力量衰弱和全面退缩的有利时机，不断发展军事力量，加紧在第三世界的扩张，从而侵犯了美国的切身利益。到 1979 年底，苏联入侵阿富汗，使美苏关系进入激烈的对抗时期。里根政府上台后，进一步强化了抗苏立场。苏联对美国采取了强硬措施，双方冷战气氛加剧。

从 1985 年里根的第二任期开始，随着戈尔巴乔夫上台，美苏关系进入既对抗又对话的阶段。尤其从 1987 年开始，美苏关系出现了很大的改善，进入新的缓和时期。美苏关系从以军事竞赛和对抗为主的阶段进入以综合国力较量和对话为主的新阶段。

美苏关系的这一变化既有经济因素的影响，也有政治因素的影响。苏联由于长期以来在全球范围内与美国进行争霸斗争，背上了沉重的负担。从 20 世纪 70 年代开始，苏联经济发展速度明显放慢，进而陷入停滞状态，经济实力和科技水平不断和美国拉开差距。尤其是在效率、质量和各个科学领域，美国、日本等西方国家大大领先于苏联。在国民生产总值上也被日本超越，落到了世界第三的位置。面对这种情况，在 1985 年上台的戈尔巴乔夫提出了以军控为中心的全球缓和战略。这一战略的宗旨是为苏联进行"加速发展战略"创造和保持宽松的国际环境，主要内容则体现在其对外战略的"新思维"上。戈尔巴乔夫在一系列国际问题上脱离了马克思主义基本观点和阶级分析法。这恰恰迎

戈尔巴乔夫与里根

合了美国等西方国家的需要。

从美国方面来讲，80 年代初里根政府进行大规模的军备扩张，使美国背上了庞大的军费开支的沉重包袱。从 1981 年至 1987 年，美国支出的军费达 2 万亿美元，政府的财政收支连年出现巨额赤字。到 1985 年，美国在国外的资产总额已比外国在美国的资产总额少 1074 亿美元，使美国从世界上最大的债权国沦为最大的债务国。美国经济在世界市场上遭到了西欧和日本的激烈竞争。美国要想继续与苏联进行对抗和军备竞争，已是心有余而力不足。

在这种背景下，戈尔巴乔夫提出的全球缓和战略和"新思维"政策与美国的需要相吻合。从 1987 年开始，美国政府不再强调拖垮苏联，并明确表示支持戈尔巴乔夫的改革计划及其"加速发展战略"。美国不愿意与苏联达成重大裁军协议，但为了不给苏联喘息的机会，表示愿意进行重大裁军交易。

1985 年 11 月和 1986 年 10 月，里根和戈尔巴乔夫先后在瑞士的日内瓦和冰岛首都雷克雅未克进行会谈，双方就大幅度削减战略武器进行了会晤。双方商定了一个大幅度削减战略武器的初步协议，但是并未取得实质性成果。1987 年 12 月 8 日，里根和戈尔巴乔夫在华盛顿举行第 3 次会晤。这次会晤也是战后美苏首脑举行的第 14 次会晤，双方在白宫东厅签署了《消除两国中程和中短程导弹条约》，即《中导条约》。根据这个条约，美苏两国将在 1991 年以前，一共销毁 2400 枚以上的核弹头。这些核弹头数目占到美苏两国核武器的 4% 左右。两国经过 6 年多的艰难谈判而签署的这个条约，是美苏裁军谈判史上第一个削减核军备的条约，也是美苏之间首次达成就整个消除一种类型的导弹的条约，因此受到了国际社会的关注和赞扬。此后，美苏双方还就削减 50% 的战略核武器举行了多次会晤。

在这之后，美国改变了通过阿富汗和柬埔寨战争孤立、拖垮苏联的策略，多次表示无意使苏联陷入阿富汗战争中，希望与苏联一起通过政治方式解决阿富汗和柬埔寨的问题。在这种情况下，在 1985 年至 1988 年期间，美苏两国进行了多次接触，不断加深双方的交流和合作，签署了一系列的双边协议。总之，在 1987 年以后，美苏两国以签订《中导条约》为契机，促进两国的关系进入一个相对缓和的阶段。

03

冷战的结束与新格局
的构建

　　20世纪90年代末，苏联与美国展开以高科
技为核心的军备竞赛中，经济力量发展缓慢，最
终被拖垮。在东欧剧变的推动下，苏联终于在
1991年宣告解体，结束了美苏两大集团长达40
多年的争霸局面。世界政治格局形成了一超多强
的局面，并向着多极化格局的方向发展。

东欧剧变

　　20 世纪 80 年代末 90 年代初，苏联和东欧各社会主义国家的共产党在很短的时间内相继失去执政地位，从执政党变为在野党。在此情况下，统一的苏维埃社会主义共和国联盟也顷刻解体，世界社会主义运动遭受严重打击。东欧的剧变使二战后形成的雅尔塔体系宣告结束，世界历史进入一个新的发展阶段。

剧变背景

　　20 世纪 80 年代，东欧社会主义国家除了阿尔巴尼亚外，都不同程度地进行了一些改革。推动改革的因素有很多，主要原因有两点：一是东欧国家国民收入平均增长速度下降：1966 年至 1970 年为 7.4%，1971 年至 1975 年降到 6.4%，1976 年至 1980 年降到 4.1%，1981 年至 1985 年下降到 3.4%。东欧国家国民收入的下降表明生产力的衰竭，说明粗放型经济体制已经不适应东欧国家生产力的发展。但是，东欧国家的改革并没有对原有的计划经济体制进行彻底的改造，也没有真正完成经济增长方式从粗放向集约化的转变。

　　20 世纪 70 年代末 80 年代初，波兰经济陷入发展困境，出现危机。1982 年至 1985 年，南斯拉夫社会生产总值的年均增长率低于 1%。1985 年匈牙利的国民收入比 1984 年减少了 1.4%，1986 年仅增长了 0.6%。在 20 世纪 80 年代，罗马尼亚、捷克斯洛伐克、保加利亚未能完成主要经济计划指标。东欧各国的经济增长速度明显减缓。

　　与此同时，东欧各国急于用外国贷款迅速提高本国的生产能力，因此大借外债，使外债总额扶摇直上。到 20 世纪 80 年代进入还债高峰期后，外债成为东欧各国沉重的包袱，严重阻碍了各国经济的正常发展，人民苦不堪言，对政府愈发的不满。1986 年，波兰外债达到了 382 亿美元，在东欧各国中居于首位。1988 年，匈牙利的外债为 180 亿美元，南斯拉夫则为 200 亿美元。仅有罗马尼亚的外债在逐渐减少，由 1981 年的 140 亿美元下降到 1985 年的 60 亿美元。

以上这些情况使东欧国家的经济发展速度明显放慢，有的甚至出现严重的困难和危机，人民生活水平受到严重影响，与邻近欧洲国家之间的差距不断扩大。二战前，捷克斯洛伐克是世界的工业强国之一，人均国民生产总值高于奥地利。但是到 1989 年时，奥地利的人均国民生产总值为 17820 美元，位列世界第 12 位，捷克斯洛伐克则不足 5000 美元，居世界第 33 位。二战前，匈牙利的经济发展水平比芬兰要高很多，但到 80 年代中期，它的国民生产总值只有芬兰的 1/5。保加利亚的经济情况在二战前与希腊差不多，在 1955 年时它的人均国民收入比希腊还略高，但是到 1988 年时仅是希腊的 3/5。

东欧各国经济落后的因素是多方面的，既有内部因素，又有外部因素。各国脱离本国的实际情况，生搬硬套地将苏联的建设经验用在本国的实践中，不仅阻碍了社会经济发展，同时使人民群众的生活水平受到严重的影响。东欧各国虽然进行了多次改革，但这些改革有的没有坚持下去，有的未触动经济体制中的根本问题，有的则根本偏离方向，且反复多变，未收到预期效果。经济危机带来了严重的政治危机，加剧了东欧各国政治危机。

1985 年戈尔巴乔夫上台后，提出以民主社会主义思想原则为核心的"新思维"，积极鼓励东欧国家变革，鼓吹"民主化"和"多元化"，表示不干预东欧各国的事务，任凭事态随意发展。戈尔巴乔夫的"新思维"对东欧国家造成了巨大的冲击，使社会主义运动遭受严重挫折。美国和西方国家利用这一有利时机，在政治、经济等方面对东欧国家施加影响。

波兰的政局变迁

二战后，在东欧国家当中，波兰先后进行了一系列改革，局势一直处在动荡之中。20 世纪 50 年代至 60 年代，哥穆尔卡进行了改革，初有成效，但后期的改革因逐渐脱离实际而失败。到了 70 年代，盖莱克提出"高速发展战略"。到了 80 年代，统一工人党领袖雅鲁泽尔斯基进行了经济改革。这些改革均未能从根本上促进国家经济发展，到 80 年代后期，波兰的形势不断恶化。

　　1988 年，波兰的经济形势一再恶化，再度出现罢工浪潮。在这种情况下，波兰统一工人党不得不同意与社会各方举行会议，共商国是。1988 年 12 月至 1989 年 1 月，统一工人党召开十届十中全会商讨解决问题的对策。经过一番激烈的讨论，会议通过了实行政治多元化和工会多元化的决议。双方同意 2 月 6 日开始正式举行圆桌会议。

波兰再度出现罢工浪潮
1988 年，波兰再次出现财政危机，物价暴涨，罢工浪潮再度掀起。

　　1989 年 2 月 6 日至 4 月 5 日，波兰各党派团体，包括团结工会等反对派在内的其他党派团体举行圆桌会谈，就政治、经济和社会改革问题达成协议。圆桌会议经过近两个月的艰苦谈判和讨价还价，波兰政府和反对派都作了妥协和让步，双方签署了《有关工会多元化问题的立场》《有关政治改革问题的立场》《有关社会和经济政策及体制改革问题的立场》3 个文件。会后，被取缔的团结工会、团结农会重新取得合法地位，成为合法的反对派组织。

　　4 月 7 日，圆桌会议结束两天后，波兰议会就通过了《宪法修正案》《议会选举法》《参议院选举法》《个体农民法》和《工会法修正案》等 6 项法案，对政治体制进行重大变革。《宪法修正案》确定，在波兰实行总统制与议会两院制，实行议会、行政和司法三权分立原则。总统由议会和参议院联席会议通过选举产生。议会还通过了新的选举法，对议会的议席进行了新的比例分配。执政党及其联盟党的席位从原来的 83.9% 降为 65%，其中统一工人党的席位由 53.3% 下降为 37.6%，不再是议会多数党。由各无党派人士组成的反对派占有

35％的议席。参议院设有 100 个席位，由各党派通过自由选举产生。

1989 年 6 月 4 日，波兰举行剧变后的首次议会选举。在这次选举中，统一工人党失利，在参议院没能获得一席。团结工会则获得了 99 席，无党派人士获得了另外一席。议会中，执政同盟各党派根据规定只能拥有 299 席，即 65％的席位，其中统一工人党占 173 席，其他同盟党派占 126 席。以团结工会为首的反对派获得了按比例分配的 35％席位中的绝对多数，获得了 161 席中的 160 席。

7 月 19 日，波兰举行总统竞选，统一工人党第一书记雅鲁泽尔斯基仅以 1 票的微弱优势当选为波兰总统。统一工人党政治局委员基什查克出面组阁。但是基什查克在组阁过程中遭到了以团结工会为核心的反对派的抵制以及原统一工人党的盟党——统一农民党和民主党的拒绝，被迫辞去政府总理职务。团结工会与统一农民党和民主党联合起来，在议会中占多数，团结工会的主要顾问马佐维耶茨基被提名为政府总理候选人。8 月 24 日，波兰议会以压倒多数任命团结工会顾问马佐维耶茨基为政府总理。9 月 12 日，波兰议会通过了新政府成员名单，其中团结工会 12 人、统一农民党 4 人、民主党 3 人。统一工人党仅保留了国防、内务、运输和外贸四个部长职务。马佐维耶茨基政府是东欧国家中第一个由非共产党人任总理的政府。自此，波兰出现了二战后历史上第一个由非共产党人领导并以波兰团结工会为主体的联合政府，波兰统一工人党从执政党变为在野的反对党，完全失去了执政地位。

1989 年 12 月 29 日，波兰议会对宪法进行了修改，将波兰人民共和国改名为波兰共和国。新宪法对国体和国家的政治经济制度等内容作了修改，删去了有关统一工人党的领导地位和实行社会主义制度的条款，增加了政党活动自

东欧剧变时的波兰人民

由和公民按照自愿、平等原则参加政党等内容。波兰正式走上了政治上奉行西方式的议会民主，经济上实行以私有化为基础的市场经济的发展道路。

1990 年 1 月 27 日，统一工人党举行第十一次代表大会。29 日，大会通过了《关于波兰统一工人党停止活动的决议》。《决议》认为，参加大会的代表们意识到统一工人党已经无法得到社会的信任，所以决定停止统一工人党的活动；鉴于当前波兰的社会形势，大会代表决定成立新的波兰左派政党——社会民主党，其奋斗目标是建设民主社会主义。

1990 年春，马佐维耶茨基总理重新任命内务部和国防部副部长，接管了原统一工人党党员掌握的军警大权。5 月，波兰通过了政党法，禁止波兰各党派在工厂、军队和国家机关中进行党派活动。5 月底，波兰举行地方选举，团结工会通过选举掌握了地方权力。11 月，在团结工会的压力下，雅鲁泽尔斯基被迫辞去总统职务。12 月，团结工会主席瓦文萨当选为总统。这样，波兰完成了对政权体制从中央到地方的改建，完成了政治格局的大变动。

捷克斯洛伐克的政局变迁

自 1968 年发生"布拉格之春"事件后，捷克斯洛伐克的社会主义建设一直处于僵化和停滞状态之中。一直以来捷共内外存在着要求肯定"布拉格之春"的呼声，但是捷共总书记胡萨克坚持认为它是一起"反革命"事件。于 1987 年 12 月出任捷共总书记的雅克什持同一看法。

1977 年，捷克斯洛伐克国内要求为 1968 年事件进行平反的社会力量，以维护人权为口号，发起人权宣言运动，被称为"七七宪章"运动。捷克斯洛伐克政府当局认为该运动违反宪法，进行镇压。但"七七宪章"运动的参与者坚持斗争，形成与捷共对抗的政治反对派。

1985 年苏联戈尔巴乔夫提出"新思维"后，捷克斯洛伐克内部斗争日益激烈。1989 年春，捷克斯洛伐克就如何评价"布拉格之春"事件爆发了一次政治风暴。在 1 月、8 月和 10 月，捷克斯洛伐克先后爆发了三次大规模游行。同年 11 月 17 日，布拉格大学生为纪念 50 年前青年学生抗议纳粹德国暴行的行动暨国际学生日进行集会游行。这次集会不断发展成为反对政府的示威游行，有近 4 万人参加了示威活动。捷克斯洛伐克政府立即派出警察进行干预，导致10 多位学生受伤，100 多人被捕。这引发了民众的不满，示威活动迅速席卷全

挥舞国旗的捷克斯洛伐克民众

国，大约有 10 万人参与了示威活动。11 月 19 日，"七七宪章"运动等十几个组织联合成立以哈维尔为首的"公民论坛"，要求支持苏联 1968 年 8 月 20 日出兵的捷共领导人下台。

11 月 24 日和 26 日，捷共中央召开非常会议，以雅克什为首的中央主席团和书记处领导班子集体辞职，与 1968 年事件无关的乌尔班内克当选为捷共总书记。随后，雅克什等人被开除出党。11 月 29 日，捷克斯洛伐克议会通过了宪法修正案，删除了捷共领导地位等条款。11 月 30 日，捷共中央主席团召开会议，宣称苏联等五国在 1968 年出兵捷克斯洛伐克是没有根据和错误的。12 月 3 日，捷克斯洛伐克政府发表声明，指出这次行动破坏了主权国家之间的关系准则，并要求苏军撤出。12 月 4 日，苏联、保加利亚、匈牙利、波兰和民主德国五国领导人在莫斯科宣布，1968 年五国出兵捷克斯洛伐克是对捷克斯洛伐克内政的干涉，应当受到谴责。随后，五国政府分别发表声明，承认出兵捷克斯洛伐克是错误的。

在 1968 年事件得到彻底平反后，捷克斯洛伐克政坛出现了急剧变动。1989 年 12 月 3 日，阿达麦茨总理宣布对政府进行改组，吸收 5 名非共产党人加入内阁。"公民论坛"对此表示不满，并于第二天组织了有 20 万人参加的示威游行。7 日，阿达麦茨宣布辞去总理一职。10 日，胡萨克也宣布辞去总统职务。新组建的政府成员为 21 人，其中捷共 10 人，组成捷共不占多数的政府。不久后，恰尔法总理和两名副总理宣布退出捷共，大大削弱了捷共在政府中的地位。

12 月 20 日至 21 日，捷共举行非常代表大会，通过了《在捷克斯洛伐克实现民主社会主义》的行动纲领，宣布与斯大林模式的党和社会彻底决裂，从根本上改变了共产党的性质。但是捷共的这个决定并没有阻止其地位的下降。12 月 28 日，"布拉格之春"的领导人杜布切克当选为联邦议会主席。次日"七七宪章"组织的发起人、"公民论坛"领导人哈维尔当选为共和国总统。至此，捷克斯洛伐克的国家领导职务已不在捷共手中。

1990 年 6 月 8 日至 9 日，捷克斯洛伐克举行议会选举。"公民论坛"在议会选举中获胜，在 300 个议席中占有 170 席，共产党仅获得了 47 席。恰尔法继续受命进行组阁，捷共被完全排除在外，失去执政党地位。11 月，捷克斯洛伐克举行地方选举。在捷克，"公民论坛"获得了 35.6% 的选票，共产党仅获得 17.2% 的选票。在斯洛伐克，基督教民主运动获得了 27.4% 的选票，共产党仅获得 13.7% 的选票。捷共失去各地方政权。同月，捷共召开十八大，将党组织形式改为联邦制，由捷克和摩拉维亚及斯洛伐克两个独立的共产党自愿组成。不久斯洛伐克共产党改名为民主左派党。此后，捷克斯洛伐克国内的两个主要民族捷克人和斯洛伐克人关系紧张。1992 年议会选举后，经主要政党协商，自 1993 年 1 月 1 日起取消联邦。捷克斯洛伐克分裂成为捷克和斯洛伐克两个独立的国家。

《捷克和斯洛伐克联邦共和国解体法》签署现场
1992 年 11 月 25 日，捷克斯洛伐克联邦议会通过了《捷克和斯洛伐克联邦共和国解体法》，决定捷克斯洛伐克联邦共和国自动解体，于 1993 年 1 月 1 日起，捷克和斯洛伐克成为两个独立的国家。

匈牙利的政局变迁

从 20 世纪 60 年代开始，匈牙利在卡达尔领导下进行了经济改革，开始由计划经济向市场经济转型，取消国家指令性计划，发展市场贸易和私人经济，成立合资企业，使匈牙利社会生产持续稳定发展。当东欧各国都陷入商品短缺的窘迫之中时，匈牙利的市场呈现出一片繁荣的景象，人民生活得到明显改善。

然而，随着 70 年代中期世界石油危机的爆发，原料与燃料价格的疯涨，匈牙利不可避免地遭受波及，给十分依赖石油进口的匈牙利经济带来巨大的损失和困难。

匈牙利领导人错误地估计了这次危机，认为这场石油危机很快就会解除，于是没有及时对经济结构进行调整，反而对一些处于危机中的行业进行补贴，结果导致外债猛增，经济秩序混乱，经济状况日益恶化，社会矛盾不断加深。到 80 年代后期，匈牙利有近一半人处在最低生活水平线。经济危机使政治上的不稳定因素随之增加，各政治反对派力量纷纷涌现并迅速发展起来。1987 年，一批知识分子成立了匈牙利第一个大的反对派组织——匈牙利民主论坛。1988 年，青年民主主义者联盟和自由民主主义者联盟成立；1947 年之前存在过的政党，也逐渐恢复了活动。这些反对派不断抨击卡达尔的现行政策和社会主义政策，匈牙利社会主义工人党的威信下降，党内出现了分歧。

从 1987 年下半年开始，由于经济危机，在民主社会主义思潮的影响下和国际帝国主义势力所施加的压力下，多党制呼声又一次甚嚣尘上。这部分人主张意识形态多元化，进而主张政治多元化，最后要求实行多党制。1988 年 5 月，匈牙利社会主义工人党举行了全国代表会议，会议提出在匈牙利实行社会主义多元化，试图摆脱日益严重的国内危机。

全国党代会后，匈牙利国内政治生活日益混乱，形成党外有党、党内有派的复杂政治格局，实行多党制的呼声也日见高涨。与此同时，匈党上层分歧开始公开化，政治局委员波日高伊一派在党内占上风。

1989 年 2 月，匈牙利社会主义工人党召开中央全会，会议围绕是否实行

20 世纪的布达佩斯

多党制、重新评价 1956 年事件并为纳吉平反的问题，以格罗斯为代表的"稳健改革派"与波日高伊为代表的"激进改革派"展开激烈斗争。两派最后达成妥协，确定 1956 年事件的性质为人民起义，确定纳吉是"国家的杰出领导人"，通过在匈牙利实行多党制的决议。决议指出，在实行多党制的原则下，匈牙利社会主义工人党在一系列重大原则问题上作出让步，在宪法草案中删除有关共产党的领导作用、国家的社会主义性质的条款，代之"资产阶级民主和民主社会主义价值观都可以实现"等内容。5 月，卡达尔因健康原因辞去党中央主席职务，在一个多月后病逝。

6 月，匈牙利政府为在 1956 年事件中因叛国罪被判处死刑的纳吉彻底平反，并举行隆重的重新安葬仪式。8 月，反对派与社会主义工人党举行了圆桌会议和政治协商谈判。经过 3 个月的谈判，社会主义工人党同意放弃在宪法中规定国家的社会主义性质和工人阶级的领导作用，并基本确定了民主改革进程。1989 年 10 月，社会主义工人党召开第十四次非常代表大会，对党在新形势下的前途作出了决定。激进民主派在党内占据主导地位，会议以绝对多数票通过决议，将社会主义工人党改建为"匈牙利社会党"，并将民主社会主义定为新党的奋斗目标，社会主义工人党就此分裂。原社会主义工人党中央总书记格罗斯等人不同意这一决定，于是重建社会主义工人党。

1990 年 3 月至 4 月，匈牙利分两轮举行实行多党制之后的首次大选。最大的反对党民主论坛获胜，在 386 个国会议席中获得 164 个席位，约占席位总数的 42.5%。社会党获得 33 席，社会主义工人党未能进入国会。5 月 23 日，匈牙利新国会授权民主论坛主席安托尔·约瑟夫组阁。民主论坛联合独立小农党和基督教民主人民党组成联合政府。社会党被排斥在外，成为在野党。新政府上台后匈牙利的社会制度发生了根本性的变革。至此，匈牙利在没有发生大规模群众运动和民族冲突，没有剧烈社会动荡的情况下，完成了由政治体制变革带动政权转移的过程。

保加利亚的政局变迁

从 20 世纪 70 年代开始，保加利亚建立起了广泛的农工综合体，急于使农村经济向全民所有制过渡，这一举措严重挫伤了农民的生产积极性，一度蓬勃发展的农业在 80 年代停滞不前，许多农畜产品产量开始逐年下降。

在政治上，党中央总书记日夫科夫滥用职权，谋取私利，政治独裁的倾向日益明显。1984年，保加利亚政府下令占全国人口1/10的土耳其居民改用保加利亚名字，引起土耳其人强烈不满和抵制，一些地方甚至出现武装骚动。1989年5月，在东欧各国的影响下，保加利亚宣布开放边界。结果，到8月份关闭边界时，竟有30万穆斯林移居土耳其，使得保加利亚东北和东南地区陷入了劳动力严重缺乏的困境。在这种情况下，保加利亚经济陷入了困境，局势变得更加动荡。10月16日，欧安会35个成员国在索非亚召开欧洲环境保护会议。这给各种反对派组织提供了很好的活动机会。

1989年10月25日，一个不到200人的"生态公开性"组织借这个机会发起在一份环境问题的请愿书上签名请愿的运动，随后举行了集会，指责政府"缺乏民主""没有人权保障""无新闻公开性"等。11月3日，在"生态公开性"组织的鼓动下，数千人走上街头举行游行示威，并向议会递交有1万人签名的关于环保问题的请愿书。与此同时，党内外要求进行改革的呼声越来越高。

11月10日，在保共中央全会上，日夫科夫被迫辞去了总书记和政治局委员的职务，随后被开除出中央委员会。原外交部长姆拉德诺夫出任总书记。但是民众对此改变并没有满足。11月18日，索非亚10万人举行示威游行，要求"民主""自由"，要求对日夫科夫进行审判。12月，日夫科夫父子被开除党籍，并被拘留接受审查。

1990年1月30日至2月2日，保共召开第十四次非常代表大会。大会宣称，党的目标是建设民主与人道的社会主义；在政治上实行多党制和议会民主，三权分立，军队和公检法非政治化；在经济上实行所有制多元化和市场经

前保加利亚共产党第一书记日夫科夫
1992年9月，保加利亚最高法院判处日夫科夫7年监禁，并罚没2100万列弗上缴国库。

济，并表示愿意与反对派组建联合政府。但反对派拒绝参加联合政府。4 月 3 日，保共进行全党投票表决，决定将保加利亚共产党改名为保加利亚社会党。至此，保加利亚共产党无论是在纲领、任务和性质，还是在名称上都发生很大的改变。

1990 年 1 月至 3 月，保共与反对派召开圆桌会议，双方达成协议。4 月，议会通过宪法修改法、政党法和选举法。保加利亚社会党领导人姆拉德诺夫当选为第一任总统。在 6 月 10 日和 17 日举行的议会选举中，改名后的社会党获得了 400 个议席中的 211 席；于 1989 年 12 月成立的民主力量联盟获得了 144 席，占 36%。社会党领袖卢卡诺夫出任政府总理。社会党为了避免独自承担经济责任，于是决定不单独进行组阁，希望成立联合政府。然而反对派民主力量联盟拒绝参加联合政府，并把攻击的矛头直接指向总统姆拉德诺夫。

1990 年 7 月，在反对派的压力下，姆拉德诺夫被迫辞去总统职务。1990 年 7 月 24 日，保加利亚大国民议会举行总统选举。经过 5 轮投票，3 个主要执政党——社会党、民主力量联盟、农民联盟的总候选人均未超过法定多数。经协商，三党撤回了自己的候选人。民主力量联盟提名热列夫为其总统互选人，并获得社会党支持。最终热列夫以无人竞争的优势当选为总统。社会党人谢麦尔吉耶夫出任副总统。

10 月 25 日，大国民议会审议政府提出的施政纲领。民主力量联盟议员对这个纲领进行了激烈谴责，并集体退出会场，导致议会无法继续进行。就在这时，社会党领导层出现分裂，卢卡诺夫等人公开表示要求社会党主席下台。此外，有 23 名社会党议员倒向民主力量联盟一边。结果社会党议员席位从 211 个减少为 188 个，丧失了超过全体议员半数的优势。11 月，卢卡诺夫宣布辞职。12 月，大国民议会选举无党派人士波波夫出任总理，组建联合政府。

1991 年 7 月 12 日，保加利亚第 7 届大国民议会通过了新宪法，规定保加利亚为议会制共和国，行政、立法、司法独立。国民议会 4 年一届，由 240 名议员组成。议会为常设机构，会议公开，其通过的法律和决议对所有保国家机构、公民和组织均具有强制力。10 月 3 日，保加利亚举行新议会选举。民主力量联盟得到了 110 席，社会党获得了 106 席，民主力量联盟以微弱的优势获胜。以土耳其族人为主体的“争取权利和自由运动”获得了 24 席，成为第三大党。11 月，民主力量联盟领导人菲·季米特洛夫出任政府总理。社会党没有人入阁，完全丧失了执政权。

罗马尼亚的政治剧变

波、捷、匈、保几国的政权更迭是在一个相对缓和的形势下实现的，然而在罗马尼亚则出现了相反的情况。

1965 年 3 月，齐奥塞斯库开始担任罗马尼亚的最高领导人，并将罗马尼亚工人党改名为罗马尼亚共产党。1974 年，齐奥塞斯库成为罗马尼亚首任总统。在齐奥塞斯库的领导下，罗马尼亚实行了争取和维护国家独立自主的外交路线，并实施了一系列政治经济改革，取得了一定成效，但同时在经济工作中出现了重大失误，特别是与人民生活密切相关的问题没有得到根本解决。

齐奥塞斯库坚持实施集中计划体制，导致国内经济缺乏活力，效益低下。人民最基本的日用消费品如食物、煤气等供应都无法得到保障。同时，他又不顾国家经济实力，片面追求高指标、高速度，兴建一些大工程。在政治上，齐奥塞斯库将党政大权集于一身，排斥异己，培植亲信。他的妻子、弟弟和儿子都在政府中担任要职，控制着罗马尼亚的政治经济生活。20 世纪 80 年代后期，人民对齐奥塞斯库集权统治的不满不断增加。

1989 年 3 月，数名被撤职或开除党籍的罗马尼亚前党政高级干部联名上书齐奥塞斯库，对其内外政策进行了激烈谴责，要求他立即进行改革。但是，齐奥塞斯库对这些上书者采取了隔离压制措施，从而加剧了国内外不满。面对国内外的压力，齐奥塞斯库不仅没有改变政策，反而采取了更为激烈的行动，下令开展农村规范化运动，合并分散的乡，成立农工中心。这个运动预计将要拆迁 8000 个村庄，全国一半以上的村将遭到缩减，广大农民对此表示强烈反

前罗马尼亚社会主义共和国最高领导人齐奥塞斯库
齐奥塞斯库于 1967 年 12 月 9 日开始担任罗马尼亚社会主义共和国国务委员会主席，成为罗马尼亚的国家元首。

对。此外，齐奥塞斯库还对持不同政见者进行逮捕，坚决反对实行多党制和市场社会主义，使得罗马尼亚人民的不满情绪不断高涨。

1989 年 11 月下旬，罗共召开"十四大"，齐奥塞斯库的领导地位依然没变，同时他的妻子还成为党的第三号人物。齐奥塞斯库决定坚持原来的方针政策，再次拒绝任何改革。然而，不久之后罗马尼亚的局势开始急转直下。

1989 年底，匈牙利人的新教神父拉斯洛·托克什因为发表了批评政府的言论，结果被政府解除了神父职务，并被驱逐出供神职人员居住的住宅。12 月 16 日，蒂米什瓦拉城数千人上街示威游行，声援持不同政见的神父托克什，示威民众喊出了"打倒齐奥塞斯库"的口号。警察对示威人群进行了镇压，许多人遭到逮捕，一些人在冲突中受伤。广大民众对镇压行为感到愤怒，于是在 19 日举行了数万人的抗议游行。全国形势日益动荡不安。当时，齐奥塞斯库正在伊朗访问，他指示对示威活动进行严厉镇压。由于局势日益严峻，20 日，齐奥塞斯库匆忙中断了对伊朗的访问，提前回国，亲自部署平息动乱。齐奥塞斯库下令在蒂米什瓦拉实行紧急状态，禁止任何集会和五人以上同行，平息了当地的局势。

和平演变下的罗马尼亚大规模游行
1989 年 12 月 19 日，蒂米什瓦拉城数万人参加抗议游行活动，占领了政府大楼，甚至有人撕下了国旗上的国徽。

但是第二天，首都布加勒斯特的群众又举行示威活动。21 日，政府在首都中心举行群众大会，齐奥塞斯库亲自到会发表讲话，一些群众在大会上喊出了打倒齐奥塞斯库的口号。大会还没结束，一些参加大会的群众就举行了反对齐奥塞斯库的游行，有数万人参加。政府出动军队坦克对示威群众进行镇压，造成示威民众出现伤亡。22日，抗议游行活动迅速扩大，不断向各地蔓延。齐奥塞斯库宣布全国进入紧急状态，加强对抗议游行的镇压。国防部长米列亚因拒绝执行向游行队伍开枪的命令而自杀，导致军队其他领导人拒绝执行命令。中午时分，派去镇压示威群众的士兵纷纷倒戈，与示威群众一起占领了党中央和政府大厦，包围了总统府。齐奥塞斯库见大势已去，于是乘直升机逃离总统府，结果在逃离途中被抓获。随后不久，政府宣布集体辞职。

罗马尼亚街头交战场面

米列亚的自杀激怒了军方，军队与齐奥塞斯库决裂，各地出现了齐奥塞斯库的安全部队与反对齐奥塞斯库的军队激烈交火的场面。

　　1989年12月22日晚，前罗共中央书记伊利埃斯库宣布救国阵线委员会成立，伊利埃斯库当选为主席，宣布接管国家政权。救国阵线委员会同时颁布了十项施政纲领：废除一党制，实行多党制；举行自由选举；实行三权分立，取消终身制；取消中央集权经济；改革农业；改革文化教育；尊重少数民族的权利和自由；保证居民生活需要，停止农产品和石油产品出口；履行《华沙条约》和其他国际条约规定的义务；尊重人权和自由。一部分支持齐奥塞斯库的安全部队拒绝向新政权投降，与支持示威群众的部队在各地展开战斗，导致数千人在战斗中死亡。24日，军队基本控制了局势。25日，特别军事法庭对齐奥塞斯库夫妇进行秘密审判，判处两人死刑并立即执行。在这之后，罗马尼亚的战斗逐渐平息下来。28日，救国阵线宣布将罗马尼亚社会主义共和国改名为罗马尼亚。罗马尼亚共产党停止所有活动。

　　1990年5月20日，罗马尼亚举行大选。救国阵线以2/3的多数票赢得大选胜利，救国阵线领导人伊利埃斯库以85%以上的选票当选总统。在众参两院总共524个席位中，救国阵线获得了355个席位。救国阵线的彼得·罗曼出任政府总理。在 23 名政府内阁成员中，仅有 5 名救国阵线成员，其余的都为无党派人士。

南斯拉夫的分裂

南斯拉夫是一个多民族国家，其中有塞尔维亚人、克罗地亚人、斯洛文尼亚人、马其顿人、黑山人、阿尔巴尼亚人、匈牙利人等。这些民族在宗教、文化、语言、风俗习惯等方面有着很大的差异，因此在历史上彼此间发生了多次矛盾冲突。一直以来，南斯拉夫地区一直分分合合，动荡不休。

第二次世界大战后，在铁托的领导下南斯拉夫联邦人民共和国成立。1963年 4 月，南斯拉夫改国名为南斯拉夫社会主义联邦共和国，由塞尔维亚、黑山、马其顿、波黑、克罗地亚、斯洛文尼亚六个自治共和国及科索沃、伏伊伏丁那两个自治省组成。

然而南斯拉夫的行政区域与民族划分并不完全一致。在克罗地亚共和国中有超过 60 万的塞尔维亚人，占到了共和国人口的 12%。在波黑共和国中，穆斯林占到了共和国总人口的四成以上，塞尔维亚人和克罗地亚人分别占到总人口的三成、两成。

1974 年南斯拉夫宪法规定各共和国拥有处理地方事务的最大主权。各个共和国因此逐渐成为独立的经济单位，这为地方民族主义的滋长提供了温床。此外，各共和国之间经济发展出现了不平衡，经济发达的斯洛文尼亚、克罗地亚与不发达地区之间一直存在着隔阂与矛盾。到 20 世纪 70 年代末，南斯拉夫联邦的经济状况不断恶化，外债数额不断激增，国内物价疯涨。政府虽然对经

萨拉热窝示威群众

济结构进行了多次调整，但是没有从根本上解决问题。经济形势的不断恶化导致各共和国之间的关系日趋紧张起来。

1980 年 5 月，南斯拉夫领导人铁托逝世。国家领导人职位由联邦一级党政领导轮流担任，其目的是防止某个共和国领导人势力过于强大。这也造成了中央政权日趋式微，无法有力推行各种政策。

20 世纪 80 年代末期，在苏联和东欧的政局发生剧变的时候，南共联盟和南斯拉夫联邦同样遭到了强烈冲击。在东欧社会主义国家不断遭到瓦解的情况下，西方国家将南斯拉夫联邦看作是欧洲"社会主义的最后堡垒"，欲将其扼杀掉。南斯拉夫联邦各地不断爆发动乱事件，南斯拉夫联邦处于动荡和走向解体的危机之中。

1988 年 12 月 30 日，南斯拉夫联邦总理布兰科·米库里奇因联邦经济危机和各共和国"邦联化倾向"不断加剧，宣布解散联邦政府，使南斯拉夫联邦一度出现政治危机。塞尔维亚和黑山两个共和国、科索沃和伏伊伏丁那两个自治省主张维护南共联盟和联邦的现行体制；而斯洛文尼亚、克罗地亚、马其顿和波黑四个共和国则支持改革联邦的党政体制。各共和国之间的分裂使联邦党政部门已经很难正常运作。

1990 年 1 月 20 日，南斯拉夫共产主义者联盟召开第十四次非常代表大会。大会旨在制定新的纲领和提出克服危机的基本措施，尤其是要挽救共产主义者组织。然而在大会开幕的当天，在商讨南共联盟的改革和作用以及南斯拉夫联邦的命运时，会上出现了激烈的争论。各地代表出现意见分歧，最终导致南共联盟分裂成为六个共和国共盟组织。5 月 26 日，南共联盟宣布解散。各共和国共盟相继改名为社会党、社会民主党或民主改革党。南共联盟在走过 70 年的艰难而光辉的里程之后，结束了自己的活动。南斯拉夫社会主义联邦共和国面对东欧剧变的困境，经过两年的拼争后亦宣告解体。

1990 年 4 月至 5 月，各共和国纷纷进行选举。在斯洛文尼亚、克罗地亚，原共盟失去了执政地位。1991 年 6 月 25 日，斯洛文尼亚、克罗地亚宣布独立。南斯拉夫人民军对斯洛文尼亚进行干预，爆发了流血冲突，史称"十日战争"。冲突造成双方 47 人死亡，274 人受伤。1991 年 7 月 7 日，南斯拉夫与斯洛文尼亚两国在欧共体调解下，签订停火协定，南斯拉夫人民军同意从斯洛文尼亚撤退，斯洛文尼亚同意推迟 3 个月宣布独立，斯洛文尼亚境内的战斗暂告一段落。

7 月 26 日，克罗地亚人和塞尔维亚人在克罗地亚巴尼亚地区爆发了激烈的战斗，造成数百人丧生。为了避免事态进一步扩大，人民军进行了干预，与

愈演愈烈的南斯拉夫内战
1991 年 6 月 25 日，斯洛文尼亚、克罗地亚单方面宣布独立，其武装力量与南斯拉夫人民军发生武装冲突，萨拉热窝陷入内战之中，城中硝烟四起。

克罗地亚境内的塞尔维亚武装力量联合作战。克罗地亚当局将人民军视为占领军，不断进行袭击。为此，人民军态度发生变化，开始帮助塞尔维亚人同克罗地亚争夺“地盘”。从 8 月中旬开始，人民军开始积极备战，并向克罗地亚边界调集大批兵员和武器装备。9 月 2 日，人民军向克罗地亚国民卫队发动进攻，在武科瓦尔市和奥西耶克镇附近重创克罗地亚武装力量。

在这种情况下，克罗地亚当局一方面重新集结力量，购买和生产了大量先进武器装备，不断征召武装人员，将武装力量扩大到 15 万人，实行新的“积极防御”战略战术。另一方面，克罗地亚军队还不断袭扰人民军及其军事设施，切断水电和食品供应，并于 9 月 13 日下令封锁克罗地亚境内的人民军阵地，有意将事态扩大，以引起国际关注。

9 月 14 日，人民军以解除围困为由，出动陆海空军分三路大举进攻克罗地亚，取得重大进展。经过数天激战，到 9 月 22 日，在人民军的沉重打击下，克武装力量遭到重大损失。克罗地亚总统图季曼曾先后于 20 日和 21 日两次向南斯拉夫联邦国防部提出停火请求，但遭到拒绝。直至 22 日中午，联邦国防部长卡迪耶维奇大将才接受其停火要求。

南斯拉夫国内的冲突关系到整个欧洲大陆的安全，为了解决南斯拉夫问题，欧共体一直采取积极调解的态度。欧共体立即召开国际和平会议，讨论南斯拉夫局势。经过多次磋商，冲突双方达成了停火协议。但是这次会议并未取得预期的效果，南冲突仍在继续。长期的冲突给克、塞双方造成较大伤亡，双方敌对情绪不断加大，已无法继续共同生活，分裂已成定局。南斯拉夫各共和国都在为今后命运加紧谋划。多数共和国不愿保持原来意义上的联邦，加紧了独立的步伐。

克罗地亚、斯洛文尼亚在暂缓独立 3 个月后，于 1991 年 10 月 8 日正式宣布脱离南斯拉夫联邦。1991 年 9 月，马其顿也宣布脱离南斯拉夫联邦。同年 12 月 23 日，德国率先承认了克罗地亚、斯洛文尼亚的独立地位。此后陆续有 50 多个国家承认其独立。南斯拉夫联邦的瓦解已是必然趋势。

1992 年 2 月 21 日，为制止南斯拉夫的内战蔓延，联合国安理会决定派一万多人的维持和平部队进驻南斯拉夫。在这之后，克罗地亚境内的战火逐渐平息。但是波黑共和国内又再次发生冲突。1992 年 3 月，当地穆斯林和克罗地亚人领导人宣布波黑独立。波黑境内的塞尔维亚人对此坚决反对，并自行成立了"塞尔维亚波黑共和国"，结果双方矛盾不断加剧，到 4 月时事件演变成了暴力对抗，自此战火不断扩大。

逃离战火的萨拉热窝居民
1992 年 4 月 6 日，欧共体承认波黑独立，坚持留在南联盟的波黑塞尔维亚族包围萨拉热窝，波黑战争爆发。

南斯拉夫内战使国家解体。1992 年 4 月 27 日，联邦议会以绝对多数票通过由塞尔维亚共和国和黑山共和国联合组成新的南斯拉夫国家——南斯拉夫联盟共和国。此时的"南斯拉夫"版图面积已经缩至 10.22 万平方千米。至此，于 1945 年成立的南斯拉夫社会主义联邦共和国彻底瓦解，正式分裂成为 5 个国家。

阿尔巴尼亚的政局变动

从 20 世纪 70 年代下半期开始，阿尔巴尼亚实行全面闭关锁国。宪法规定，阿尔巴尼亚不接受帝国主义、修正主义援助，不允许外国在阿尔巴尼亚投资。为"御敌于国门之外"，阿尔巴尼亚当局在全国各地修建了 40 多万个碉堡，因此阿尔巴尼亚被西方称为"碉堡之国"。

1985 年 4 月，霍查因病去世，阿利雅接任党中央第一书记。阿利雅上台后，开始对霍查的政策进行一些调整。1989 年，波兰、匈牙利共产党失去政权，东欧政局发生剧变。为了防止波兰、匈牙利事件波及阿尔巴尼亚，阿尔巴尼亚劳动党推出了一系列政治、法制、经济和外交变革方案。这些变革方案包括：承认劳动党过去犯的错误；释放政治犯；规定公民有信仰宗教的自由；允许成立独立的政治组织和团体等。

但是东欧剧变愈演愈烈，阿尔巴尼亚处在风雨飘摇中。1990 年 2 月，大约 2000 名示威者集合在首都地拉那的斯坎德培广场静坐抗议。到了 6 月底 7 月初，成千上万支持民主化的示威者与警察发生冲突。阿尔巴尼亚政府对国内的反对派进行了镇压，大大激化了国内矛盾。

20 世纪 80 年代的阿尔巴尼亚
1976 年，阿尔巴尼亚人民共和国改名为阿尔巴尼亚社会主义人民共和国，在 20 世纪 80 年代被称为"欧洲明灯"。

1990 年 12 月 8 日，阿尔巴尼亚出现学生运动，对政府政策进行了抨击，并提出了"政治民主"要求，与军警发生冲突。11 日，阿尔巴尼亚劳动党举行紧急中央全会，决定对学生做出让步，允许成立独立的政治组织。这实际上是宣布实行多党制。12 日，阿尔巴尼亚成立了以教师和学生为主体的国内第一个反对党——阿尔巴尼亚民主党。17 日，阿尔巴尼亚人民议会主席团通过了《关于成立政治组织和团体》的法令，允许在阿尔巴尼亚成立政党和政治团体。19 日，阿尔巴尼亚当局正式承认阿尔巴尼亚民主党为合法政党。在民主党之后，阿尔巴尼亚陆续成立了共和党、农民党、生态党、民族统一党、社会民主党和独立工会联合会等反对派组织。

反对派成立后，提出推迟议会大选时间、修改议会选举法、释放政治犯等要求。1991 年 1 月 17 日，迫于国内外的压力，劳动党同意将大选时间推迟到 3 月 31 日，并允许各党派代表参加选举委员会。1991 年 3 月 31 日，阿尔巴尼亚举行议会选举。大选的结果是，劳动党获得了 168 个席位，占总数的67.2%；民主党获 75 个席位，占总数的 30%。阿利雅当选阿尔巴尼亚首任总统。新选举产生的人民议会于 4 月 29 日通过了《宪法要则》，把"阿尔巴尼亚社会主义人民共和国"更名为"阿尔巴尼亚共和国"，宣布阿尔巴尼亚为"民主法治国家"，实行三权分立和政治多元化。

大选后，反对党在议会内外向劳动党展开了激烈的夺权斗争，政局继续动荡，接连发生了一系列骚乱事件。在新政府成立后不久，以反对党为背景的独立工会联合会发起了全国大罢工。罢工活动扰乱了社会秩序，使阿尔巴尼亚的经济和文化生活处于瘫痪状态。反对党借此机会向劳动党发起进攻，要求劳动党下台，组建多党"救国政府"，并提前举行大选。5 月 29 日，阿利雅总统与各反对党代表进行磋商，经过激烈争论，达成协议：劳动党政府辞职，成立由各政党参加的"稳定国家政府"，并将 1995 年大选提前到 1992 年举行。6 月 4日，随着局势的不断恶化，纳诺政府宣布辞职。阿利雅任命劳动党议员于利·布菲为总理，组成新政府，在 24 名政府成员中，劳动党和反对党各占一半。

6 月 10 日，劳动党召开第十次代表大会，认为劳动党的历史作用已经完成，决定将党改名为阿尔巴尼亚社会党，通过新党纲和党章，选举纳诺为社会党领导委员会主席，宣布"放弃马克思列宁主义作为党的指导思想的理论基础"。阿尔巴尼亚与其他东欧国家一样走上了政治转轨之路。11 月 25 日，社会

大量逃往意大利的阿尔巴尼亚难民
1991 年，阿尔巴尼亚政局动荡，大量难民试图爬上离岸的意大利货船。

党召开第一次代表大会，强调它在社会基础、奋斗目标和理论指导三个方面与其前身劳动党已经完全不同。

1991 年，阿尔巴尼亚国内的综合性危机不断加剧，国家濒临崩溃的边缘。国内经济连续下滑，一半的工矿企业陷于瘫痪，工业生产大幅下降，失业率高达 30%。财政赤字不断增加，通货膨胀失控，人民苦不堪言。在农村，无政府主义泛滥，合作社被解散，农民虽然得到了大部分土地，但生产没有任何起色，产量下降了一半，粮食几乎全靠进口。人民对政府表示强烈不满，罢工、绝食、骚乱事件层出不穷，大批民众纷纷逃往国外。

社会危机导致政局动荡，1991 年的阿尔巴尼亚政权发生了数次更迭。

1991 年上半年，劳动党查尔查尼政府、纳诺的临时政府、仅存在 22 天的专家政府相继倒台。6 月 12 日，社会党人布菲组阁的多党政府也只维持了近半年，11 月，因民主党和共和党退出内阁而倒台。12 月 7 日，阿利雅任命无党派人士维尔松·阿赫迈德组成新政府，但是国家面临的危机并没有结束。

在全国处于极度混乱的局势下，1992 年 3 月 22 日，阿尔巴尼亚举行了第二次议会选举。此时的民主党已经有 13 万党员，超过社会党成为阿尔巴尼亚第一大党。民主党以绝对优势获胜，获得 140 席中的 92 席，社会党获 38 席。4 月 3 日，阿利雅宣布辞去总统职务。9 日，贝里沙出任阿尔巴尼亚总统。13 日，组成了以民主党领导人梅克西为总理的新政府。从此，阿尔巴尼亚进入一个新的历史时期。

两德的统一

自 1945 年之后，德国一直处在分裂的状态。由于战后美苏之间长期而全面的对抗，德国统一的问题一直无法得到解决。直到 1989 年秋东欧局势出现剧变之前，美苏两国并没有认真考虑过德国统一的现实性和可能性。

二战后，民主德国的经济有了较快的发展，其经济状况比其他东欧国家要好很多，但是它的人均国民产值仅为联邦德国的一半。联邦德国的高生活水平吸引了许多民主德国的百姓，一些人于是逃往联邦德国。对此，民主德国政府在 1961 年建造了柏林墙。民主德国称柏林墙为"反法西斯防卫墙"，但实际上是用于禁止民主德国民众逃入西柏林。

1989 年 3 月 28 日，民主德国开始实施新的边境管理条例，放宽了对公民

20 世纪 80 年代末民主德国人民的生活
20 世纪 80 年代的民主德国是所有社会
主义国家中经济最发达的国家。

出境的管制，直接引发了一定规模的逃亡潮。9 月，匈牙利开放西部边界，为民主德国公民逃往联邦德国提供了方便。在两天之内，就有一万多民主德国居民利用赴匈牙利休假、旅行的机会，经奥地利前往联邦德国。到 1989 年，民主德国约有十几万人通过各种途径辗转移民西欧。

与此同时，在民主德国国内，人民要求民主、改革、放宽新闻和旅游限制的呼声很高。新成立的"新论坛""民主社会党"等反对派组织则联合组织了大规模的群众示威游行，示威活动在莱比锡等各大城市迅速蔓延。

10 月 7 日，民主德国庆祝建国 40 周年。柏林、莱比锡等城市爆发了大规模的群众示威游行，要求改革和自由选举，扩大民主，放宽出国旅行等。警察与示威群众发生冲突，数万名示威者在冲突中受伤，数百人被捕。民主德国的局势动荡不安。

面对国内这种动荡局势，德国统一社会党中央全会于 10 月 18 日免去了执政 18 年的党和国家领导人昂纳克的一切职务。政治局委员、中央书记克伦茨接任昂纳克的职务。11 月 4 日，东柏林 50 万人举行示威集会，要求民主和改革。在强大的压力下，民主德国政府于 11 月 7 日宣布集体辞职，11 月 8 日，德国统一社会党政治局集体辞职，同日选出以克伦茨为首的新政治局。11 月 9 日，民主德国政府宣布，允许民主德国公民申请出境，并开放柏林墙。在此之后，大批公民涌向东西柏林之间的过境站，要求进入西柏林。就这样，柏林墙形同虚设，两德居民实现了自由迁移。

紧接着，民主德国也遇到了与其他东欧社会主义国家同样的关键问题，即政权的领导地位问题。11 月 13 日，莫德罗接替斯多夫任部长会议主席。在此期间，民主德国 15 个专区的统一社会党党委第一书记和人民议院主席全部易人。12 月 3 日，统一社会党中央决定将前总书记昂纳克、前总理斯多夫、前议长辛德曼等 12 名领导人开除出党，同时宣布统一社会党领导集体辞职，建立一个工作委员会负责筹备党的非常代表大会。12 月 8 日至 9 日和 16 日至 17 日，德国统一社会党召开非常代表大会，选举了新的领导人，并宣布将党的名称改为"德国统一社会党－民主社会主义党"，在德国实行多党制，致力于建立一个注重民主、法制、人道主义、社会平等、环境保护的民主社会主义国家。大会选举居西为党的主席，莫德罗等三人为副主席。

民主德国开放柏林墙和两德边界后，两德的统一问题成为全德人民共同关心的焦点。联邦德国总理科尔抓住这个有利时机，在 11 月 28 日提出实现两德统一的十点计划，要求民主德国建立一个"民主合法的政府"，使两德尽快实现统一，并提议双方就建立邦联问题进行会谈。对于科尔提出的这个计划，民主德国政府表示反对，认为该计划是不切实际的，因为它没有明确提出所建立的邦联是两个主权国家之间的邦联，同时指出两德统一问题还没有提上日程。然而不久后，莫德罗政府却改变了之前的态度。1990 年 2 月 1 日，民主德国政府建议通过两德缔结睦邻条约、建立邦联、主权移交邦联、民主选举等四个阶段实现两德统一。

随着两德不断兴起的统一浪潮，美、苏、英、法四国不断调整其对德政策。2 月 13 日，两德与美、苏、英、法四国在加拿大渥太华制定了"2+4"方案，即先由两德解决与统一有关的"内部"问题，再由两德同四大国一起解决与统一有关的"外部"问题。此后，联邦德国加紧对民主德国开展工作，力图迅速解决"内部"问题，从而促进"外部"问题的解决。

1990 年 3 月 18 日，民主德国举行人民议院选举，有 24 个政党和政治组

爬上柏林墙的人们
1989 年 11 月 9 日，民主德国政府宣布开放柏林墙，数万名市民走上街头，有人拆毁围墙，有人在墙上涂鸦。

织参加此次竞选。基督教民主联盟、德国社会联盟和民主觉醒三党在选举中结成了德国联盟。该联盟积极主张德国统一，并提出尽快实现统一的竞选纲领，获得了许多选民的支持。最终德国联盟在选举中获胜，获得48%的选票，社会民主党获得近22%的选票，民主社会主义党获得近16%的选票，自由民主联盟获得5%的选票。4月12日，基督教民主联盟议会党团主席洛塔尔·德梅齐埃出任民主德国新联合政府总理。民主社会主义党被排除在政府之外，失去了长达40多年的执政地位，沦为在野党。以基督教民主联盟为主体的德国联盟执掌政权后，加快了与联邦德国谈判统一问题的进程。

　　5月18日，民主德国新联合政府成立后仅一个多月，两德就正式签署了关于建立货币、经济和社会联盟的国家条约。条约规定，从7月1日开始，两德都使用联邦德国马克，停止流通民主德国马克。条约还规定，国家的经济基础是社会市场经济，实行联邦德国的劳动法规，东西柏林的边界卡于7月12日开始全部撤销，拆除柏林墙。这一条约的签订，标志着德国统一取得了实质性进展。7月1日，联邦德国马克取代民主德国马克成为民主德国的正式货币。东西马克的统一为两德统一迈出了关键一步。

　　在实施货币联盟后不久，两德于7月6日开始就两德政治统一的问题进行谈判。8月31日，两德在东柏林签署了实现政治统一的第二个国家条约，规定东西柏林合并，民主德国恢复1952年行政区划调整前的五个州的建制，这五个州遵照联邦德国《基本法》加入联邦德国。加入联邦德国的五个州实行三权分立的多党制议会民主制度。9月19日和20日，民主德国人民议院和联邦德国联邦议院分别通过了这一条约。24日，民主德国宣布退出华约组织，统一后的德国属北约成员国。

　　德国的重新统一问题是一个涉及欧洲各国利益和安全的重大问题，各国对于德国的统一进程都十分关注。作为二战中的战败国，德国长期以来处于美、苏、英、法四国的控制之下。因此，联邦德国政府在努力推进两德之间内部统一的同时，积极开展外交活动，通过"2+4"外长会议，争取美、苏、英、法四国同意和支持两德的统一。科尔政府向美、英、法保证统一后的德国仍然在北约和欧共体框架之内，不走"特殊道路"，消除美、英、法等西方国家对德国统一后发展前景的担忧。同时，科尔政府明确表示承认波兰西部边界。

　　1990年7月17日，第三次"2+4"外长会议在巴黎举行，各国最终达成了波兰西部边界问题的全面协议，使长达40多年的德波边界争端得以解决，从而排除了阻碍两德实现统一的关键性问题。但对于德国统一后归属北约的问题，苏联则表示坚决反对，但是两德统一已是大势所趋，"2+4"外长会议也逐渐成为两德、美、英、法与苏联之间的会谈。

在关于德国统一的问题上，苏联处在孤立的状态。为了争取苏联同意德国的统一，科尔政府从德苏之间的双边交易方面进行突破。7月15日，科尔对苏联进行访问，进一步消除苏联对德国统一的疑虑，争取苏联支持德国统一进程。科尔在与苏联领导人会谈时表示，德国承认二战后的边界；承诺在德国统一后裁减武装力量，放弃研制核武器、生物武器和化学武器；承诺向苏联提供100多亿马克的无偿援助和近百亿马克的低息贷款。科尔政府的这些努力得到了苏联政府的认可，戈尔巴乔夫同意德国统一后可以自由决定其联盟归属，并承诺在4年之内撤离在德国东部的军队。苏德之间的这些突破性进展，有力地推动了"2+4"会谈的进程。

1990年9月12日，第四次"2+4"外长会议在莫斯科举行，两德与四国外长共同签署了《最终解决德国问题的条约》。《条约》照顾到了各国的利益，实质上是对德和约。《条约》规定，统一后德国拥有完全的主权并可以自由结盟，美、苏、英、法四国结束对德国和柏林的权利和责任。《条约》确定了德国现有领土和边界的最终性，规定苏联军队撤出民主德国地区的期限为

《最终解决德国问题的条约》签署现场
1990年9月12日，美国、苏联、英国、法国、联邦德国、民主德国在莫斯科签署《最终解决德国问题的条约》。

1994 年，在此期间，德国可在民主德国地区驻扎不受北约指挥的本土防御部队。德国还在《条约》中声明奉行和平政策，保证放弃制造、拥有和控制核武器、生物武器和化学武器，并承诺在 4 年内将武装力量减少到 37 万。

10 月 1 日，两德与美、苏、英、法四国外长在纽约发表联合宣言，宣布从 10 月 3 日两德统一后，终止四大国对德国和柏林的权利和责任。至此，有关德国统一的一切"内部"问题和"外部"问题都已得到圆满解决。10 月 2 日，民主德国政府各机构停止运作，民主德国人民议院在当天下午举行最后一次会议后关闭。1990 年 10 月 3 日，民主德国正式并入联邦德国。柏林国会大厦升起了联邦德国国旗。至此，民主德国结束了它的政治生命，分裂了 40 多年的德国实现了统一。

华约解散

20 世纪 80 年代末，随着欧洲政治、经济、军事格局出现的一系列变化，作为苏联控制民主德国和东欧各国主要工具的华沙条约组织（简称华约组织或华约）和经济互助委员会（简称经互会）已经失去了继续存在的基础。随着苏联经济力量的衰败以及苏联、东欧各国的剧变和德国的统一，以苏联为首的华约组织分崩离析，已经无法继续维持下去了。

从 1987 年开始，经互会的活动已经逐渐减少，各成员国之间的换货额在逐年下降，协调性和共建性项目处于停顿状态，各国之间的矛盾日益显露出来。在 40 多年的实践中，东欧各国认识到一个国家离开了国际市场的竞争，必然会使本国经济陷入落后的局面。此外，经互会内部易货贸易是以脱离世界市场价格的转账卢布进行结算，使苏联蒙受了巨大的损失，背上了沉重包袱。因此，经互会各成员国都要求对经互会进行改组。但是对于怎么改组，各成员国之间存在着意见分歧。1990 年 1 月，经互会举行第 45 次会议，针对当前东欧局势的变化，会议提出了对本组织及相互之间的经济关系进行改革；然而会议没有就新的经济关系制定具体的方针，只是宣布结束旧的协作关系。不久后，捷克斯洛伐克、匈牙利和波兰三国提议成立一个新的地区性经济组织，用以替代经互会。这些国家在经过政局变动后已经认同了西方体制，它们都试图摆脱苏联在经济上的控制，并寻找各种途径融入西方经济体系。与此同时，西方国家对东欧各国的经济转轨进行了支持和援助。

1990 年 4 月，在法国政府的提议下欧洲重建和发展银行成立了，该银行的职能是"推动对中欧及东欧国家的投资，减少投资风险，促进该地区国家向市场经济过渡及加快机构改革"。在这种情况下，经互会所进行的革新已经失去了实际意义。在 1991 年 1 月经互会执委会第 134 次会议上，各国决定就解散经互会和成立新的国际经济合作组织，召开第 46 次首脑会议。但成员国在建立新的合作组织问题上仍有严重分歧，虽经不断磋商，未能统一看法，于是只做出了解散经互会组织的决定。6 月 28 日，在布达佩斯举行的第 46 次首脑会议上，经互会 9 个成员国的代表签署了解散议定书，经互会正式宣布解散。

苏联从东欧国家撤军与华沙条约组织的衰亡紧密联系在一起。1989 年 7 月，在罗马尼亚首都布加勒斯特举行了华约首脑会议，戈尔巴乔夫在会上提出要按"新思维"对华约进行改革。他认为，随着欧洲局势的缓和，华约有可能从"军事政治组织转变为政治军事组织"。

这次会议的公报承认"各国有权独立地制定自己的政治路线，不受任何外来干涉"。戈尔巴乔夫的"新思维"政策为苏联军队撤离东欧提供了依据。在 1989 年 12 月 4 日举行的华约会议上，苏联、保加利亚、匈牙利、波兰和民主德国五国领导人宣布其在 1968 年向捷克斯洛伐克出兵是"对捷内政的干涉"。在此情况下，捷克斯洛伐克、匈牙利、波兰等东欧国家纷纷要求苏军从本国撤离。为此，苏联与各东欧国家举行谈判，分别达成了撤军协议。80 年代末随着德国不断走向统一，驻扎在民主德国的苏军的撤离也被提上了日程。在这种情况下，苏联在冷战时期控制东欧的军事工具——华约，随着苏军先后撤离东欧各国，实际上已是名存实亡。

因此，在 1990 年 6 月举行的华约政治协商会议上，各国认为必须重新对华约的性质、职能和活动进行研究，将其改造成建立在民主原则基础上的同盟。然而就在会议结束后不久，匈牙利就率先表态准备完全退出华约，因为该组织与当前的局势格格不入。匈牙利的立场使东欧各国产生了共鸣，实际上已经向西方阵营靠拢的东欧国家都迫不及待地想要脱离以苏联为首的集团。在这种形势下，还没等苏联制定出改造的方案，华约就已经分崩离析。

1991 年 4 月 1 日，华约组织宣布其军事机构解散。7 月 1 日，华约组织 6 个成员国的领导人在捷克共和国的首都布拉格签署议定书，宣告华约的有效期提前结束，至此华约组织正式退出历史舞台。

❦

苏联解体

　　1985 年戈尔巴乔夫上台后，为了扭转经济发展的颓势，他在进行经济改革的同时也推行政治改革，结果造成苏共失去领导核心地位，政局出现动荡，最终爆发八一九事件，加剧了苏联瓦解。1991 年各加盟共和国宣布独立，并成立独立国家联合体，苏维埃社会主义共和国联盟最终宣告瓦解。

八一九事件

　　1990 年，苏联政局出现了重大变化。在 2 月举行的苏共中央全会通过了《走向人道的民主的社会主义》的行动纲领草案，提出从根本上改造苏共，承认多党制，在苏联建立"人道的民主的社会主义"。草案还同意修改宪法第 6 条有关苏共领导地位问题，宣称苏共将"放弃政治垄断地位"，这使苏共丧失了对国家和社会的领导地位，整个局势开始急转直下。

　　3 月 12 日至 15 日，苏联第三次非常人民代表大会召开，大会通过了《关于设立苏联总统职位和苏联宪法（根本法）修改补充法》，对苏联宪法中关于苏共在国家政治生活中的绝对领导地位的条款进行了修改。修改宪法后，苏共失去了领导国家权力机关和行政机关的职权，苏共中央不能再直接领导最高苏维埃和部长会议。此外，大会决定在苏联实行总统制，使党和国家实现分离，戈尔巴乔夫以 59% 的得票当选苏联第一届总统，其原先担任的苏联最高苏维埃主席一职则由卢基扬诺夫接替。紧接着，戈尔巴乔夫设立了总统委员会，目的是制定有关苏联内外政策的基本方针和国家安全措施。就这样，总统委员会逐渐替代党中央政治局，成为苏联的最高决策机构。

　　1990 年 5 月，雷日科夫政府向最高苏维埃提出了在必要的国家调控下向市场经济过渡的计划，结果遭到反对。7 月，在叶利钦的支持下，经济学家沙塔林等人制订了向市场经济过渡的计划——《向市场经济过渡——构想与纲领》，也称 500 天计划。沙塔林方案公布以后，遭到了许多人的批评，认为它会加剧经济的混乱和政治上的无政府状态。苏联政府表示不能接受该方案，双方出现了严重分歧。戈尔巴乔夫于是采取折中的办法，委托阿甘别吉扬综合两者的方案，并于 9 月提出了新的方案。10 月 18 日，最高苏维埃通过戈尔巴乔夫提出的《稳定国民经济和向市场经济过渡的基本方针》。该方案主张有控制地放开价格，同时实行硬性的财政货币政策，并改革银行体系，建立现代化的银行制度，对货币总量进行调控；主张通过非国有化和民营化来确立经营主体，对工业企业及其他领域的大中企业逐步实行非国家化，加快小型企业的私有化进程，建立以公有制为主、私有制为辅的混合经济。

　　但是戈尔巴乔夫提出的方案没有规定向市场经济过渡的具体日程和细则。叶利钦领导的俄罗斯联邦激烈反对这个方案，并宣布俄罗斯联邦单方面执行沙塔林的 "500 天计划"，不断向苏共中央发难。

　　1990 年 7 月 2 日至 13 日，苏共召开第二十八次代表大会，大会对党中央政治局进行改组。许多在政府中担任要职的党员正式脱离政治局和书记处，苏共中央政治局彻底失去了领导国家的权力。大会发布了纲领性声明，不再提党是 "领导力量" 和 "核心"，正式确认 "人道的民主的社会主义" 是党的理想。根据这一思想，在政治体制方面，苏联放弃一党制，宣称 "苏共坚决放弃政治和意识形态垄断，放弃取代国家管理和经济管理的做法"，实行多党制和议会民主制。在经济体制方面，提出了 "可调节的市场经济"，允许国家、集体和公民所有制经济在平等基础上进行竞争。

　　戈尔巴乔夫在大会上再次当选为苏共中央总书记。党中央委员会选举出了 24 名政治局委员，除戈尔巴乔夫之外都不担任政府职务，进一步削弱了政治局的地位。俄罗斯最高苏维埃主席叶利钦、莫斯科苏维埃主席波波夫等党内的激进派分子在代表大会上公开宣布退出苏联共产党，加剧了党组织的涣散。

　　1991 年，苏联的政治、经济局势全面恶化，整个国民经济陷入全面危机中。1 月，帕夫洛夫替代雷日科夫出任政府总理。为了缓解当时的经济危机，扭转不断恶化的经济形势，帕夫洛夫政府针对苏联当时的社会经济危机制订了不少计划，发布了不少改革措施，并对消费品的价格进行大幅度提高。广大群众对帕夫洛夫政府的改革表示了强烈不满。3 月，苏联爆发了一场全国性的煤

第一任俄罗斯总统叶利钦（左）和戈尔巴乔夫
叶利钦于 1990 年 7 月退出苏联共产党。1991 年 12 月 25 日苏联解体，叶利钦担任俄罗斯联邦的首任总统。

矿工人大罢工，有 30 万工人参加了这次罢工活动，导致苏联 1/3 的煤矿企业陷入停产状态，使国民经济走向崩溃的边缘。

苏联内部民族独立的浪潮不断兴起。早在 1990 年初，波罗的海三国立陶宛、爱沙尼亚和拉脱维亚先后宣布独立并脱离苏联。随后，摩尔多瓦、亚美尼亚和格鲁吉亚也宣布独立。其他的加盟共和国也纷纷发表主权宣言，联盟的完整性遭到严重威胁。在这种情况下，戈尔巴乔夫决定抛弃斯大林单一制的国家模式，完全实行联邦制。1990 年 11 月，苏联公布了新联盟条约草案，规定联盟中央仅保留国防、外交和关系国家经济命脉的经济部门，其余部门都归各共和国所有。但波罗的海三国、格鲁吉亚和摩尔多瓦表示拒绝在这项条约上签字，其他共和国则要求扩大自治。

1991 年 3 月 17 日，苏联就是否保留联盟问题举行全民公决，大多数公民赞成保留联盟。在这之后，戈尔巴乔夫与 9 个加盟共和国领导人进行了协商，并于 8 月 14 日公布了新联盟条约。条约规定"参加本条约的每一个共和国都是主权国家，苏维埃主权共和国联盟（苏联）是主权的联邦制国家"，并确定新条约从 8 月 20 日起开始生效。该草案将国名"苏维埃社会主义共和国联盟"改为"苏维埃主权共和国联盟"，放弃了社会主义，这震动了整个苏联，成为苏联"八一九事件"的导火索。

1991 年 8 月 19 日清晨，在签署新联盟条约的前一天，副总统亚纳耶夫发布命令，宣布当时正在克里米亚休假的戈尔巴乔夫因为健康原因，无法履行总统职责，根据苏联宪法第 127 条第 7 款，他本人即日起履行总统职务。随后，亚纳耶夫又宣布在莫斯科等地区实行 6 个月的紧急状态，由副总统亚纳耶夫、总理帕夫洛夫、国防部长亚佐夫、国家安全委员会主席克留奇科夫、内务部长

八一九事件中莫斯科红场上的坦克

1991 年 8 月 19 日，由亚纳耶夫等人组成的国家紧急状态委员会下令在苏联主要城市实施武装戒严。

普戈等 8 人组成的国家紧急状态委员会全面接管国家政权。与此同时，在国家紧急状态委员会的命令下，苏军装甲车、坦克开进莫斯科和列宁格勒等苏联主要城市戒严。

在亚纳耶夫发布这个非常消息后，时任俄罗斯联邦总统的叶利钦等人对委员会的行动表示强烈抵制，并迅速召集要员商讨对策，形成了反对国家紧急状态委员会的势力。会后，叶利钦立即前往莫斯科市内的俄罗斯政府大厦"白宫"，发表了《告俄罗斯公民书》，宣布国家紧急状态委员会是一个违反宪法的组织，实行紧急状态是"右派反宪法的反动政变"，该委员会的一切命令在俄罗斯领土上无效，要求苏联人民和他一起抵制国家紧急状态委员会，呼吁"俄罗斯公民对叛乱分子给予应有的回击"，号召广大民众起来举行无限期的罢工。叶利钦的行为得到了莫斯科民众的支持，广大民众纷纷设置路障阻碍苏军戒严部队的行动。

8 月 19 日晚上，国家紧急状态委员会发表声明，指出苏联局势处于平静状态，国家紧急状态委员会所实行的措施得到了广大民众的支持，国家社会对此也表示了某种程度的理解。声明对俄罗斯联邦总统叶利钦"直接纵容人们采取违法行动"的"不负责任的、不明智的举动"提出了警告。在紧急状态的第一天里，除了俄罗斯联邦以外，其他大多数加盟共和国保持相对平静。

8 月 20 日早上，塔斯社发布消息称，政府总理帕夫洛夫因为生病住院，其职权由第一副总理代行。这个消息使人们产生了各种对国家紧急状态委员会不利的猜测。苏联的形势出现了转折。与此同时，西方国家公开表示支持叶利钦，不承认国家紧急状态委员会的地位，停止了对苏联援助。莫斯科市长波波夫和列宁格勒市长索布恰克分别发表声明反对国家紧急状态委员会，拒绝执行国家紧急状态委员会的命令，支持叶利钦。随后，莫斯科和列宁格勒都爆发了大规模的示威游行，反对实行紧急状态。吉尔吉斯斯坦、乌克兰、白俄罗斯、乌兹别克斯坦等加盟共和国相继发表声明，表示不会在本国实行紧急状态。

20 日下午，国家紧急状态委员会派坦克和军队包围了莫斯科的"白宫"。与此同时，约有 10 万名莫斯科民众自发前往"白宫"进行守卫，使得苏军坦克无法行动。在这种情况下，国家紧急状态委员会命令特种部队"阿尔法"小组在 21 日凌晨进攻"白宫"，逮捕叶利钦，但是遭到了"阿尔法"小组的拒绝。空降兵和内务部的部队在接到命令后也静观其变。国家紧急状态委员会进攻"白宫"的计划宣告流产。驻守在莫斯科周围的多数军队以不能把枪口对准人民为由拒绝出动，此后苏军部队纷纷倒戈。国家紧急状态委员会陷入被动的局面，形势急转直下。

8 月 21 日下午，俄罗斯最高苏维埃向国家紧急状态委员会发出最后通牒，要求立即解散国家紧急状态委员会，释放戈尔巴乔夫，在全国解除紧急状态。在这之后，苏联国防部宣布，决定命令部署在紧急状态地区的部队撤回驻地。随后，苏联最高苏维埃主席团会议通过决议，认为停止戈尔巴乔夫的总统职务并由亚纳耶夫接任其职务"是非法的"，要求亚纳耶夫立即撤销其命令及关于紧急状态的决定。同日下午，克留奇科夫和亚佐夫等人飞往克里米亚半岛会见被软禁在那里的戈尔巴乔夫，但戈尔巴乔夫拒绝接见他们。随后，俄罗斯联邦的副总统和总理也抵达克里米亚半岛，与戈尔巴乔夫进行了会谈。晚上 9 点，塔斯社发表戈尔巴乔夫的声明，宣布他已完全控制了国家局势，恢复了与外界的联系，几天后他就可以完全履行总统职责。8 月 22 日凌晨，戈尔巴乔夫返回莫斯科，重新执掌政权。历时 3 天的八一九事变以失败而告终。

莫斯科群众和开着坦克的苏军对峙

在八一九事件中，俄罗斯联邦总统叶利钦号召民众举行政治罢工，抗议亚纳耶夫等人发起的行动。

苏联正式解体

戈尔巴乔夫重新执掌政权后，立即撤销了由国家紧急状态委员会颁布的所有决定，并下令解除委员会所有成员的职务。随后，又下令逮捕国家紧急状态委员会的成员，清洗政变者和政变的支持者。除了苏联内务部长普戈自杀外，国家紧急状态委员会成员均被逮捕，其中包括最高苏维埃主席卢基扬诺夫。此外，戈尔巴乔夫还对国家安全委员会、国防部、内务部等重要部门进行了全面改组，同时改组了内阁，成立了一个以俄罗斯总理西拉耶夫为首的国家国民经济委员会，负责联盟的经济事务。

八一九事件后，苏联掀起了反共浪潮。1991 年 8 月 23 日，俄罗斯总统叶利钦发布命令，宣布苏共为非法组织，要求"停止苏共的活动"，随后查封了苏共中央大楼。8 月 24 日，戈尔巴乔夫以苏共中央、政治局和书记处在八一九事件中未能进行谴责和抵制为理由，宣布辞去苏共中央总书记职务，并建议苏共中央自行解散，各共和国和地方党组织则自行决定自己的前途。戈尔巴乔夫同时还下令停止各政党和政治运动在武装力量、内务部、克格勃以及其他国家机关中的活动。8 月 29 日，最高苏维埃非常会议通过了《关于政变后国内形势的决定》，要求暂时停止苏共在苏联全境的活动，由内务部各机构负责党的财产和档案，责成检察院对苏共领导机关进行审查，各银行停止苏共的所有货币基金业务。根据这一决定，苏共在苏联全境的机构都被关闭，银行账户全部被冻结。与此同时，各共和国的共产党或被禁止活动，或自行解散，或脱离苏共更改党名为"人民党""社会民主党"等。执政多年的苏联共产党正式解体。

八一九事件的发动者原本是想挽救濒临解体的苏联，结果政变失败加速了苏联的解体。八一九事件前，波罗的海三国就要求独立，事件发生后，又有一些共和国要求独立。8 月 24 日至 31 日，乌克兰、白俄罗斯、摩尔多瓦、阿塞拜疆、乌兹别克斯坦、吉尔吉斯斯坦等国也相继宣布独立。在这种巨大的压力下，新成立的苏联国务委员会于 9 月 6 日承认立陶宛、爱沙尼亚、拉脱维亚三个波罗的海共和国的独立。这成为苏联解体的一个突破口。

戈尔巴乔夫极力维持联盟的存在，试图通过新联盟条约把这些国家统一在一起，将原来高度统一的国家变成国家的联合，也就是联邦。各共和国表示并不拒绝加入新的联盟，但要求对新的联盟条约内容进行大的修改。戈尔巴乔夫与俄罗斯、乌克兰、白俄罗斯、哈萨克斯坦、乌兹别克斯坦、吉尔吉斯斯坦、塔吉克斯坦、土库曼斯坦、阿塞拜疆、亚美尼亚 10 个共和国领导人进行会谈，

想要挽救苏联的苏联共产党人
在八一九事变后，苏联加速走向解体，
戈尔巴乔夫试图维系联盟的存在，却
以失败告终。

达成了"10+1"声明。9月2日至5日，苏联举行第五次非常人民代表大会。会上，戈尔巴乔夫宣布了"10+1"声明。声明称为了防止国家进一步解体，各共和国协商起草和签订一个主权共和国联盟条约，每个国家都可以自主地选择加入联盟的形式；呼吁各共和国应立即缔结经济联盟，使各国可以在统一的自由经济区域内进行合作。大会还决定成立由苏联总统和各共和国领导人参加的跨共和国国务委员会，主要协调解决内外政策问题。

　　"10+1"声明似乎使联盟的继续存在有了一线希望。10月1日，除波罗的海三国外，12个共和国的领导人聚集在哈萨克斯坦的阿拉木图，商讨经济共同体条约问题。大会发表了12国联合声明，决定缔结主权共和国经济共同体条约。拉脱维亚没有在声明上签字，但是保留了其作为联系国参加条约的权利。但在10月8日将要正式签署协议时，乌克兰却退出了。10月18日，俄罗斯、白俄罗斯、哈萨克斯坦、乌兹别克斯坦、塔吉克斯坦、吉尔吉斯斯坦、土库曼斯坦、亚美尼亚等8个共和国的领导人和苏联总统在莫斯科签署了《主权共和国经济合作条约》。阿塞拜疆、格鲁吉亚、摩尔多瓦和乌克兰没有参加签约。条约决定统一市场，采取协调一致的经济政策。

　　10月21日，苏联新组成的最高苏维埃召开第一次会议。然而只有俄罗斯、白俄罗斯和中亚五国的代表出席了这次会议。会议讨论了联盟未来的政治结构问题。11月1日，参加经济合作条约的各共和国领导人举行会晤，决定从11月15日开始撤除联盟大约80个部和各机关部门。在跨共和国经济委员会的政治结构中只保留外交部、国防部、内务部、交通部、文化部、核动力部和海关管理局等。11月14日，跨共和国国务委员会再次举行会议，对新的联盟条约草案又进行了重大修改，确认新联盟是一个"邦联式的民主国家"。会议预定在11月25日草签这个条约。然而在25日的会议上，各共和国代表对联盟的名称各抒己见，产生了分歧。最后，国务委员会决定将条约草案交予各共和国议会讨论，准备在年底以前再行签署。

在新的联盟迟迟无法成立之时，1991年12月1日，乌克兰就脱离联盟和选举总统问题举行全民公决。乌克兰4/5的选民参加了这次投票，结果有90%以上的人赞成乌克兰脱离苏联成为独立国家。原乌克兰最高苏维埃主席克拉夫丘克当选为乌克兰第一任总统。12月5日，克拉夫丘克在宣誓就职时宣布，乌克兰不会签署新的联盟条约。乌克兰的独立对于戈尔巴乔夫组建新联盟的计划无疑是一次致命的打击。

12月7日，俄罗斯总统叶利钦、乌克兰总统克拉夫丘克、白俄罗斯最高苏维埃主席舒什克维奇在白俄罗斯首都明斯克会晤。8日，三国领导人签署了《关于建立独立国家联合体的协议》（又称《别洛韦日协议》），宣布废除1922年12月30日签署的《苏维埃社会主义共和国联盟成立条约》，三国成立"独立国家联合体"，苏联终止存在。俄罗斯、乌克兰、白俄罗斯三国的声明使存在近70年的苏维埃社会主义共和国联盟轰然倒塌，戈尔巴乔夫的新联盟条约最终化为了泡影。

12月12日，在俄罗斯、白俄罗斯、乌克兰发表联合声明后，中亚五国哈萨克斯坦、乌兹别克斯坦、吉尔吉斯斯坦、塔吉克斯坦和土库曼斯坦的领导人召开会议并发表声明，表示愿意加入独联体，但必须以平等的创始国的身份参加。

12月21日，俄罗斯、白俄罗斯、乌克兰、中亚五国以及阿塞拜疆、亚美尼亚、摩尔多瓦等11国首脑在哈萨克斯坦的阿拉木图举行会议。次日，参加会议的各国发表了《阿拉木图宣言》，宣布苏联停止存在，与会各国以创始国的身份结成独立国家联合体。独联体建立在均等的原则上，各国彼此尊重领土完整和主权平等。为协调各国在共同利益范围内的活动，成立了独联体最高机构——国家元首理事会和政府首脑理事会。独联体支持俄罗斯继承苏联在联合国安理会担任常任理事国，并支持各国加入联合国和其他国际组织。

12月25日，戈尔巴乔夫宣布辞去武装力量最高统帅的职务，并将武装部队和"核按钮"的控制权移交给俄罗斯总统叶利钦。当天晚上，戈尔巴乔夫发表电视讲话，宣布辞去苏联总统职务。当晚，克里姆林宫上空飘扬的苏联国旗降下，升起了俄罗斯白蓝红三色旗。12月26日，苏联最高苏维埃举行最后一次会议，大会以表决方式通过一项宣言，在法律上宣布苏联停止其存在。

✦

冷战后的亚非拉

冷战结束后，广大亚非拉发展中国家的政党政治出现了一些新变化。在非洲，一些国家开始实行或宣布实行多党制，改变了原先的一党制，同时不断加强经济合作和一体化。在拉美地区，许多国家相继进行了经济改革和对外开放，促进了拉美地区一体化的发展。在亚洲，海湾局势在冷战后依然动荡不安，出现了伊拉克入侵科威特的海湾战争。阿拉伯国家与以色列之间的和平进程仍然举步维艰。

冷战后非洲的发展

20 世纪 80 年代末 90 年代初，随着冷战的结束，世界格局出现剧烈变化，同时非洲的政治、经济形势也出现了重大变化。

首先是以多党制为特征的民主化浪潮迅速席卷了非洲大陆，对非洲各国造成了巨大冲击。从 20 世纪 60 年代去殖民化运动开始到民主化浪潮结束之前，非洲各国基本上处于一党独大或一党执政的局面。一党制在非洲各国虽然起到过一定的作用，但是由于权力过分集中，导致个人独裁和官僚腐败盛行，社会贫困有增无减，人民生活水平下降。80 年代末，随着非洲各国经济文化的快速发展，中产阶级不断发展壮大，广大人民强烈要求对这种体制进行改革。在东欧社会主义国家发生剧变和苏联解体后，非洲社会主义运动也遭受了挫折，非洲许多社会主义国家先后放弃其社会主义政策。美国和西方国家借这个机会以停止援助和贷款为条件，迫使非洲国家推行西方式的"政治民主"，实行多党民主制。

生活贫困的非洲居民
非洲的民主化浪潮并没有让非洲
人民摆脱贫困。

从 1989 年开始，非洲局势出现了与以前不同的发展态势。贝宁、刚果等一些原本激进的非洲国家率先宣布放弃党在国家中的领导地位，放弃社会主义制度，随后解除党禁，实行多党制。1991 年，一直以来坚持实行一党制的肯尼亚也宣布实行多党制。在东部的坦桑尼亚，尽管大部分人主张继续实行一党制，但是坦桑尼亚领导者迫于国内外的压力，只得宣布实行多党制。据统计，1990 年在非洲 52 个独立国家中，有 30 个国家实行一党制，13 个国家实行多党制，8 个国家禁止政党活动。到 1992 年初，非洲有 41 个国家实行了多党制。到 1994 年底，非洲国家基本上已经或者宣布准备实行多党制，多党制成为非洲国家的主要政治体制。

非洲局势的另一个变化是国家经济体制的转变。许多非洲国家在实现独立后选择了实行社会主义制度，推行公有化、计划化，国家在社会经济中处于主导地位。这种经济模式对一些非洲国家的经济发展起到了一定的作用。非洲各国在实现独立后早期的经济发展较为迅速，但是以国家为主导的经济发展模式的消极作用也在不断暴露。从 20 世纪 70 年代末开始，非洲经济和社会发展相继步入困境，一些国家的经济甚至出现了负增长，经济长期陷入困境中。80 年代中期以后，面对严峻的经济形势，非洲国家在总结了发展经济的经验教训之后，开始调整本国的经济结构。一些非洲国家在经济调整与改革中采取了符合本国国情的经济措施，推行市场化、自由化，不断引进外资，取得了一定的成果。到 80 年代末，西方国家在非洲不断鼓吹私有制，并将对非洲的经济援助与是否按照西方标准进行经济结构调整挂钩，导致非洲原有的政治、经济矛盾不断恶化，使一些国家陷入动荡，经济形势更加严峻。

多党制的民主化浪潮并没有给非洲大陆带来稳定和发展，反而加剧了非洲国家内部的矛盾，使许多国家的局势动荡不安，政局混乱，政变频繁，经济危机加深。非洲十几个国家政权出现更迭，几百万难民背井离乡，流离失所。

多党制民主化浪潮开始的时候，一些非洲政治家和有识之士就谴责非洲国家独立时原宗主国迫使他们沿袭西方国家的民主模式的行径。非洲各国自建国以后经历了较长时间的激烈的政治斗争，这些痛苦的经历让一些非洲领导人深刻地认识到，政治民主化进程必须适合非洲发展的需要，适合本国国情，反对外国强加的任何民主模式，同时在政治体制改革时要有秩序而稳妥地进行，探索适合非洲发展的最佳途径，照抄西方民主模式只能加重非洲的困难。1991年 6 月，在尼日利亚首都阿布贾举行了第 27 届非洲统一组织首脑会议，会议发表宣言，称非洲各国"有权在自己的社会文化价值基础上，根据本国实际情况和需要决定自己的民主制度"。到 20 世纪 90 年代中期，导致非洲大陆出现动乱的多党制民主化浪潮基本结束，在经历了多年的政治动荡和战乱后，广大人民渴望和平和稳定的呼声日益高涨。国家稳定和社会发展成为非洲各国人民急切的愿望。

新南非的诞生

南非长期以来处在少数白人种族主义者的统治之下，南非人民反对种族主义的斗争此起彼伏，国内形势一片混乱，这成为南部非洲地区动乱的主要根源。20 世纪 90 年代初，南非非洲人国民大会（简称非国大）在全国首次大选中掌握政权，宣告新南非的诞生，这是非洲政局稳定发展的一个积极因素。

20 世纪 80 年代末，南非反对种族主义的斗争不断高涨，国际社会也对南非种族主义国家进行谴责和制裁，使南非局势出现了重大转变。1990 年 2 月，南非国民党政府在国内外舆论的压力下，宣布取消党禁，使被取缔了 30 多年的非洲人国民大会、泛非主义大会（简称泛非大）和南非共产党等组织获得了合法地位。同时，南非当局宣布释放政治犯，使长期被关押的黑人解放运动的领袖纳尔逊·曼德拉等一大批民族主义领导人获释。南非当局还宣布取消《紧急状态法》等一系列种族隔离法律和法令，同时表示愿意就南非未来的问题与以曼德拉为首的黑人代表进行谈判。

南非国民党政府的这些重大举措得到了南非各民族主义政党和广大黑人群众的热烈欢迎。3 月 2 日，曼德拉当选为南非非洲人国民大会副主席。5 月 2 日至 4 日，以曼德拉为首的非洲人国民大会代表团与以德克勒克为首的南非当

曼德拉
曼德拉是南非历史上首位黑人总统，被誉为"南非国父"。

局开始对话，双方就南非种族和解问题举行会谈。在首轮会谈中，双方并没有取得实质性的结果，但双方同意为保持局势稳定、促进和谈、和平过渡制度和制定新宪法而共同努力。8月6日，双方举行第二轮会谈。南非政府同意于9月1日开始分阶段释放非国大政治犯，准许流亡国外的非国大人员回国，取消纳塔尔省的紧急状态，同时继续审议国内安全法以保证政治活动自由等。非国大则宣布放弃开展了30年的武装斗争。至此，阻碍制宪谈判的因素已经基本消除。10月下旬，非国大、泛非大、南非工会大会等近百个政党与组织在德班举行爱国阵线成立大会。11月，非国大有条件接受了国民党提出的"分享权力"主张，不再继续坚持黑人多数统治，并同意在南非实行联邦制。

1991年2月6日，随着南非黑人解放运动的不断发展深入，南非议会陆续废除了80多项种族主义的法令，删除了140项法令中有关种族主义的内容，废除了被称为种族主义法令四大基石的《人口登记法》《土地法》《集团住区法》《公共场所隔离法》。这些法令的取消是南非实现废除种族隔离制的重要步骤。

1991年7月，非国大成功地举行了全国代表大会，选举曼德拉为新的中央执委会主席。此时非国大成员已发展到70万人。非国大的目标是废除种族主义制度，建立自由、民主、统一的新南非，主张实行一人一票的选举制度。德克勒克政府虽然主张通过谈判给予黑人一定的权利，但是仍然坚持保障白人的广泛权利、以种族集团为基础"分享权力"的原则，双方在实质性问题上出现了较大的分歧。此外，德克勒克政府还支持和纵容破坏反种族主义的白人极右势力，对游行示威的黑人民众进行镇压，南非国内暴力冲突事件层出不穷。

然而南非的民主化进程已是大势所趋。1991年6月22日，在南非教会和工商界人士的倡议下，南非各政党召开了全国和平会议。9月14日，南非总统德克勒克、非国大主席曼德拉、因卡塔自由党主席布特莱齐和20个其他政治组织的领导人在约翰内斯堡召开全国和平会议，签署《卡尔顿和平协议》，为进入制宪谈判阶段铺平了道路。同年12月20日至21日，德克勒克政府与以非国大为首的19个政党、组织在约翰内斯堡召开了民主南非大会。各方在会上就制宪的原则、机制以及过渡时期的行政权力的交替等问题进行了反复谈判和协商，最后大会签署了意向声明，宣布将在新南非实行普选，并在此基础上实行多党民主制，政治解决南非问题得到了最后的确定。但是，南非的一些白人保守势力对此表示反对，于是德克勒克政府在1992年3月17日就上述问题进行公民投票，有近70%的白人支持政府废除种族制度的决策。这为南非当局扫除了右翼势力的干扰，加快了改革的步伐。

在南非民主改革进入实质性制宪谈判阶段后，白人极右翼势力的反对和阻碍不断增加。1992年9月，治安部队袭击黑人示威群众的"西斯凯惨案"造成了28人死亡，数百人在袭击中受伤。1993年4月10日，南非黑人运动的著名领导人、南非共产党总书记克里斯·哈尼在约翰内斯堡被白人极右翼势力

南非种族隔离
南非种族隔离时期仅限白人进入的
海滩区域。

暗杀，震惊了南非和全世界。然而南非白人极右翼势力的恐怖活动未能阻止南非制宪谈判进程，反而推动了南非民主化进程。

1993 年 6 月，南非当局接受按民主选举的制宪议会起草和通过新宪法，承认国民议会是唯一的立法机构，决定在 1994 年 4 月 27 日举行南非历史上首次不分种族的全民大选。9 月，成立过渡时期行政委员会的提案获得批准。12 月 22 日，南非议会通过了过渡时期临时宪法。临时宪法的通过有着重要的历史意义，它标志着旧南非的结束和新南非的诞生。

1994 年 4 月 27 日，南非首次不分种族的大选如期举行，2200 多万不同肤色的选民参加了这次民主大选。5 月 6 日，大选结果揭晓，非国大党获得 62.7％的选票，赢得大选，成为新政府的主体。国民党获得 20.39% 的选票，因卡塔自由党获得 10.54% 的选票，其他政党得票率均不足 5%。根据南非临时宪法和大选结果，南非产生了非种族的议会两院——国民议会和联邦议会。5 月 9 日，非国大主席曼德拉当选为南非历史上首任黑人总统。10 日，曼德拉宣誓就职。11 日，非国大、国民党和因卡塔自由党组成的民族团结政府成立。南非民主政权的建立，标志着南非彻底结束了 300 多年的种族隔离制度，一个民主、统一和种族平等的新南非从此诞生。新南非政府成立后，联合国和其他国际组织解除了对南非的所有制裁。1994 年 6 月，非洲统一组织接纳南非为该组织的第 53 个成员，南非正式成为非洲大家庭中的一员，南非从此开始了历史的新纪元。

南非第一次民主选举中排队投票的人民
1994 年 4 月 27 日，南非举行了有史以来第一次不分种族的全民大选，这一天也成为南非的自由日（国庆日）。

新南非的诞生，对其他因为种族、部族和宗教矛盾而陷入混战状态的各非洲国家产生了深远的影响。许多非洲国家纷纷效仿南非的方式解决本国的问题。1993 年，莫桑比克政府与莫桑比克全国抵抗运动签署了停火协议，并于 1994

年举行了独立以来的多党制大选。1994 年，安哥拉政府和安盟签署和平协议，基本结束内战。在这一时期，刚果、尼日利亚、扎伊尔等国的局势也趋于稳定。1993 年非洲统一组织在第 29 届首脑会议上决定成立专门机构，建立"预防、处理和解决冲突机制"，解决非洲国家的战乱问题。1994 年利比亚和乍得有关奥祖领土的争端得到了和平解决，利比亚承认了乍得对该地区的主权，并于 5 月底撤离了在奥祖的军队。此外，在周围其他非洲国家的积极配合下，乍得解决了国内的反政府武装问题，实现了民族和解。从 1995 年底至 1996 年初，科特迪瓦、阿尔及利亚、坦桑尼亚、埃及、佛得角、赤道几内亚、贝宁、津巴布韦、苏丹 9 个非洲国家先后举行了全国大选，选举产生了国家总统或议会。然而在 1996 年上半年，非洲还有极少数国家如塞拉利昂、尼日尔和布隆迪先后出现了军事政变，但是追求和平稳定已经成为非洲大陆不可阻挡的发展潮流。

　　非洲政局的稳定有利于经济的发展，非洲经济出现了蓬勃发展的景象。20世纪 90 年代中期，随着西方经济的不断复苏，国际市场上农业和矿产等商品的价格不断回升。与此同时，非洲许多国家的农业获得丰收，一些国家在经过经济调整和改革后开始出现成效，非洲国家的经济逐渐从低谷中解脱出来，国民生产总值不断增长。1990 年至 1993 年，非洲国家的经济增长率只有 1.3％，而人口增长率则达到了 3％。从 1994 年开始，非洲经济开始回升，经济增长率达到了 2.4％。1995 年，非洲经济保持了复苏的良好势头，增长率达到了3.3％，其中约有 1/3 非洲国家的经济增长率达到或超过了 5％。

　　南非是非洲经济最发达的国家，其国民生产总值占非洲国民生产总值的1/3，其经济状况的改善对振兴非洲大陆有着积极的作用。据统计，南非经济在

经济发展起来之后的南非城市

1994 年和 1995 年分别增长了 2.3％和 3.3％，南非成为 1980 年以后经济增长速度最快的非洲国家。此外，津巴布韦、纳米比亚、博茨瓦纳等国自 20 世纪 90 年代以来几乎一直保持着经济的快速增长。非洲经济开始进入增长的新时期。

非洲一体化进程加速

从 20 世纪 90 年代起，随着非洲经济的不断发展，各地区间的经济合作与一体化也在不断加强。20 世纪 60 年代至 80 年代，非洲先后成立了 200 多个地区性的合作组织，但是因为各种原因，许多组织没能发挥其应有的作用，一些则逐渐解散了。进入 90 年代，随着世界经济全球化和区域集团化的发展，各地区和各个国家在经济上的合作和竞争日益加强，非洲各国逐渐认识到，非洲国家只有联合起来，实现经济一体化，才能在激烈竞争的国际市场中获得生存和发展。

自 1991 年起，非洲经济一体化进程出现了加快发展的势头，各经济合作组织发挥着越来越大的作用。1991 年 6 月 3 日，非洲统一组织第 27 届首脑会议在尼日利亚首都阿布贾召开，通过了《建立非洲经济共同体条约》。这个条约于 1994 年 5 月开始实施，计划于 21 世纪 30 年代前在全非洲实现资金、货物的自由流通，建立非洲内部市场、非洲中央银行，使用非洲统一的货币。这一条约的签订成为非洲国家经济一体化道路上的一个里程碑，表达了非洲国家努力构建本地区经济一体化的决心。

在非洲统一组织的倡导和推动下，非洲地区的经济合作有了很大的进展。新南非的诞生给南部非洲地区的经济合作注入了新的活力。1992 年 8 月，南部非洲发展协调会议成员国签署了《南部非洲发展共同体条约》，正式成立南部非洲发展共同体。南部非洲发展共同体的宗旨是在互利、均衡和平等的基础上，建立开放型经济，打破关税壁垒，促进相互贸易和投资，实行人员、货物和劳务的自由往来，逐步统一关税和货币，最终实现地区经济一体化。1994 年南非加入该组织，成为第 11 个成员国。

1981 年东南非洲优惠贸易区成立，该组织拥有 22 个成员国，目标是在 2000 年以前建立东南非洲共同体，使该地区成为自由贸易区。该组织和南部非洲发展共同体的目标大致相同，一些成员国相重叠，该组织的成立有利于地区经济一体化的发展。此外，北部地区的阿拉伯马格里布联盟也计划建立马格里布共同市场。西非国家经济共同体也决定加快该地区间的货币合作，计划在 2000 年实现西非国家货币一体化。

1994 年 3 月，中部非州关税和经济联盟 6 个成员国在乍得首都恩贾梅纳举行首脑会议，签署了建立中部非洲经济和货币共同体的条约。1999 年 6 月，中部非洲经济与货币共同体第一次首脑会议通过《马拉博宣言》和共同体章程，中部非洲经济与货币共同体正式成立。在这种形势下，于 1977 年解体的东非共同体三个成员国——肯尼亚、坦桑尼亚和乌干达也签署协议，建立东非合作组织。

20 世纪 90 年代非洲大陆的区域经济合作虽然取得了一些新的进展，但是仍受到了众多因素的制约，例如西方国家殖民时期遗留下来的畸形而单一的经济结构、薄弱的经济基础、效率低下的工业生产力、一些地区长期处在战乱之中、人口增长速度过快、许多国家背负沉重的外债等。当前，非洲大陆依然是世界上最为贫穷的大陆。但是随着非洲局势总体上趋于稳定，经济开始振兴，这个拥有 54 个独立国家、超 14 亿人口的大陆成为一个尚待开发的极具潜力的新兴市场。在新时期下，非洲国家的经济合作将会获得更大的发展。

东非共同体
于 1977 年解体的东非共同体后又逐渐恢复，截至 2024 年，已有坦桑尼亚、肯尼亚、乌干达、卢旺达、布隆迪、南苏丹、刚果（金）和索马里 8 个成员国。

20 世纪 90 年代的拉丁美洲政局变动

从 20 世纪 90 年代开始，拉美国家的局势基本趋于稳定，各国的民主政体得到了巩固，然而各国政局的发展各有差别。在渡过了 20 世纪 80 年代的债务危机后，大多数拉美国家基本上实现了稳定经济的目标，在对宏观经济进行调整和转换经济发展模式后，拉美地区经济在恢复中稳步增长。

　　进入 20 世纪 90 年代，拉美各国的发展大体上可以分为三种情况：一种是国家政局相对稳定，经济调整取得明显成效，民主政体比较稳固。这类国家主要有阿根廷、墨西哥、智利、玻利维亚、哥伦比亚等。另一种是国家经历了政府危机，民主政体在危机中经受住了考验，但是政局依然很不稳定。这类国家有巴西、委内瑞拉、危地马拉和秘鲁。第三种是国家民主化进程遇到较大的阻力，一些国家甚至出现严重的倒退。这类国家有尼加拉瓜和海地。

　　20 世纪 90 年代中期，大多数拉美国家的政局保持基本稳定，没有出现引起政局动荡的事件，军人干预政事和实行政变的行为也大大减少。1993 年有 6 个拉美国家举行了大选。当年 6 月，巴拉圭举行大选，军人总统罗德里格斯和平交出政权，结束了巴拉圭长达 40 年的军人执政时代。红党总统候选人瓦斯莫西当选新一届总统，成为巴拉圭 40 年来首位民选文人总统。

　　智利于 1989 年 12 月 14 日举行全国大选，基督教民主党领袖帕特里西奥·艾尔文当选总统，成为智利 1973 年军人执政以来的首任民选总统，结束了智利近 17 年的军人专制统治。1990 年 3 月，执掌智利 25 年的皮诺切特交出政权，艾尔文正式就任总统。艾尔文执政后，提出了全国和解、民主化、社会平等、经济增长和重返国际社会的五大执政目标；妥善处理文人政府与军人的关系；对军政府时期犯下的镇压与侵犯人权的罪行，采取"原谅与忘却"的

智利总统艾尔文
艾尔文于 1989 年 12 月当选为智利总统，结束了智利军政府统治时代。

原则，经调查后只公布军政府的主要罪行，而没有对有关人员起诉，只对个别罪大恶极者进行惩办，同时对受害者家属给予经济赔偿，包括其子女免费受教育等；还为已经去世的总统阿连德举行了葬礼。在艾尔文政府的努力下，政府与军队的关系得到了进一步改善，实现了政权的平稳过渡。在修改宪法问题上，艾尔文拒绝修改阻止他连任的条文，赢得了智利民众的普遍赞誉。结果智利执政党联盟在大选中以压倒多数获胜。

秘鲁总统藤森于 1990 年就职后，实行了经济改革、打击恐怖和贩毒活动等措施，触犯了当权的利益集团，其政策与措施屡遭议会和司法部门的阻挠和破坏。为了纯洁立法、司法机构，他在军队的支持下于 1992 年 4 月发动"自我政变"，解散议会，撤销了司法部门贪官的职务，对最高法院法官、最高审计长和最高选举庭庭长进行重新任命，使其反腐败措施得以顺利实施。藤森的"自我政变"虽然召来了舆论的批评，但是最终还是获得了成功。1993 年 10 月，智利对新宪法进行全民投票，通过了允许总统连任的新宪法。1995 年藤森在大选中再次获胜，成功连任总统。

1986 年 2 月，统治海地长达 28 年之久的杜瓦利埃家族被推翻，此后海地政局出现了几年动荡。1990 年底，在联合国和美洲国家组织的监督下，海地举行了全国大选。争取改革和民主全国阵线候选人阿里斯蒂德在选举中获胜，当选海地首位民选总统。1991 年 2 月，阿里斯蒂德正式就任总统。阿里斯蒂德上台后着手改组军队，撤除反对民主进程的军官，废除军人任政府部长的制

在联合国大会上发言的前海地总统阿里斯蒂德
阿里斯蒂德在 1990 年 12 月 16 日举行的全国大选中以 50% 的得票率当选为海地第一位真正意义上的民选总统。

度。这些措施招致军人的强烈不满。同年 9 月 29 日，武装部队总司令塞德拉斯发动军事政变，阿里斯蒂德总统被迫流亡美国。10 月 7 日，政变军队包围了议会大厦，逼迫议会解除了原内阁所有成员的职务，任命最高法院法官内雷特为临时总统、塞德拉斯为武装部队司令。

海地的军人政变受到了国际社会的谴责，联合国和美洲国家组织先后对海地实行政治和经济制裁。国际社会强烈要求恢复阿里斯蒂德的总统权力，美国乘机带头对海地进行轮番外交攻势，政变当局一时陷入困境。在美洲国家组织和联合国的斡旋下，海地军政府同意与阿里斯蒂德进行会谈。1993 年 7 月，双方在纽约签署了在海地恢复民主宪制的协议。根据协议，阿里斯蒂德将于 10 月 30 日回国重掌政权，恢复民主宪制。双方签订协议后，海地的紧张局势有所缓解，联合国于 8 月份取消了对海地的制裁。然而海地军方不愿交出大权，与联合国签署协议只不过是其缓兵之计，根本没有打算执行协议，仍然想方设法地阻止阿里斯蒂德回国执掌政权。于是，联合国安理会于 10 月 13 日通过决议，决定恢复对海地的制裁，直到海地军政当局改变政策为止。

面对联合国的制裁，海地军方一方面表示无意与联合国对抗，另一方面却不断打击阿里斯蒂德的支持者。在这种情况下，联合国安理会于 1994 年 5 月通过决议，决定对海地实行全面贸易禁运。然而海地军方不仅对联合国的警告不予理睬，而且态度更加强硬。7 月中旬，海地军政府宣布在海地的联合国观察团的 101 名成员为"不受欢迎的人"，限他们在 48 小时内离开海地。

对此，联合国安理会迅速作出了反应。1994 年 7 月 31 日，在美国、法国等国的推动下，安理会通过第 940 号决议，授权组成以美国为首的多国部队，使用一切必要手段促使海地军方领导人离开海地，恢复阿里斯蒂德的合法政府。9 月上旬，美国军舰开始进入海地海域。9 月 15 日，美国总统克林顿向海地军方领导人发出最后通牒，要求立即交出政权。与此同时，以前总统卡特为首的美国高级代表团前往海地与塞德拉斯进行谈判。18 日，双方达成协议，海地军方同意美军进驻海地并交出权力。根据协议，美军于 19 日"和平进驻"海地。10 月 10 日，在美国的压力下，塞德拉斯宣布下台。10 月 13 日，塞德拉斯流亡巴拿马避难。10 月 15 日，阿里斯蒂德从华盛顿飞抵海地。同时，安理会通过决议，宣布解除对海地实行的石油、贸易、武器等禁运制裁。海地危机的和平解决符合广大拉美国家的利益。

拉美地区的经济改革

从 20 世纪 80 年代开始，拉美国家出现了严重的债务危机和高通货膨胀威胁，旧的发展模式已经严重制约了各国的经济发展，为此，许多拉美国家相继进行了经济改革和对外开放。

拉美国家实行经济改革和对外开放的目标是调整过去封闭式的经济政策，加强本国经济与世界经济的交流。改革首先需要稳定经济形势，对宏观经济进行改革。对此各国实行了紧缩政策、压缩投资与开支、减少财政赤字和平衡国际开支等一系列改革措施。

20 世纪 90 年代初，拉美国家经济不断恢复、发展。为了更好地实行宏观经济改革，拉美国家对经济体制实行了改革。拉美国家进行了从进口替代的内向型经济发展模式向外向型经济发展模式的转变，实行自由贸易和私有化政策，开放市场，对国家经济职能进行改革，减少国家对经济的干预。随着经济改革与对外开放取得初步成效，拉美国家已开始从经济危机中摆脱出来，走上稳步增长道路。

1990 年到 1994 年，拉美地区的经济增长率达 3.6%，对外贸易不断扩大，通货膨胀率也从四位数降到了两位数。

巴西的通货膨胀率曾高达 2244%，为了抑制恶性的通货膨胀，巴西实施了稳定经济、抑制通胀的一系列措施，成功将通胀率维持在较低的水平。从 1994 年 8 月到 1995 年 8 月，拉美国家的通胀率由 1120% 降到了 25%，为 25 年来的最低水平。其中阿根廷、智利、玻利维亚、尼加拉瓜、危地马拉等国家的通胀率降到了个位数，巴西的通胀率从 93% 降至 26%，是拉美国家中下降

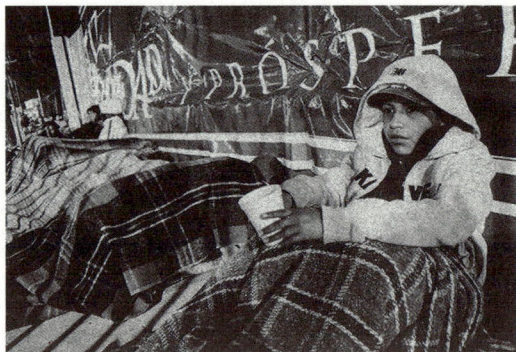

经济危机下的拉美人民
20 世纪 80 年代的经济危机给许多拉美国家的人民带来了深重影响。

幅度最大的。拉美国家的对外贸易实现了顺差。

1995 年，拉美国家的出口总额达 2200 亿美元，比 1994 年增长 20%，进口增长 8%，外贸结算自 1991 年以后首次出现了顺差。拉美各国吸取了墨西哥金融危机和以往大量外债的教训，对外资结构进行调整，在所吸收的外资中，增加直接投资和官方贷款的比重，大幅度减少证券投资和短期贷款。虽然外资净流入量较以往减少，不过外债总额持续增加，1995 年达到了 5450 亿美元，比 1994 年增长 4%。随着出口收入增长幅度的增大，拉美国家的债务负担逐渐减轻。

1994 年底，墨西哥爆发金融危机，拉美各国受到这场危机的影响，经济增长率有所下滑，1995 年整个拉美地区的增长率仅为 2%。然而这场危机带来的后果并没有那么严重，除了墨西哥和阿根廷等国家之外，大部分拉美国家的增长率保持在 3%—5%，其中巴西的增长率达 5%，智利、秘鲁的增长率则高达 7%以上。

拉美地区一体化的发展

进入 20 世纪 90 年代，拉美国家积极推进经济一体化的进程，呈现出多头并进、互相推动的局面。

1991 年 12 月，里约集团召开第 5 次首脑会议，会议提出将加速推动拉美一体化进程，以争取到 2000 年实现建立美洲共同市场的目标。1995 年 9 月，里约集团第 9 次会议通过了关于建立拉美国家共同体的意向书。协议规定在拉美地区建立可协调一体化进程和行动的机构框架，为顺利建立拉美国家共同体和实现拉美一体化奠定基础。拉美国家共同体计划于 2000 年开始运转。

拉美国家积极发展与北美国家之间的经济合作，增强相互之间的贸易关系。1994 年 12 月，在美洲国家首脑会议上，美国提出了在西半球建立一个自由贸易区的设想。美国的倡议得到了拉美国家的响应，双方达成协议，决定在 2005 年之前建立美洲自由贸易区。1995 年 6 月，美洲 34 国贸易部长就建立自由贸易区召开会议。会议重申 1994 年美洲国家首脑会议制定的建立美洲自由贸易区的目标，决定迅速展开美洲自由贸易区的创建工作，计划在 1996 年 3 月以前确定一体化的基础并制定一个时间表，以便各方开始正式谈判。

在区域合作方面，拉美各国领导人彼此频繁来往，相互磋商、相互合作，使共同市场不断有新的进展。1991 年 3 月 26 日，阿根廷、巴西、巴拉圭和乌拉圭四国为加强区域经济一体化，签署了《亚松森条约》，宣布建立南方共同市场。到 1994 年底，四国基本消除所有关税和非关税壁垒，形成自由贸易区。1995 年 1 月 1 日，南方共同市场正式运行，关税联盟开始生效，实行统一对外关税税率。1995 年四国领导人先后进行了多次会谈，在求同存异的基础上，解决了阿根廷与巴西之间的汽车贸易之争以及各成员国在关税上的分歧，达成了一致意见。在 12 月举行的四国首脑会议上，各国通过了 2000 年以前的行动纲领，规定在今后 5 年里逐渐取消和协调非关税限制，促进南方共同市场的进一步发展。

在南方共同市场的影响下，拉美其他地区共同市场的经济一体化进程也十分活跃。墨西哥、哥斯达黎加和委内瑞拉三国的自由贸易协定于 1995 年 1 月 1 日开始生效。同年 2 月 1 日，安第斯集团（智利、秘鲁、厄瓜多尔、玻利维亚、哥伦比亚）开始实行共同对外关税。9 月，安第斯集团总统理事会第 7 次会议决定建立安第斯一体化体系。1996 年 3 月，安第斯集团第 8 届首脑会议决定成立安第斯共同体。1993 年 2 月，中美洲一体化体系正式成立。1995 年 6 月，中美洲一体化体系接纳哥斯达黎加为正式成员国，并决定建立中美洲自由贸易区。于 1973 年成立的加勒比共同体也在不断扩大，在 1994 年古巴加入后，成立了加勒比国家联盟。该组织计划推动各成员国在经贸、科技、文化等方面的合作与发展。1995 年 8 月，加勒比国家联盟首脑会议就建立共同市场的可行性进行了讨论，签署了《原则声明》和《行动计划》两个文件，主张各成员国之间开展自由贸易、联合开发旅游资源、提高运输效率等，为推进地区一体化进程奠定了坚实的基础。

拉美国家在推进经济一体化进程的同时，开展务实外交，扩大对外开放，全方位发展与世界各国的对外经济关系。拉美各国在与北美建立经贸关系的同时，也努力发展与欧洲、亚洲的经贸关系。由美国、加拿大、墨西哥组成的北美自由贸易区开始有向南面发展的态势，并向着建立美洲自由贸易区的方向不断发展。在这一时期，拉美和欧盟的关系取得了很大的进展。里约集团、中美洲共同体以及墨西哥与欧盟一同发表声明，决定扩大相互间的政治与经贸关系。此外，欧盟不顾美国的反对，加强了同古巴的经济合作。1995 年 12 月，南方共同市场和欧盟在西班牙马德里签署了地区间合作的框架协议，以求在 2005 年以前建立一个范围广泛的自由贸易区。

此外，拉美国家也重视与东欧国家之间的经济联系，同时不断加强同东亚国家的经济贸易关系，以扩大自己的商品出口市场，并在此基础上不断扩大与国际社会的经济往来。20 世纪 90 年代，中国与拉美国家的经贸关系得到了迅速

20 世纪 90 年代的拉美地区
20 世纪 90 年代以来，拉美地区的经济虽有明显改善但仍面临严峻的发展问题。

发展，经济和科技合作初具规模，双边贸易稳定发展。1993 年中国与拉美国家的贸易额达到 37 亿美元，1995 年双方的贸易额首次超过 50 亿美元。

在整个 20 世纪 90 年代，拉美各国在新自由主义的指导下，调整了经济发展模式，不断扩大对外开放的力度，完善市场机制，促进了国民经济的发展，摆脱了 80 年代结构性经济危机的影响，取得了很好的成效。

然而，拉美国家在发展过程中仍然存在许多问题和弊端。首先，社会矛盾日益突出。这主要是因为收入分配不公而引起的贫困问题。1980 年至 1990 年，拉美贫困人口总数由 1.3 亿人增加到 2 亿人；到 1994 年，拉美贫困人口进一步增加到 2.1 亿人。庞大的贫困人群成为拉美经济发展中难以跨越的鸿沟，限制了国内消费市场的健康发展。贫困化程度的不断加剧以及贫困人口所占比重的增加无疑会对经济持续、稳定的发展产生消极影响，直接制约了经济和社会的发展，甚至可能导致社会矛盾激化，危及社会的稳定。1994 年 1 月震惊世界的墨西哥南部恰帕斯州印第安农民武装暴动，就是这一地区经济、社会和民族矛盾激化的结果。与城市的改革相比，许多拉美国家的农村由于资金到位缓慢、官僚主义和贪污腐败盛行等原因导致改革迟滞，进一步加深了农村的矛盾。其次，许多拉美国家的腐败问题非常严重，已经成为一个严峻的社会问题。有些国家的总统因从事腐败活动被曝光而下台；有些总统虽然在执政时没有腐败行为被揭露，但在离任后因其腐败行为被揭发或曝光而遭到起诉。更为严重的是，一些政府官员也利用手中的权力从事各种各样的腐败活动。

1992 年，巴西前总统科洛尔因贪污案被媒体曝光；1993 年，委内瑞拉总统佩雷斯因挪用公款和涉嫌贪污宣布辞职。1993 年 8 月，拉美国家在哥伦比亚举行反腐败问题国际研讨会，据拉美政界人士透露，拉美国家政府官员每年贪污的金额高达 210 亿美元。贪污腐化是拉美政治民主化进程中的拦路虎、经济发展的绊脚石。因此，反腐败斗争成为拉美社会稳定和经济发展的重要因素。

艰难的中东和平进程

在纷繁复杂的中东问题中，阿拉伯国家与以色列之间的矛盾和冲突有着悠久的历史。而巴勒斯坦问题则是双方斗争的焦点所在，它既是阿以冲突的根源也是中东问题的核心，是中东地区长期动乱的一个主要因素。1947 年，联合国关于巴勒斯坦实行阿以分治的决议未能得到切实执行，导致巴勒斯坦分裂，成为巴勒斯坦问题的导火索。由此，巴勒斯坦地区局势急剧恶化，阿以矛盾不断升级，爆发了多次战争，使中东问题成为国际社会关注的焦点。

在经过几次战争后，以色列占有了整个巴勒斯坦地区，同时占领了邻近阿拉伯国家的部分领土。几次战争没能解决阿以之间的矛盾，反而使双方造成了巨大的伤亡和损失。这使交战双方都意识到，武力解决不了彼此的争端，需要寻求新的方法解决矛盾。自 20 世纪 70 年代初起，阿拉伯国家与以色列双方在认识上开始有了新变化。1973 年 10 月，第四次中东战争结束后，埃及和以色列开始对话，率先实现了和解。1979 年 3 月，埃及和以色列签署了《埃以和平条约》，结束了两国间的战争状态。1980 年 2 月，埃以正式建立外交关系，启动了中东和平进程。

进入 80 年代后，中东和平进程在曲折中有所发展，主要表现在巴勒斯坦解放组织（简称巴解组织或巴解）和阿拉伯国家领导人认识的转变。他们再次认识到，以色列的存在已是难以改变的事实，用战争的方式把以色列人赶走、解放被占领的土地是不可能的，反而会给自己带来更多灾难。许多阿拉伯国家开始调整对以色列的政策。1982 年 9 月，在摩洛哥非斯召开的阿拉伯国家首脑会议通过了沙特提出的和平解决中东问题的八项原则，改变了于 1967 年通过的对以色列实行不接触、不谈判、不承认的"三不政策"。1988 年 11 月 15 日，巴解组织宣布成立巴勒斯坦国，同时宣布接受联合国安理会第 242 号决议，承认了以色列的存在，开始走上政治解决巴以冲突的道路。1989 年 5 月，阿拉伯国家联盟在摩洛哥卡萨布兰卡召开第 4 次特别首脑会议，首次承认全面解决阿以争端的基础是联合国安理会第 242 号和第 338 号决议。这意味着阿拉伯国家联盟间接承认了以色列的存在。

持续不断的中东冲突
阿以问题是中东冲突的核心，它又与巴勒斯坦、以色列地区的历史有着十分密切的关系。

在这一时期，以色列虽然在战争中占有优势，但自己也为此付出了巨大的代价。阿以双方几十年的冲突造成的严重后果使以色列人开始认识到仅靠战争无法得到安全与和平。从 1987 年开始，被占领土上的巴勒斯坦人发起了持续不断的起义，以色列当局的镇压没有使巴勒斯坦人屈服，民众要求和平与安定的呼声日渐强烈。以色列当局认识到，战争并不是与阿拉伯国家进行对话的唯一方式，谈判才是保证以色列生存下去的最好方式。

进入 90 年代后，世界政治格局和中东局势出现了一些新的变化。经济因素在国际关系中的作用不断上升，政治解决开始取代军事手段成为解决矛盾冲突的主要手段。中东地区有着丰富的石油资源和优越的地理位置，使其在国际社会中有着重要的经济和战略地位，对国际局势的稳定以及经济的发展有着举足轻重的影响。因此，世界各国，尤其是以美国为首的西方国家为了维护自身的利益，积极推进中东问题的和平进程。

1991 年海湾战争结束后，美国努力在中东建立以它主导的新秩序，积极促进阿以进行和谈。在这种情况下，阿以双方开始了新的中东和平对话进程。1991 年 10 月 30 日，在美国和苏联的倡议下，阿以双方在西班牙首都马德里举行中东和谈。然而由于阿以冲突的主要角色——巴解组织被排除在这次会谈之外，会议遇到了重重困难。双方在原则性问题上都固执己见，互不妥协，结果这场进行了 10 轮、历时 22 个月的中东和谈没能取得任何实质性的成果。

1992 年 7 月，以色列工党领袖拉宾在大选中获胜，出任联合政府总理。拉宾上台后表示接受"以土地换和平"原则，积极推进阿以和谈。拉宾一方面主动采取措施缓和阿以之间的矛盾，另一方面在挪威的帮助下，与巴解组织举行秘密会谈。1992 年 12 月，巴以双方进行了首次秘密会谈。到 1993 年 9 月，巴以的秘密会谈取得了突破性的进展。巴以双方在挪威首都奥斯陆达成了相互承认的协议，并草签了《奥斯陆协议》。这一协议的签订是中东和平进程的一个实质性突破。

以色列总理拉宾（左）和巴解主席阿拉法特（右）在华盛顿握手和谈
1993 年 9 月 13 日，巴以双方在美国白宫南草坪正式签署《临时自治安排原则宣言》，由于协议是在奥斯陆草签的，所以又称《奥斯陆协议》。

1993 年 9 月 13 日，巴以双方在华盛顿签署了《临时自治安排原则宣言》，达成了相互承认和加沙 – 杰里科先行自治的协议。宣言确定了分三阶段实现巴以和平的设想：第一阶段，巴以互相承认，以方在协议生效后 4 个月内撤离在加沙和杰里科的军队和行政机构，巴勒斯坦人在这一地区实行自治；第二阶段，在加沙和约旦河西岸成立巴勒斯坦自治委员会，在当地行使行政权和司法权；第三阶段，在签署协议后两年内，双方开始谈判最终解决巴以之间的重大问题。这个协议的签订是中东和平进程上历史性突破，标志着巴以之间结束了 45 年来的敌对状态，为和平解决巴勒斯坦问题奠定了基础，推动了阿以多边对话的发展，受到了国际社会的广泛欢迎。

阿拉伯国家以巴以签订协议为契机，先后与以色列实现了和解。就在巴以签署协议后的第二天，拉宾对摩洛哥进行了访问，与摩国王哈桑二世进行了会晤。紧接着，拉宾又对埃及进行访问，与穆巴拉克总统举行会谈。1993 年 9 月 14 日，约旦和以色列也在华盛顿签署了关于双方和平谈判的框架协议，10 月双边和三边经合小组成立。此后，巴勒斯坦阿拉伯人率先在加沙和杰里科地区实行自治的方案逐步得到了落实。

1994 年 5 月 4 日，巴解执委会主席阿拉法特和以色列总理拉宾在埃及首都开罗签署了关于实施"加沙 – 杰里科自治原则宣言"的最后协议。以色列从加沙和杰里科撤军，巴勒斯坦当局可组建警察部队，负责自治领土的安全，双方相互承认对方的政治权利并决心实现和平共存。据此，加沙和杰里科两地的自治地位得到了正式确认。5 月 18 日，巴勒斯坦解放组织接管加沙和杰里科，加沙重新回到巴勒斯坦人手中。7 月，阿拉法特结束 27 年的流亡生活，返回加沙，巴勒斯坦自治领导机构成员也前往加沙和杰里科并开始运作。巴以双方关于巴勒斯坦自治的第一阶段任务基本完成。同年 7 月 25 日，约旦与以色列两国首脑在华盛顿发表联合宣言，宣布建立外交关系，结束两国之间的长期冲突。10 月，约旦和以色列正式缔结和平条约，结束了两国间长达 46 年的敌对状态，并建立了外交关系。约旦也成为继埃及后第二个与以色列关系正常化的阿拉伯国家。

　　1995 年中东和平进程又有了新的发展。9 月 24 日，巴以双方在埃及塔巴经过 9 天的艰苦会谈，草签了关于扩大巴勒斯坦自治范围的《塔巴协议》。协议规定，到 1997 年 7 月以色列军队完成重新部署时，巴勒斯坦将控制约旦河西岸 90 % 的领土。在第一阶段，以色列军队将撤出伯利恒、杰宁、图勒凯尔姆、拉姆安拉、纳布卢斯、盖勒吉利耶 6 个城市以及希伯伦的部分地区和 450 个村镇。但以色列军队将继续控制西岸定居者途经的公路，并保卫西岸的犹太定居点。这一阶段需要 6 个月。协议还规定，以色列将从协议签署之日前开始分三阶段释放关押在以色列监狱中数以千计的巴勒斯坦犯人中的大部分犯人。其他诸如耶路撒冷、犹太定居点和巴勒斯坦难民问题将在 1996 年 5 月前开始举行的谈判中决定。最终协议定于两年后商定。9 月 28 日，阿拉法特和拉宾在美国华盛顿共同签署了《塔巴协议》。

巴以正式签署《塔巴协议》现场
1995 年 9 月 28 日，拉宾与阿拉法特再次来到华盛顿签署《塔巴协议》。

　　从 1993 年的《奥斯陆协议》到 1995 年的《塔巴协议》,"以土地换和平"
的主张日益变成现实。但这两个协议的实施触犯了被占领土上的犹太居民点移
民的利益,与犹太极端分子的主张更是格格不入,引起了以色列内部矛盾的激
化。犹太极端分子力图阻止和平进程,并将他们的仇恨集中在全力推进这一进
程的以色列总理拉宾身上。1995 年 11 月 4 日,拉宾在特拉维夫国王广场的和
平集会上被一名犹太极端分子枪杀身亡。凶手伊加尔·阿米尔当场被擒。为表
达对这位为中东和平进程而献身的斗士的敬意与哀悼,100 多万以色列人参加
了葬礼,80 多个国家和地区的领导人,以及阿拉伯国家的首脑,来到耶路撒冷
赫茨尔山公墓向他告别。

　　拉宾总理被刺身亡,给以色列的局势和中东和平进程蒙上一层浓厚的阴影。
拉宾去世后,佩雷斯外长受命组阁。他宣称将继承拉宾的未竟事业,继续推进
中东和平进程。在他的主持下,《塔巴协议》的实施进展比较顺利。以色列军
队相继撤出杰宁、希伯伦及西岸最大城市纳布卢斯。叙利亚在美国力促下也表
示将恢复与以色列的谈判。以色列与约旦的关系平稳发展,双方的经济合作逐
渐展开。

　　1996 年 1 月,巴勒斯坦自治机构举行大选,阿拉法特和主张和谈的温和
派获得压倒多数的胜利。伊斯兰激进教派政治组织哈马斯和一些其他激进派别
虽抵制这次选举,但未成功。

　　然而,中东和平进程是很艰难的。预定于 1996 年 5 月开始的巴以之间的
新一轮谈判的难度很大。关于巴勒斯坦自治区最终地位、巴勒斯坦难民、犹太
定居点以及耶路撒冷归属等问题双方分歧很大。叙以谈判是中东实现和平的关
键,一旦叙以和谈取得成效,黎巴嫩将迅速跟进。但戈兰高地这一争端的焦点
问题很难解决。有关水资源控制与用水分配也是巴以双方争执激烈的问题。以
色列生产和生活 1/3 的用水、将近一半的饮用水来源于约旦河西岸的地下水库,
而巴勒斯坦人每年大约只能用到地下水库总水量的 1/4。巴方主张由自治当局
控制本地水资源,但遭到以方拒绝。巴以和平谈判获得国际社会和中东一些国
家,如埃及、约旦的欢迎与支持,然而叙利亚、伊朗、利比亚表示不满或反对,
海湾阿拉伯国家表态谨慎。以色列领导人关于不会撤退到 1967 年前的边界和
以色列拥有对耶路撒冷主权的讲话引起阿拉伯国家的强烈批评。

　　巴以和平进程的发展遇到了来自双方内部极端势力的强烈反对,阻力日益
增加。《奥斯陆协议》和《塔巴协议》的达成,使犹太极端主义势力的"大以
色列"梦想破灭,以色列内部主和派和右翼势力之间的矛盾和对立日益突出。

利库德集团等反对党一再对工党政府提出不信任案，力图推翻工党政府。巴勒斯坦伊斯兰激进教派政治组织哈马斯抵制巴勒斯坦自治机构，并多次制造爆炸恐怖事件，这使佩雷斯和阿拉法特处于进退两难的境地，并为右翼利库德集团的重新上台提供了条件。

逐渐变化的世界新格局

苏联解体后，美苏对峙争霸的冷战局面结束了，世界政治朝向多极化发展。欧洲共同体在 20 世纪 60 年代成立后不断发展壮大，日本在 20 世纪 80 年代成为仅次于美国的世界经济大国，中国在实行改革开放后国力得到振兴，世界多极化趋势在曲折中发展。

美国和欧洲的合作与分歧

随着苏联的解体，美苏对峙的冷战局面也宣告结束，美国成为唯一的超级大国，世界也逐渐朝着多极化的方向发展。

在冷战期间，美国政府曾认为击垮苏联实现单极世界或是事实上的单极世界，美国就能够称霸世界，然而这个想法随着冷战的发展宣告破灭了。长时期的冷战对峙和军备竞赛给美国经济带来了沉重的负担，阻碍了经济的发展。到 20 世纪 90 年代末期，美国在世界事务中的领导力开始显露疲态。

与此同时，20 世纪 90 年代末德国的统一以及欧洲一体化进程的快速发展，使欧洲大陆在国际社会上具有重要影响力。日本在经济上的巨大发展也使其开始向政治大国不断迈进。俄罗斯在苏联解体后基本接收了苏联的全部军队，其军事力量仍然不容忽视。从 20 世纪 80 年代开始，随着中国改革开放步伐的不断深入，社会经济取得了空前的发展，中国在国际社会上的地位也不断上升。

在此形势下，国际社会出现了一超多强的局面。

1994 年，美国政府提出了"参与和扩展战略"，在世界范围内"扩展"美国的利益、价值观和政治模式的同时，不断加强美国对国际事务的介入和参与，扩大美国对非传统盟友国家的影响力，进而确立以美国为主导的世界新秩序，确保美国在世界范围内的领导地位。为了实现这个目标，美国不断调整与西欧、日本、俄罗斯和中国的关系，使其在世界新格局中占据有利地位。

在冷战时期，西欧与美国一样面临着苏联的威胁，为此，西欧与美国建立了北大西洋公约组织（简称北约组织或北约），共同对抗苏联。苏联解体后，美欧没有了共同的战略目标，导致其同盟关系的凝聚力不断下降。与此同时，西欧国家以欧洲共同体为基础成立了欧洲联盟，增强了西欧的实力，进一步缩小了与美国的差距。在这种情况下，欧盟希望与美国建立平等的伙伴关系，从而在欧洲或者国际事务中获得更大的发言权。欧盟的崛起使美国感到了压力，但是美国仍然努力维持自己在欧洲事务的主导权，导致欧美之间不断产生矛盾与摩擦。尤其是在解决波黑冲突问题上，欧美之间出现了意见分歧，许多欧洲国家对美国采取的单独行动表示了不满。而关于建立未来的欧洲安全防务体系问题则成为两者间最大的分歧。波黑战争的爆发使战后欧洲相对和平稳定的局面出现了一些动荡。

为了避免世界范围内出现新的大规模冲突和预防南斯拉夫地区悲剧的再度发生，欧美加紧了对欧洲问题的讨论。

欧洲的主要组织有：欧洲安全与合作会议（简称欧安会）、欧洲联盟、西欧联盟和北大西洋公约组织。其中欧洲安全与合作会议是范围最广的一个组织，到 1993 年，成员包括了全部欧洲国家以及美国、加拿大等 53 个国家。1994 年 12 月 5 日至 6 日，欧安会第 4 次首脑会议在匈牙利首都布达佩斯召开。这次会议的中心议题是欧洲安全机制问题。与会首脑对欧安会的作用和波黑冲突问题进行了讨论，美俄双方在北约东扩问题上进行了激烈的交锋。会议最后通过了《新时代真正伙伴关系的发展进程》的宣言，决定从 1995 年 1 月 1 日起，欧安会更名为欧洲安全与合作组织。但是，这次会议对于新形势下出现的新问题没有取得任何共识。

至于欧洲联盟，它对于欧洲未来的发展有着很大的影响，但是该组织缺乏维护安全的军事手段，因此其作用受到了很大的限制。至于西欧联盟，它在 1955 年成立时只有英国、法国、联邦德国、意大利、比利时、荷兰、卢森堡 7 个成员国，后来又陆续增加了西班牙、葡萄牙、希腊 3 个成员国，另有丹麦、

欧盟总部大楼

欧盟由欧洲共同体发展而来，1993 年 11 月 1 日《马斯特里赫特条约》生效后欧盟正式
诞生，总部设在比利时首都布鲁塞尔。

爱尔兰、芬兰、瑞典、奥地利 5 个观察员和土耳其、挪威、冰岛、波兰、捷克、
匈牙利 6 个联系国。至于北大西洋公约组织，成立于 1949 年，起初有 12 个成
员国，是一个有着强大实力的军事组织，对欧洲事务有着重要的影响。北约原
本是一个用以对抗苏联的一个军事集团，然而随着苏联解体、冷战结束，它的
目标发生了变化，因此需要进行改组。

　　1993 年 10 月，在北约国防部长会议上，美国提出北约与中欧、东欧国家
建立"和平伙伴关系"的计划。美国试图通过这个计划将势力伸进中欧，尤其
是与俄罗斯关系密切的东欧地区。1994 年，北约布鲁塞尔首脑会议决定在 12
月向波黑派出维和部队。同年 12 月，欧安会国家首脑在布达佩斯会议上探讨
波黑危机问题，俄美就北约东扩问题激烈争吵。1996 年，北约正式公布《东
扩计划研究报告》。这个计划直接与俄罗斯的利益发生碰撞，遭到俄罗斯的强
烈反对。

　　在北约东扩的问题上，欧美表现出了相同的立场，但是他们有着不同的出
发点。

　　美国希望通过北约东扩将自己的势力扩大到欧洲中部、东部地区，加强自
已对欧洲事务的领导权。1994 年，美国提出了"覆盖现代欧洲"的新安全体

系计划，并将北约放在一个十分重要的地位，强调美国对新体系的主导权。对于西欧来说，它也支持北约东扩，并希望通过这个计划加强北约在欧洲的影响，进而巩固西欧联盟，使其在北约内部发展成为可以与美国并肩的欧洲组织，从而掌握欧洲事务的领导权。

在欧洲国家当中，德国鼓吹东欧国家的安全和稳定对北约有着重要的意义，因此北约东扩的计划与德国自身的"东进战略"不谋而合。德国试图将两者有机地结合起来，以使德国恢复原有的政治大国地位；而这引起了英法两国的担心。美国支持北约东扩，在某种程度上反映了美国对于欧洲国家态度的一些变化。德国与美国在北约东扩上的立场相同，使美国重视与德国间的关系，要与德国建立起"领导伙伴关系"。在这种情况下，于 1966 年宣布退出北约军事一体化组织的法国改变了立场，在 1995 年 12 月 5 日宣布重新加入北约军事委员会议和国防部长会议，但仍置身于军事一体化机构以外。法国这样做的目的，是希望自己在北约改造过程中占据有利的地位。

冷战结束后，欧美之间的矛盾虽然不断增加，然而双方在许多问题上仍然需要进行合作。美国与欧洲互为最大贸易伙伴，双方有着十分紧密的经济往来。西欧组织不断发展由自己掌握的独立防务，因此承担了北约防务 80% 的费用。然而波黑战争后，西欧防务的脆弱性显露无遗，西欧仍然需要通过北约拉住美国，维护欧洲的安全和稳定。美国为了遏制俄罗斯，同样需要北约。然而美国在冷战后逐渐减轻了自己在欧洲的负担，撤离了 2/3 驻扎在欧洲的军队，仅保留了 10 多万军队。美国希望在欧洲维持自己的领导地位的同时，西欧各国可以承担更多的责任。因此，美欧之间虽然出现了各种矛盾和分歧，但是彼此间仍相互协调、相互合作。

美国与日本关系的变化

在苏联解体、冷战结束后，美国和日本的关系也发生了重大变化。二战以后，美国与日本签署《日美安全条约》等一系列条约，确定了美国与日本之间的主从关系，从而使日本成为美国在亚洲太平洋地区对抗苏联的重要堡垒。同样，在美国的保护下，日本可以集中力量发展国内经济。从 20 世纪 60 年代开始，日本经济突飞猛进；到 70 年代初，日本一跃成为仅次于美国的第二经济强国。从 20 世纪 60 年代后期开始，日本对美出口激增，对美贸易出现顺差并逐年增加。在世界市场上，美日也展开了激烈的竞争。双方在钢铁、汽车、机械等很多方面的贸易摩擦愈演愈烈。当时美日双方面临着苏联这个共同威胁，出于安全方面的考虑，双方努力冲淡在经济方面的竞争，避免使冲突公开化。日本在一些具体问题上选择了让步，美国也选择了适可而止。但是在苏联解体以后，美日之间的矛盾不断公开化，其中以经济贸易方面的矛盾最为明显。1993 年，美国贸易赤字高达 1157 亿美元，其中超过一半来自对日贸易逆差。美国为此明确表示，美日之间的贸易不平衡关系到美国的经济安全以至国家安全问题。随着贸易摩擦的不断发展升级，美日两国政府间进行了公开化的争吵。

　　为了解决双方的矛盾，美国总统克林顿和日本首相细川护熙于 1994 年 2 月在华盛顿举行了双边会谈。在谈判中，美国坚持要求以数字指标作为衡量两国贸易关系的标准，要求日本首先对美国开放日本的汽车及汽车零配件、电信产品、医疗仪器和保险市场等。日本表示无法接受美国提出的要求，谈判最终不欢而散。会议结束后，双方就有关问题继续进行了艰苦会谈，最后在 10 月达成了部分协议。日本原则上同意向美国开放玻璃业、保险业等领域的市场。

　　而在美日之间的关系方面，双方就建立真正平等伙伴关系问题而不断努力。随着冷战的结束，美日两国在东亚地区的竞争也在不断加剧。冷战后日本对外贸易的发展趋势是"脱美入亚"，于是提出要回归亚洲，实际上是试图建立以日本为主体的东亚经济圈。冷战结束后不久，日本对亚洲的出口额就超过对美

20 世纪 90 年代的日本都市

国的出口额。到 1995 年，日本对亚洲的出口额达 1579 亿美元，而对美出口额为 1175 亿美元。1993 年 11 月，亚太经济合作组织首次领导人非正式会议在美国西雅图召开，美国总统克林顿在会上提出以亚太经济合作组织为依托，建立新太平洋共同体的设想，结果遭到亚洲国家的普遍反对。美日展开了争夺亚太地区主导权的竞争。美日虽然在经济方面有着不可调和的矛盾，但是在政治和安全方面有着共同的需要。日本需要借助美国的军事力量维持国家的安全和稳定。从 1995 年开始，美国停止缩减其在东亚的军事力量，在东亚地区驻扎 10 万军队，以巩固自己在东亚的地位。美日政治上的合作在一定程度上缓和了经济上的矛盾，从而促进了双方在经济方面的协调与合作，因此两国间的关系主要以妥协合作为基调。

俄罗斯的政策调整

苏联解体后，俄罗斯接管了苏联留下的庞大核武库和常规军事力量，成为当今世界唯一可以对美国国家安全构成威胁的国家。因此，美国将俄罗斯看作是美国首先需要关注的国家，重视与俄罗斯之间的关系。

俄罗斯在独立后出现了经济困难，急需西方国家的政治支持和经济援助，于是也开始实行向西方国家靠拢的外交政策。从 1992 年开始，俄罗斯在国际舞台上开始配合美国的行动，与美国保持一致，双方的关系变得融洽起来。

1992 年 2 月，俄罗斯总统叶利钦利用参加联合国安理会的机会与美国总统布什进行会谈，共同发表了《关于两国新关系的戴维营声明》，宣布俄美将建立"友谊与伙伴关系"，"不再彼此视为潜在的敌人"。这标志着俄美关系进入"蜜月"期。4 个月后，叶利钦对美国进行了正式访问，两国签署了《俄美伙伴和友好关系宪章》。双方商定两国定期举行首脑会晤，扩大各领域间的对话，并签署了涉及裁军、投资等多个领域的协议。1993 年 1 月 31 日，美国和俄罗斯在莫斯科签署了美俄第二阶段削减战略核武器条约。根据这个条约，美俄两国在 2003 年 1 月 1 日前，将进攻性战略核武器的弹头总数削减到 2/3。该条约主要分两个阶段实施。但由于各种原因，该条约一直没有生效。

然而，美俄关系的"蜜月"期只维持了较短的时间。从 1993 年初起，俄罗斯对外交政策进行了调整，不断拉开与美国的距离。俄罗斯在经济最困难时，原本希望通过靠近西方国家从而得到它们的经济援助，挽救濒临崩溃的国内经济，保持俄罗斯在国际上的影响力。但是俄罗斯对西方"一边倒"的外交并没有收到预期效果，美国等主要西方国家迟迟不肯伸出援助之手，导致俄罗斯经济形势日趋恶化，人民生活水平每况愈下。

俄罗斯的经济危机导致了民众对政府的不满和反对派的指责。在这种情况下，俄罗斯调整了对西方"一边倒"的外交方针，将目光转向经济快速发展的亚太地区，推行"东西并重"的外交方针。

1993年4月，叶利钦批准了《俄罗斯联邦对外政策构想》文件，标志着俄罗斯开始对对外政策进行调整。在一些国际问题上，俄罗斯力图表现出自己的独立性，努力恢复俄罗斯作为世界大国的形象和地位。1993年5月关于联合国驻塞浦路斯部队摊款分担问题，和1994年12月关于制裁前南斯拉夫问题，俄罗斯都动用了否决权。

这一时期，俄罗斯不断紧缩对外政策，开展积极主动的"全方位外交"。从1994年开始，俄罗斯积极参与国际事务。同年2月，俄罗斯为了阻止北约对波黑塞尔维亚人进行空袭，反对美国解除对波黑穆斯林的武器禁运。12月，俄罗斯在安理会上否决了西方国家关于制裁南联盟的议案。1995年，俄美两

俄罗斯外交部大楼
俄罗斯外交部大楼是著名的莫斯科"七姐妹"建筑之一，属于斯大林式建筑艺术的巅峰之作。莫斯科"七姐妹"包括莫斯科大学、列宁格勒饭店、劳动模范公寓、重工业部大楼、乌克兰饭店、文化人公寓和外交部大楼。

国围绕着俄罗斯向伊朗出售核反应堆以及北约东扩问题产生了尖锐的矛盾，双方为此进行了持续不断的斗争。与此同时，俄罗斯积极发展和加强与独联体国家的政治军事联系；修复与广大发展中国家的关系；加强同欧洲各国的关系，不仅扩大与西欧国家的合作，还加入欧洲大陆的政治经济进程，扩大外交的回旋余地。

在这种形势下，美俄两国间的矛盾和争夺不断深化。但是，美俄双方在政治、经济以及国家安全方面互有利益需求，同时在解决国际冲突、防止核扩散、防止恐怖主义等方面也有着共同利益。因此，美俄之间仍然保持着伙伴关系，双方在这种关系的框架内，形成了竞争和合作并存、冲突与对话交替的局面。美俄两国在国际上没有共同的敌人，这使双方无法在安全领域达成共同的利益，因此无法在欧美之间建立紧密关系。

总之，苏联解体、冷战结束后，各大国之间不再直接面临军事威胁，整个世界形势开始趋于缓和。但是，世界依然存在着各种动荡和不安的因素，各大国不断调整彼此之间的关系，多极化的世界格局正在不断形成和发展中。

新时期中国对外关系的发展

中华人民共和国成立后奉行独立自主的和平外交政策。进入 20 世纪八九十年代以后，中国根据国内外形势的变化不断地调整具体的对外政策，积极发展对外关系。

在亚洲，1978 年 8 月，中国与日本签订《中日和平友好条约》，两国的关系有了积极的发展。双方共同制定的"和平友好、平等互利、相互信赖、长期稳定"四项原则，为中日友好睦邻关系的健康发展奠定了基础。中国在 1992 年与韩国建立了正式的外交关系，发展双边经贸联系，两国的友好关系迅速发展。中国与东南亚国家的关系也取得了较好的发展，尤其是进入 90 年代后，双方关系进入了一个新的历史阶段。印度尼西亚、新加坡、文莱等东南亚国家与中国建立了外交关系，中国与东南亚所有国家的关系都实现了正常化。

中国与南亚地区的巴基斯坦、孟加拉国、尼泊尔、斯里兰卡等国家的友好合作关系得到了进一步发展，与印度的关系出现了明显改善。1988 年 12 月，印度总理拉吉夫·甘地对中国进行访问。这是印度领导人时隔 34 年后首次访问中国。1991 年 12 月，中国国务院总理李鹏应印度总理纳拉辛哈·拉奥的邀请对印度进行正式友好访问。1993 年 9 月，印度总理拉奥应邀对中国进行正式友好访问。两国签署了《关于在中印边境实际控制线地区保持和平与安宁的协定》，推动了中印关系的发展。

从 20 世纪 80 年代开始，中国在改善和发展与周边国家关系的同时，也加强了与第三世界国家在经贸、技术和文化上的合作。1983 年，中国政府确立了中国与非洲进行经济技术合作的"平等互利、讲求实效、形式多样、共同发展"四项原则。在整个 20 世纪 80 年代，中国与第三世界国家的经贸关系不断扩大和深化，取得了显著的成果。1988 年，中国与第三世界国家的进出口贸易额达 150 亿美元。

在国际事务中，中国支持在平等基础上推进南北对话，同时开展广泛的南南合作。在联合国和国际会议上，中国提出改革旧的国际经济关系、建立国际经济新秩序的建议。1992 年，中国被接纳为不结盟运动的观察员国，并成为东南亚国家联盟正式的对话国。中国与广大第三世界国家在国际事务中相互支持、相互合作，共同维护发展中国家的正当权益，提高了中国在国际社会上的地位。

从 20 世纪 80 年代开始，中国对外交政策进行了调整，逐步改善和调整同苏联、东欧国家的关系。1979 年，中国向苏联发出照会，决定不再延续 1980 年到期的《中苏友好同盟互助条约》，并提议两国就解决一些悬而未决的问题和改善两国关系进行双边谈判。然而两国还未开始正式谈判，就因苏联入侵阿富汗而中断了。

1982 年 3 月，苏联领导人勃列日涅夫表示愿意与中国改善关系。随后，中苏特使开始在两国轮流举行磋商。10 月，中苏副外长级第一轮磋商在北京举行。到 1986 年 10 月，中苏共举行了 9 轮磋商。此外，中国也提出了推动边界谈判解决边界问题，扩大经贸等各领域的交流与合作。20 世纪 80 年代后，中苏两国经济关系得到了一定的恢复和发展。1984 年 12 月，苏联代表团访问中国，推动了两国在经贸、科技等领域的合作和中苏关系正常化的进程。此后，双方又经过了多次互访，签订了恢复边境贸易的协议，不断扩大两国边境贸易的规模。

在政治关系方面，中苏两国的关系也得到了恢复和发展。1986 年 7 月，苏共总书记戈尔巴乔夫发表讲话，称愿意与中国商讨减少边境地区军事力量的问题，并宣布苏联从阿富汗撤军。此后，中苏两国加快了交往和合作的步伐，恢复边界谈判并开始卓有成效地解决边界问题。1988 年 10 月，中苏双方就边界东段大部分地段的边界线走向问题取得了一致意见。1988 年 12 月，中国外长钱其琛对苏联进行访问。1989 年 5 月 15 日，苏联领导人戈尔巴乔夫对中国进行访问，两国领导人宣布中苏关系正常化，并发表了《中苏联合公报》。20 世纪 80 年代末 90 年代初，东欧、苏联的政治局势出现动荡，德国实现统一，苏联和南斯拉夫联邦解体。苏联解体后，各加盟共和国成为独立国家。从 90 年代初开始，中国不断加强与俄罗斯以及独联体各国的友好往来，双方在经济、科技、文化等各方面的合作迅速发展。

1949 年中华人民共和国成立后，美国对中国实行了封锁和孤立政策，使两国长期处在相互隔绝和敌对状态下。1972 年尼克松总统对中国进行访问，中美才揭开了友好交往的序幕，双方共同发表了《中华人民共和国和美利坚合众国联合公报》（简称《中美联合公报》），即《上海公报》。1978 年 12 月 16 日，中美发表了《中华人民共和国和美利坚合众国关于建立外交关系的联合公报》（简称《中美建交公报》），宣布自 1979 年 1 月 1 日起双方互相承认并建立外交关系。1979 年 1 月 1 日，中美正式建交。为推动中美两国关系的发展，进一步增进双方的相互了解，邓小平副总理于 1979 年初应邀前往美国进行友好访问。此后双方进行了多次互访，促进了两国关系的迅速发展。

刊登在《人民日报》上的《中美联合公报》
1972 年 2 月 28 日，中美发表《中美联合公报》。

刊登在《人民日报》号外上的《中美建交公报》
1978 年 12 月 16 日，中美发表《中美建交公报》。

1981 年底，中美双方开始就两国建交时尚未解决的美国向台湾地区出售武器问题进行谈判。1982 年 8 月 17 日，中美两国发表了两国间的第三个联合公报，即《八一七公报》。美国宣称自己无意实行"两个中国"或"一中一台"的政策，承诺不寻求执行一项长期向台湾地区出售武器的政策，并逐步减少对台湾出售武器。《八一七公报》的发表，打破了两国因美国向台湾地区出售武器而出现的僵局，为两国关系的稳定发展迈出了积极的一步。然而20世纪80年代末90年代初中国发生政治风波后，美国又在西方掀起反华浪潮，对中国进行全面制裁，使中美关系出现建交之后最严峻的局面。在此形势下，中国坚持原则，与以美国为首的西方霸权主义进行了不懈的斗争。

1990年11月，钱其琛外长应邀对美国进行访问，两国关系由此走出低谷。1993年9月，美国克林顿总统宣布对中国实行"全面接触"的新战略，使中美关系逐步恢复正常。总之，中美关系在多年的发展过程中，虽然出现多次波折和摩擦，但总体朝着好的方面发展，两国关系在曲折中继续发展。

从中华人民共和国成立到20世纪60年代末，由于受美苏冷战的影响，中国与西欧国家的关系发展缓慢。在70年代以前，仅有法国、瑞士、瑞典、丹麦等少数西方国家与中国建交。70年代后，中国与西欧国家和欧洲共同体基本建立了外交关系。中国与欧洲各国在积极发展政治关系的同时，还积极开展在经贸、科技领域的合作。从80年代开始，中国相继与西欧国家在经济、文化、科技领域签订了合作协定。

中国在发展与西欧国家关系的同时，在事关国家主权的问题上坚决开展斗争，维护国家的主权和尊严。20世纪80年代末90年代初中国出现政治风波后，西欧与中国的关系一度也受到了影响，但很快恢复并得到了发展。1990年10月，欧洲共同体12国外长会议决定立即取消共同体对中国采取的制裁措施，恢复同中国在政治、经济和文化领域的正常关系。到1992年，中国同欧共体的关系已经基本恢复正常。1994年6月，中国与欧盟开始了新的双边政治对话。进入90年代，随着中国改革开放的不断深入，经济持续高速增长，中国同西欧国家的经贸关系得到了快速发展，双方在经济技术方面的合作取得显著成效。

总之，进入20世纪90年代后，中国对外关系取得了前所未有的发展。1994年，中国与150多个国家建立了外交关系，同228个国家建立了双边经济贸易关系，基本形成了多方位、多层次、多形式的对外开放格局，为新时期对外关系的全面发展奠定了坚实的基础。随着改革开放的不断深入，中国在国际上的交往日益频繁，国际地位日益提高，中国以前所未有的开放度走向世界的同时，在国际社会上也发挥着越来越重要的作用。

全球通史
——现代篇（下）——

❶ 两极格局的形成

联合国成立，总部设在纽约。

1944 年 7 月

1945 年 10 月

布雷顿森林体系确定。

丘吉尔发表"铁幕演说"。

1945 年 12 月

1946 年 3 月

国际货币基金组织成立。

第一次柏林危机爆发。

1947 年 9 月

德意志联邦共和国成立，定都波恩。

1948 年 6 月

共产党和工人党情报局成立。

1949 年 1 月

1949 年 5 月

苏联和东欧各国成立经济互助委员会。

历史年表

美国提出杜鲁门主义，标志着美苏冷战的正式开始。

1947 年 6 月

1947 年 3 月

1946 年 6 月

美国提出马歇尔计划，用以复兴欧洲经济。

世界银行开始营业。

德意志民主共和国成立，定都东柏林。至此，德国正式分裂。

1955 年 5 月

1949 年 4 月

1949 年 10 月

1949 年 4 月 4 日，北大西洋公约组织（北约）成立。8 月 24 日，《北大西洋公约》正式生效。

华沙条约组织（华约）成立。北约和华约的成立，标志着美苏冷战的军事对抗正式开始。

❷ 走向独立的第三世界

1947 年 8 月

1945 年 9 月

越南民主共和国正式成立。

英属印度正式分为印度和巴基斯坦两个独立国家,即印巴分治。

朝鲜半岛南部成立大韩民国政府,定都汉城（后改名首尔）,李承晚出任总统。

1948 年 5 月

1948 年 8 月

以色列正式建国。

突尼斯宣布独立,正式脱离法国控制。

马达加斯加宣布独立,成立马尔加什共和国。

1959 年 1 月

1956 年 3 月

1960 年 6 月

1956 年 1 月

卡斯特罗率领起义军推翻了巴蒂斯塔的独裁统治,古巴革命取得胜利。

苏丹正式宣布独立,建立共和国。

利比亚宣布独立。

万隆会议召开。

1953 年 7 月

1951 年 12 月

1955 年 4 月

1948 年 9 月

卡斯特罗率领起义军开展
武装斗争，古巴革命正式
爆发。

朝鲜半岛北部成立朝鲜民主
主义人民共和国，定都平壤，
金日成出任最高领导人。至
此，朝鲜半岛正式分裂。

中国恢复在联合国的合
法席位。

阿尔及利亚宣布独
立，结束了法国的
殖民统治。

1976 年 7 月

1964 年 12 月

1971 年 10 月

1962 年 7 月

越南社会主义共
和国正式建立。

1961 年 9 月

肯尼亚建立共和国，
但仍然留在英联邦内。

第一次不结盟国家和政府
首脑会议在南斯拉夫首都
贝尔格莱德召开，宣告了
不结盟运动的诞生。

❸ 美苏争霸第一阶段

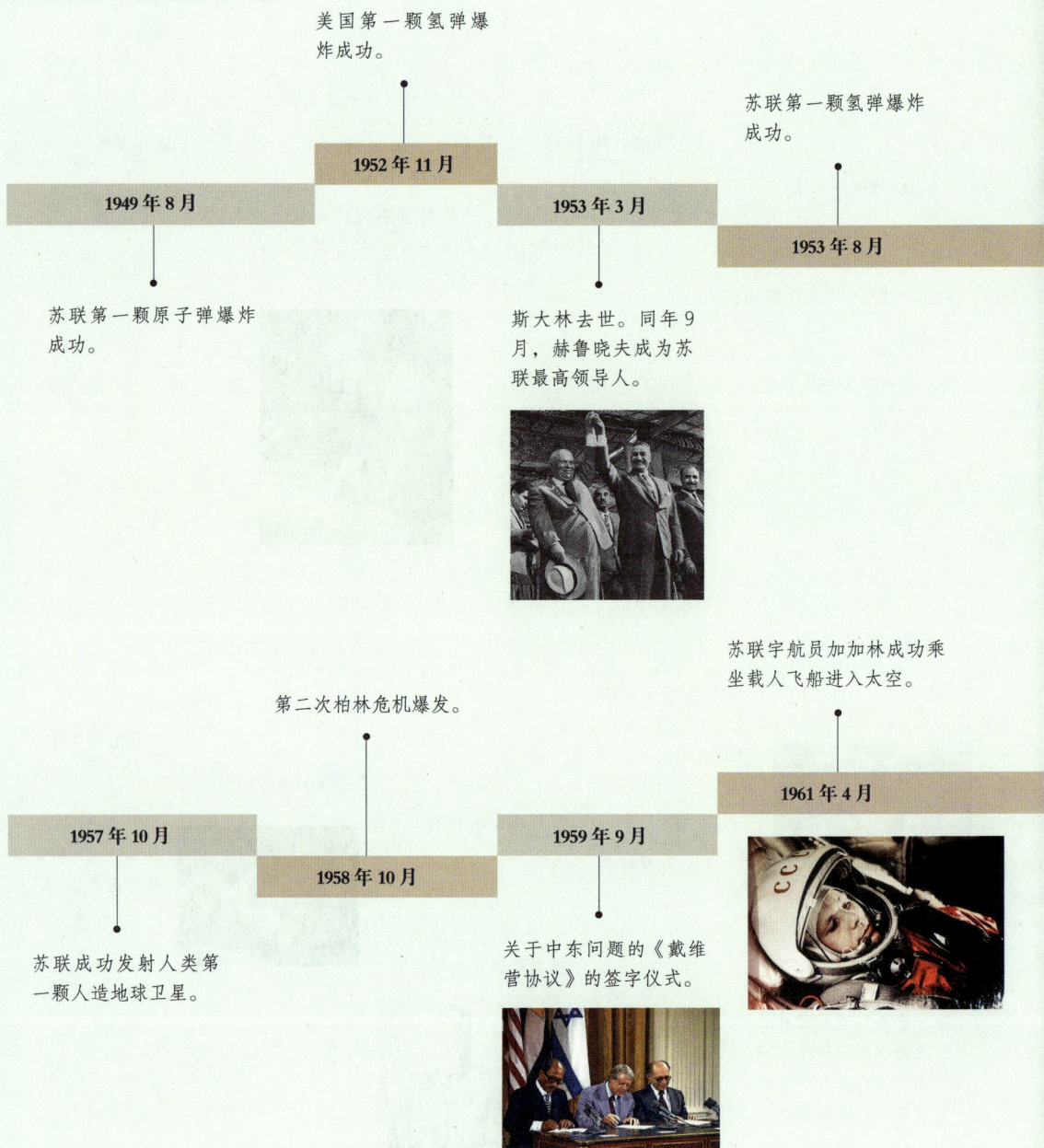

美国第一颗氢弹爆
炸成功。

苏联第一颗氢弹爆炸
成功。

1952 年 11 月

1949 年 8 月

1953 年 3 月

1953 年 8 月

苏联第一颗原子弹爆炸
成功。

斯大林去世。同年 9
月，赫鲁晓夫成为苏
联最高领导人。

苏联宇航员加加林成功乘
坐载人飞船进入太空。

第二次柏林危机爆发。

1957 年 10 月

1958 年 10 月

1959 年 9 月

1961 年 4 月

苏联成功发射人类第
一颗人造地球卫星。

关于中东问题的《戴维
营协议》的签字仪式。

苏、美、英、法在日内瓦举行四
国首脑会议，美苏关系有所缓和。

1955 年 9 月

1955 年 7 月

1955 年 5 月

苏联与联邦德国建交。

苏、美、英、法、奥五国签订
《重建独立和民主奥地利的国
家条约》，奥地利成为中立国。

古巴导弹危机爆发。

1961 年 8 月

1962 年 10 月

1963 年 11 月

民主德国开始修建柏林墙，第
三次柏林危机爆发。

美国总统肯尼迪遇刺身亡。

❹ 二战后的世界格局

法国通过新宪法，法兰西第四共和国成立。

1945 年 7 月

1946 年 10 月

极端反共的麦卡锡主义开始在美国盛行。

赫鲁晓夫在苏共二十大上发表"秘密报告"，对斯大林进行全方面的批判和否定。

1947 年 5 月

英国工党在大选中获胜，后逐渐推行国有化，建设"福利国家"。

1950 年 2 月

《日本国宪法》开始生效，日本开始进入民主化改革。

1951 年 10 月

1956 年 2 月

英国保守党在大选中获胜，丘吉尔第二次出任首相。

❺ 美苏争霸第二阶段

苏联成功发射了人类第一个航天站——礼炮一号。

1969 年 1 月

1971 年 4 月

尼克松就任美国第 37 任总统，提出"尼克松主义"。

1972 年 5 月

尼克松访苏，美苏两国首脑举行会谈。美苏关系再次缓和。

捷克斯洛伐克进行政治
经济体制改革运动，即
"布拉格之春"。

"布拉格之春"宣
告失败。

匈牙利十月事件爆发。

1968 年 1 月

1968 年 8 月

1969 年 4 月

1958 年 12 月

1956 年 10 月

苏联出兵占领捷克斯洛
伐克全境。

1956 年 6 月

戴高乐当选法国总统，
法兰西第五共和国正式
建立。

波兰爆发波兹南事件。

首届欧安会在赫尔辛
基召开。

尼克松因"水门事件"
辞职。

1973 年 10 月

1973 年 7 月

1974 年 8 月

中欧裁军会议在维也纳
召开。

⑥ 冷战中的"热战"1

1946 年 3 月

法国先后向老挝、柬埔寨、越南发起进攻。同年 12 月，印度支那战争全面爆发。

1948 年 5 月

第一次中东战争爆发。

1950 年 6 月

朝鲜战争爆发。

朝、中、美三方签署了《朝鲜停战协定》，朝鲜战争最终以中朝人民的胜利而宣告结束。

1953 年 7 月

猪湾事件爆发。美国进攻古巴失败。

1961 年 1 月

美国总统肯尼迪上台后，为镇压越南南方民族解放运动，开始在越南南方发动"特种战争"。

1961 年 4 月

第三次中东战争爆发。

1964 年 8 月

美国制造"北部湾事件"，将侵略战争扩大到了越南北方。

1967 年 6 月

美国扶植的"越南共和国（南越）"成立。

1956 年 10 月

1955 年 10 月

1960 年 12 月

1954 年 7 月

第二次中东战争爆发。战争结束后，埃及收回了对苏伊士运河的控制权。

越南南方民族解放阵线成立，旨在反抗"越南共和国"的反动统治。

日内瓦会议召开，法国从印度支那撤军。

第三次印巴战争结束。

1971 年 11 月

1971 年 12 月

第四次中东战争爆发。

1973 年 1 月

第三次印巴战争爆发。

1973 年 10 月

美国签署《关于在越南结束战争、恢复和平的协定》，承认越南独立，美军开始撤出越南。

6 冷战中的"热战"2

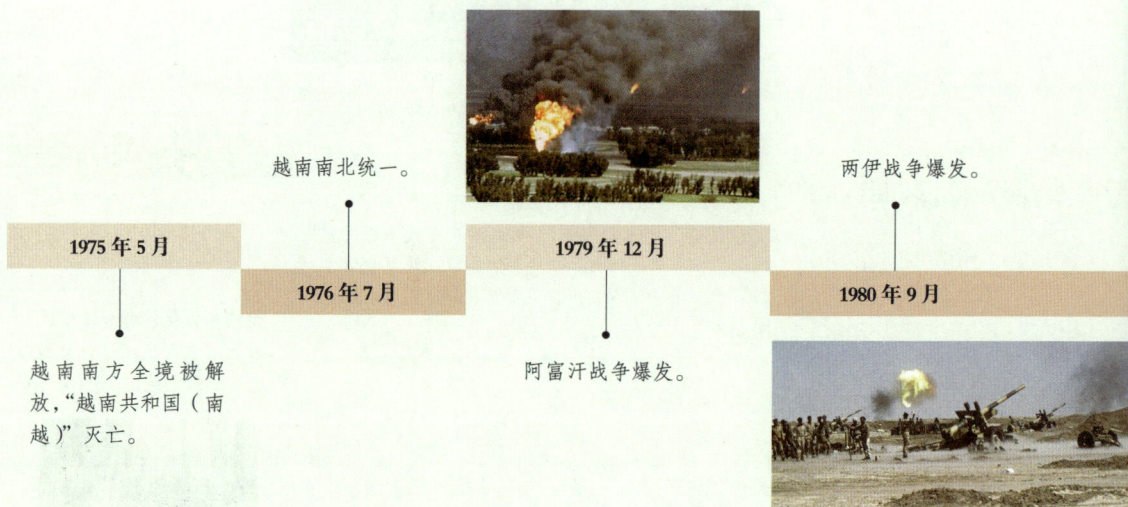

越南南北统一。

两伊战争爆发。

| 1975 年 5 月 | | 1979 年 12 月 | | 1980 年 9 月 |

越南南方全境被解放,"越南共和国(南越)"灭亡。

1976 年 7 月

阿富汗战争爆发。

7 美苏争霸第三阶段

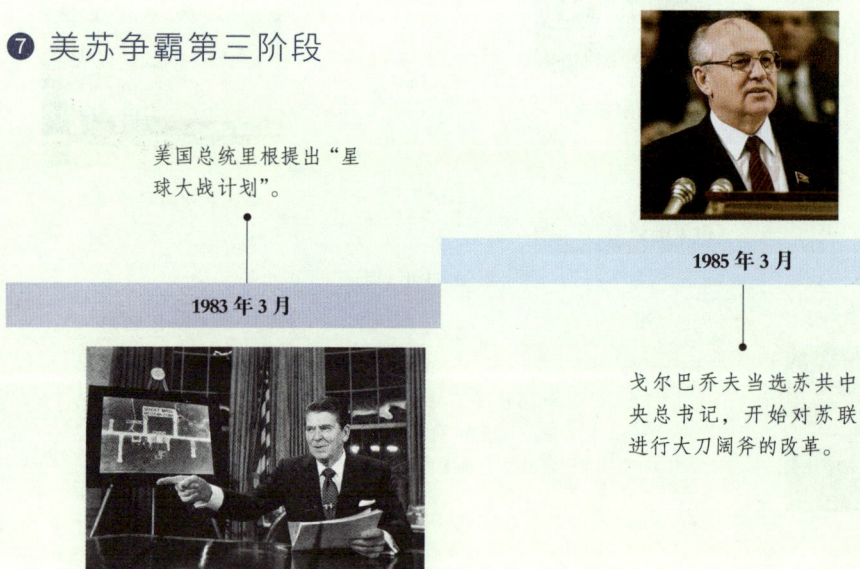

美国总统里根提出"星球大战计划"。

1985 年 3 月

1983 年 3 月

戈尔巴乔夫当选苏共中央总书记,开始对苏联进行大刀阔斧的改革。

第五次中东战争爆发。

美国入侵伊拉克，
海湾战争爆发。

1982 年 4 月		1991 年 1 月

	1982 年 6 月	

	1989 年 2 月	

马岛战争爆发。最后
阿根廷战败，英国重
新占领马岛。

苏联从阿富汗撤军。

美苏两国签订《中导条约》，
美苏关系再次缓和。

	1988 年 6 月

1987 年 12 月	

苏联进行政治体制改革。
次年 5 月，戈尔巴乔夫
当选最高苏维埃主席。

❽ 东欧剧变与苏联解体

波兰议会通过了多项法案，对政治体制进行重大变革。

罗马尼亚社会主义共和国改名为罗马尼亚。波兰修改宪法，将波兰人民共和国改名为波兰共和国。

1989 年 4 月

1989 年 2 月

1989 年 11 月

1989 年 12 月

匈牙利社会主义工人党失去执政地位。

柏林墙被拆除。

阿尔巴尼亚社会主义人民共和国更名为阿尔巴尼亚共和国。

克罗地亚、斯洛文尼亚、马其顿相继宣布独立，脱离南斯拉夫联邦。

苏联发生八一九事件。

1991 年 10 月

1991 年 4 月

1991 年 9 月

1991 年 8 月

苏联承认立陶宛、爱沙尼亚和拉脱维亚独立，苏联开始分裂。

"公民论坛"在捷克斯洛伐克的议会选举中获胜，捷共失去执政地位。

1990 年 1 月

1990 年 6 月

1990 年 10 月

保加利亚宣布实行多党制和市场经济。

民主德国正式并入联邦德国，两德统一。

1992 年 11 月 25 日，《捷克和斯洛伐克联邦共和国解体法》签订，次年 1 月，捷克斯洛伐克联邦分裂成为捷克和斯洛伐克两个独立国家。

波黑宣布独立，脱离南斯拉夫联邦。

1991 年 12 月

1992 年 3 月

1992 年 4 月

1992 年 11 月

俄罗斯、乌克兰、白俄罗斯宣布成立独联体。苏联解体。

波黑战争爆发。未宣布独立的塞尔维亚共和国和黑山共和国组成南斯拉夫联盟共和国，南斯拉夫社会主义联邦共和国正式解体。

❾ 逐渐变化的世界新格局

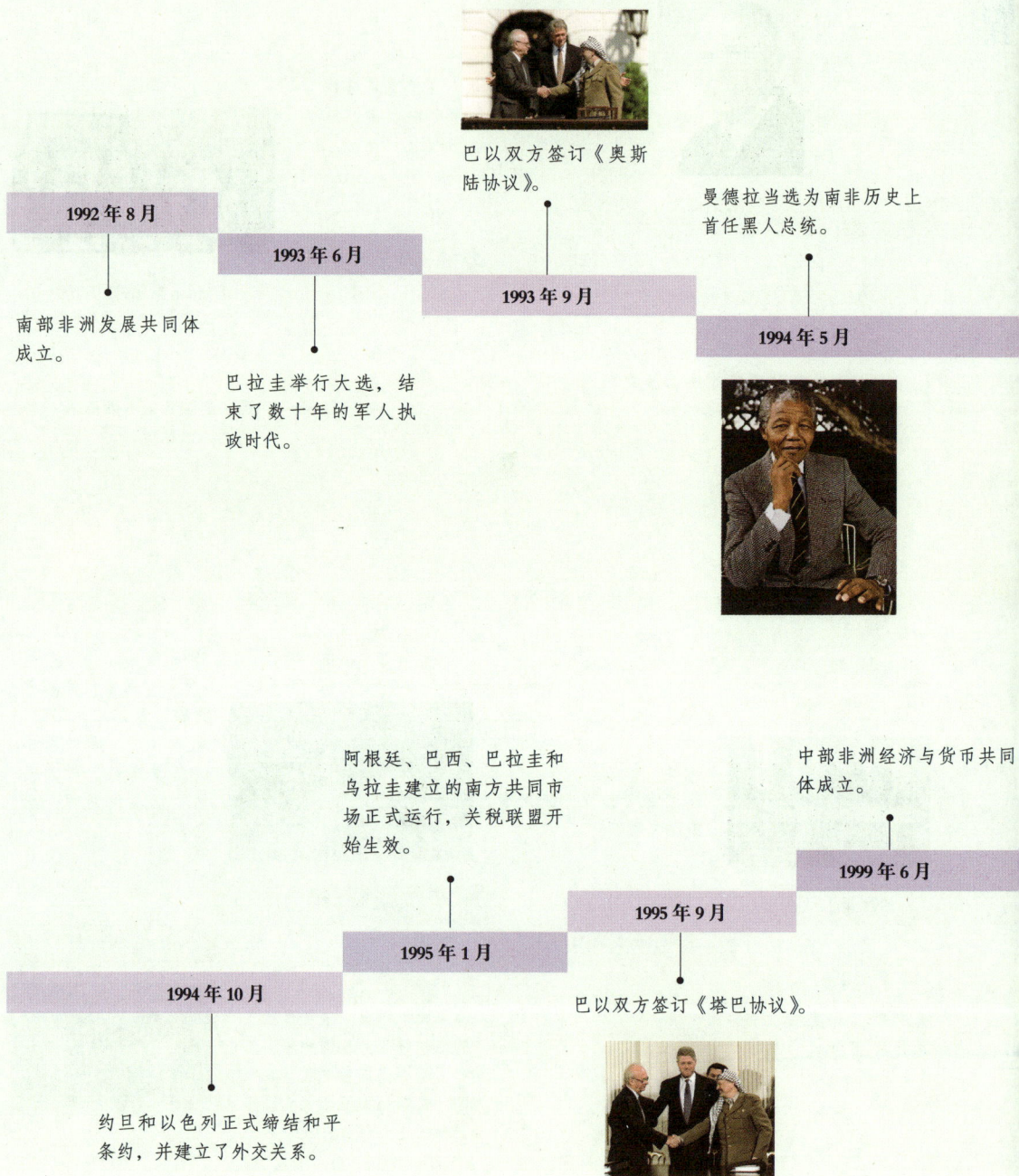

巴以双方签订《奥斯
陆协议》。

曼德拉当选为南非历史上
首任黑人总统。

1992 年 8 月

1993 年 6 月

1993 年 9 月

1994 年 5 月

南部非洲发展共同体
成立。

巴拉圭举行大选，结
束了数十年的军人执
政时代。

阿根廷、巴西、巴拉圭和
乌拉圭建立的南方共同市
场正式运行，关税联盟开
始生效。

中部非洲经济与货币共同
体成立。

1999 年 6 月

1995 年 9 月

1995 年 1 月

1994 年 10 月

巴以双方签订《塔巴协议》。

约旦和以色列正式缔结和平
条约，并建立了外交关系。